DIE SUPERFOOD-KÜCHE

KOCHEN MIT DEM BESTEN AUS DER NATUR

Essen, das doppelt Freude macht: dabei und danach – „Ursprünglich entstanden meine Rezepte aus meinem eigenen Bedürfnis nach einer unkomplizierten und attraktiven Küche, auf die ich mich freuen und auf deren Genuss ich stolz sein konnte", so Julie Morris: „Heute sehe ich meinen Beitrag darin zu zeigen, dass eine nachhaltige, gesundheitsfördernde Spitzennahrung nicht weniger lecker und genussvoll ist! Im Gegenteil – meine Rezepte sind einfach zu machen, sie enthalten vitalisierende, köstliche natürliche Zutaten. Sie werden Ihre Geschmacksnerven und Ihren Körper zum Lächeln bringen – und Ihre Lebensqualität verbessern." Superfoods sind mehr als ein Trend – „Wer würde mit einem PC, der zehn oder mehr Jahre alt ist, arbeiten wollen? Das Wissen, nur zum Beispiel über die sekundären Pflanzenstoffe, hat sich aber in den letzten zehn Jahren mindestens genauso vervielfacht wie die Geschwindigkeit unserer Rechner. Superfoods sind Spitzen- nahrung, das Beste aus der Natur und das Wissen von heute."
(Julie Morris, kfp-Pressedienst)

Julie Morris ist Küchenchefin, Ernährungsberaterin und Autorin in Los Angeles. Seit mehr als einem Jahrzehnt arbeitet sie in der Biobranche, aktuell als leitende Küchenchefin eines Bionahrungsmittelvertriebs. Sie entwickelt Rezepte, veranstaltet Koch-Events und vieles mehr.
Bei Königsfurt-Urania erschienen von ihr ebenfalls *Superfood Smoothies, Superfood Säfte* und *Superfood Snacks.*
www.JulieMorris.net • www.facebook.com/SuperfoodCuisine
Aktuelle Infos auf www.superfood-kueche.de

JULIE MORRIS

SUPERFOOD KÜCHE

DEUTSCHE ÜBERSETZUNG OLIVIA MICHALOWSKA

KOCHEN MIT DEM BESTEN AUS DER NATUR

KÖNIGSFURT–URANIA

Die in diesem Buch enthaltenen Informationen und Ratschläge wurden von der Autorin sorgfältig recherchiert und geprüft. Eine Garantie kann dennoch nicht übernommen werden. Die Informationen und Ratschläge sind außerdem nicht dazu gedacht, die Beratung durch einen Arzt oder Therapeuten zu ersetzen, sofern dies angezeigt ist. Eine Haftung der Autorin oder des Verlags ist ausgeschlossen.

Bibliographische Information der Deutschen Nationalbibliothek
Die Deutsche Nationalbibliothek verzeichnet diese Publikation in der Deutschen Nationalbibliographie; detaillierte bibliographische Daten sind im Internet über http://dnb.d-nb.de abrufbar.

2. Auflage
Krummwisch bei Kiel 2016

© 2014 für die deutschsprachige Ausgabe
by Königsfurt-Urania Verlag GmbH
D-24796 Krummwisch
www.koenigsfurt-urania.com

Titel der amerikanischen Originalausgabe:
Superfood Kitchen. Cooking with Nature's Most Amazing Foods.
© 2012 by Julie Morris, www.juliemorris.net
Photography © 2012 by Julie Morris
Erstveröffentlichung 2011 als Superfood Cuisine.
Erschienen bei Sterling Publishing Co., Inc., New York City / USA,
www.sterlingpublishing.com

Umschlagdesign: Julie Morris und Sterling Publishing.
Fotos: © Julie Morris, mit Ausnahme der Fotos auf den S. 17 © Marylène, S. 33 © lohner63, S. 75 © tommy4journey, S. 81 © Elena Schweitzer, S. 270: © Alis Photo, S. 271: © vladimirfloyd, S. 272: © styleuneed – alle Fotolia.com
Umschlagfoto vorn: Oliver Barth
Übersetzung aus dem Amerikanischen: Olivia Michalowska
Project Management: Conny Eisfeld
Lektorat: Claudia Lazar, Kiel
Satz und Layout: Antje Betken, Oldenbüttel
Druck und Bindung: Finidr s.r.o.
Printed in EU

ISBN 978-3-86826-145-5

INHALT

VORWORT EIN WORT AN MEINE LESER 9

EINLEITUNG MIT ALTEN GEWOHNHEITEN BRECHEN 13

TEIL EINS SUPERFOODS VERSTEHEN 19
DAS ERLEBNIS ESSEN 21
WAS IST EIN SUPERFOOD? 27
DIE BEDEUTUNG DER NÄHRSTOFFDICHTE 35

TEIL ZWEI AUSSTATTUNG DER SUPERFOODKÜCHE 41
SUPERFOOD-SPEZIALITÄTEN 43
SMARTE KÜCHENTECHNIK 77

TEIL DREI REZEPTE 83
FRÜHSTÜCK 85
SUPPEN 107
SALATE 125
HAUPTSPEISEN 147
BEILAGEN, PESTOS UND AUFSTRICHE 181
SNACKS 195
SÜSSES 209
GETRÄNKE UND COCKTAILS 237

TEIL VIER EXTRAS 253
SUPERFOOD-ERSATZ 254
UMRECHNUNGSTABELLEN 255
MILCH AUS NÜSSEN & SAATEN HERSTELLEN 256
HÄUFIG GESTELLTE FRAGEN 258
BEZUGSQUELLEN 261
WEITERFÜHRENDE LINKS UND LITERATUR 262
DANKSAGUNG 264
REZEPTÜBERSICHT 266

EIN WORT AN MEINE LESER

ch könnte jetzt mit hochgezogener Augenbraue und der Feststellung beginnen, dass dieses Buch das Ergebnis von reichlich harter, schwieriger Arbeit ist. Aber das wäre gelogen. Ich liebe es nämlich, mit Lebensmitteln zu arbeiten. Für mich gibt es nur wenige Aktivitäten, die mich mehr bereichern als die, eine Verbindung zwischen gründlicher Ernährungswissenschaft und den köstlichen Aromen der Natur zu schaffen, um dann wirklich verblüffende Speisen zu kreieren und diese Entdeckungen mit Ihnen zu teilen.

Rund ein Jahrzehnt kenne ich nun die Biobranche von innen, und ich hatte das Glück, mit einigen der besten Unternehmen in diesem Bereich zusammenzuarbeiten. Ich konnte von Grund auf lernen, was *großartiges* Essen ausmacht. Doch erst als ich anfing, für ein Superfood-Unternehmen zu arbeiten (als Küchenchefin und Ausbilderin), entdeckte ich jene ganz besonderen Zutaten, die meine kulinarische Perspektive völlig verändern sollten. Tatsächlich hat meine Arbeit für diese Firma mich sehr zu diesem Buch inspiriert.

Der Beginn einer neuen kulinarischen (und/oder gesundheitlichen) Entdeckungsreise bringt es nun zwangsläufig mit sich, einige Hürden zu überwinden. Eine dieser Hürden ist die *Beschaffung* neuartiger Zutaten. Obwohl meine Rezepte bewusst auf frischem Obst und Gemüse aufbauen, die an den meisten Orten problemlos erhältlich sind, gibt es dennoch einige Superfoods, die in der westlichen Welt immer noch relativ unbekannt und damit manchmal schwer zu finden oder von unbeständiger Qualität sind. Um die Suche zu vereinfachen, habe ich Bezugsquellen zusammengestellt – Superfood-Unternehmen, die ich kennengelernt habe und denen ich in Sachen Qualität, Preis und Verfügbarkeit vertraue (Bezugsquellenverzeichnis auf Seite 261).

Eine andere Hürde kann die *Verwendung* neuer, unbekannter Zutaten sein. Wie funktionieren sie? Wie schmecken sie? Wozu passen sie? Sind sie keine Geldverschwendung? – Fragen, die sich zwangsläufig stellen werden. Zum Glück hat es mir meine Erfahrung im Laufe der Jahre auch ermöglicht, solche Unsicherheiten aus dem Weg zu räumen. Offen gesagt: Ich habe genug Küchenchaos veranstaltet, Sie können nun Meisterwerke zaubern. Zweck dieses Buches ist es, meine Superfood-Erfolge mit Ihnen zu teilen.

Dann ist da noch eine Hürde, die tückisch und entmutigend sein kann – der Preis. Wenn Sie neu in der Welt der Superfoods sind, kann es anfangs einen Preisschock geben, das gebe ich zu. Doch vergessen Sie bitte nicht: Diese Nahrungsmittel enthalten so stark konzentrierte Nährstoffe, dass Sie nur eine kleine Menge davon brauchen, um sich an den Vorteilen zu erfreuen. Mit anderen Worten: Sie sind äußerst ergiebig!

Camupulver zum Beispiel mag teuer erscheinen, und doch liefert eine winzige Prise bereits die empfohlene Tagesdosis von Vitamin C und kostet nicht viel. Ganz im Gegensatz zu – sagen wir – einer Packung Cornflakes sind diese Nahrungsmittel voll mit den besten Nährstoffen, die die Natur zu bieten hat, mit der unschätzbaren Kraft, Energie zu spenden und zu heilen. Nichts fühlt sich so gut an wie beste Gesundheit, und – Klischee beiseite: Ja! Sie haben es verdient.

Viele dieser Nahrungsmittel werden schon seit der Antike gerühmt. Im Licht der heutigen Ernährungswissenschaft lernen wir sie noch mehr zu schätzen als zuvor. Die riesigen Vorzüge dieser Spitzennahrungsmittel aus dem Reich der Natur sind umwerfend, und ich fühle mich geehrt, Sie bei deren kulinarischer Erkundung zu begleiten.

Julie Morris

VORBEMERKUNG ZUR DEUTSCHSPRACHIGEN AUSGABE

Spitzennahrung – Superfoods sind natürliche Spitzennahrung, das Beste, was uns die Natur bietet. Superfoods sind keine „Nahrungsergänzungsmittel", sondern normale Nahrung, mit der einzigen Besonderheit, dass ihre Nährstoffdichte besonders hoch ist (daher super).

Das Beste aus zwei Welten – genussvolle Snacks und superleckere Mahlzeiten mit Superfoods entstehen aus der Verbindung von Kochkunst und Nahrungskunde. Julie Morris ist eine Pionierin auf diesem Gebiet, zugleich auch eine Meisterin. Ihre Botschaft kommt an: „Ich glaube daran", sagte sie in einem Interview, „dass immer mehr Menschen sich gut ernähren wollen und lieber vollwertige Nahrung mit vielen guten Nährstoffen zu sich nehmen als ‚leere Kalorien'".

Global und lokal – Die UNO erklärte das Jahr 2013 zum „Jahr der Quinoa". Dieses Superfood soll mit seinen zahlreichen Vorteilen helfen, den Hunger auf der Welt zu bekämpfen.

- Superfoods sind ein aktuelles Thema und gehen uns alle an.
- Viele Supermärkte in Deutschland, Österreich und der Schweiz bieten inzwischen Superfoods an (oft auch Quinoa). Durch unsere Nachfrage bestimmen wir das Angebot mit!
- Ernährung wird vor Ort verbraucht, sie ist aber ein globales Thema. Auch der Hunger auf der Welt geht uns an.

Risiken und Nebenwirkungen – manche Superfoods sind gut erforscht, wie Granatäpfel, Brokkoli und Gojibeeren. Manches ist neu: die Erforschung der segensreichen *sekundären Pflanzenstoffe* etwa ist noch jung. Viele Details werden untersucht und zu neuen Erkenntnissen führen.

Das größte Risiko besteht in der Übersäuerung, Verfettung und Mangelernährung des Körpers durch viele herkömmliche Ernährungsgewohnheiten. Wenn Sie auf Vielfalt und Abwechslung in den Speisen, auch beim Einsatz von Superfoods, achten, gehen Sie den sichersten Weg!

Zur deutschen Übersetzung: Manche Angaben unterscheiden sich hierzulande von den amerikanischen. Solche Ergänzungen wurden als **„Anm.d.Ü."** und **„Anm.d.V."** eingefügt (Anmerkungen der Übersetzerin bzw. des Verlags). *Der Verlag*

MIT ALTEN GEWOHNHEITEN BRECHEN

Als ich gerade frisch ans College kam, hatte ich nach nur wenigen Wochen einen neuen besten Freund.

Kaffee.

Damals ahnte ich noch nicht, dass unsere Treffen im Laden an der Ecke zu einer derart intensiven Beziehung führen würden.

Ich hatte just angefangen, Marketing und Grafikdesign an einer Schule für Design in Kalifornien zu studieren. Weit entfernt von der „Freie Liebe"-Atmosphäre einer Kunsthochschule, strotzte dieses Institut geradezu vor Talent und Ehrgeiz. Unter dem Eindruck von fürchterlich hochbegabten Mitstreitern und Top-Professoren, daneben meine Studienkredite, die sich wie Bakterien zu vermehren schienen, verwandelte ich mich in kurzer Zeit von einem Mädchen, das einfach gerne zeichnete, in ein stressgetriebenes, superehrgeiziges Arbeitstier.

Die erste Lektion, die ich dort lernte, war, dass Kreativität ein launisches Biest ist. Manchmal bricht sie fröhlich heraus, und die Welt ist voller Glanz, Herzlichkeit und tanzender Ponys. Dann wieder verschwindet sie und macht Ferien (zwangsläufig vor wichtigen Abgabeterminen). Und ich sage Ihnen, das Geräusch zirpender Grillen im Kopf kann ohrenbetäubend sein. Mir war klar: Um in dieser kreativ anspruchsvollen Umgebung zu bestehen, konnte ich mir solche „Ferien" nicht leisten – ich brauchte ununterbrochen Energie, um das Beste aus mir und meinen Fähigkeiten herauszuholen. Auf diese Weise landete ich beim Kaffee. Es gibt einen Grund, warum Kaffee, nach Öl, der meistgehandelte Rohstoff der Welt ist: Kaffee funktioniert.

Wegen seiner Eigenschaft, mich bis in die Nacht wachzuhalten, damit ich arbeiten konnte, und mich auch am nächsten Morgen wieder in einen halbwachen Zustand zu versetzen, schien Kaffee mir ein vertrauenswürdiger Freund.

Ich trank ein oder zwei Tassen am Tag, und alles lief prima. Doch mit der Zeit tauchte ein Problem auf. Da mein Arbeitspensum nicht schrumpfen wollte, wurde aus meiner kleinen Tasse Kaffee eine Gewohnheit, die aufrechterhalten werden wollte. Und als wäre das noch nicht schlimm genug, begann der Kaffee seinen „Kick" zu verlieren. Gab mir am Anfang eine Tasse die gewünschte Energie, so brauchte ich schon bald die doppelte Menge, um die gleiche Wirkung zu erzielen. Später wurden daraus drei. Ich brauche sicher nicht erwähnen, dass ich Erfahrung mit wilden Hochs und Tiefs sammelte. Zwischen Superheldengefühl und Zombiemodus, vom nervigen Plappermaul bis zur nervigen Schweigerin: Alles war dabei. Diese Verrücktheiten erschöpften meine Leistungsfähigkeit unerbittlich, während ich versuchte, alles im Gleichgewicht zu halten. Am Ende, wie um mich zu verhöhnen, setzte die Wirkung des Kaffees schließlich ganz aus. Ironischerweise fühlte ich mich nach einer Tasse nur noch müder. Ich hatte keine Ahnung, was da vor sich ging. Also tat ich das, was mir logisch erschien.

Nein, ich hörte nicht auf, Kaffee zu trinken (seien Sie nicht albern!), stattdessen begann ich, Energydrinks zu konsumieren, und verband dies mit meiner Stellung als Vollzeit-Kaffee-Junkie.

Wenn man zwanzig ist, klingt das nach einem großartigen Plan: Koffein aus Kaffee, Koffein aus Energydrinks mit all den anderen „mysteriösen" Zutaten und viel Zucker. Super Zeiten!

Wie Sie vielleicht schon ahnen, ging dieses Experiment nicht spurlos an mir vorüber.

Sicher, anfangs – für wenige Wochen – war alles „großartig". Ich war wieder auf den Beinen und schwirrte umher, als hielte jemand die Vorspultaste gedrückt. Doch schon bald, als erhielte ich eine Lektion von meinem „Energiekarma", folgte der Absturz … und diesmal stürzte ich wirklich tief.

Am Ende des Semesters war meine Energie auf dem Nullpunkt. Ich konnte gerade noch meine Abschlussarbeiten zu Ende bringen, jedoch weit hinter meinen Erwartungen. Ich fühlte mich alt, viel älter, als ich tatsächlich war. Das Schuljahr beendete ich ausgelaugt, mit Schmerzen und chronischen Magenbeschwerden. Am meisten frustrierte mich aber, dass meine Leistungsfähigkeit zum Stillstand gekommen war. Eine Veränderung war nun unausweichlich.

Glücklicherweise hatte ich mich schon immer für Ernährung interessiert. Nein. Lassen Sie es mich neu formulieren: *Essen* hat mich schon immer interessiert. Das Interesse an *Ernährung* kam dann später dazu. An dieser Stelle muss ich mein junges Ich einmal loben, denn jahrelanger kulinarischer Genuss und Recherche hatten bereits meine Käse-Fress-Eskapaden in eine vorteilhafte, überwiegend pflanzenbasierte Ernährungsweise verwandelt, auf die ich aus ethischen, gesundheitlichen und ökologischen Gründen stolz war. Aber selbst dieses verbesserte Essverhalten bestand immer noch aus vielen stark verarbeiteten Lebensmitteln, die nur gerade das ausschlossen, was ich eben nicht mehr konsumieren wollte.

Ausgerechnet zur Zeit meiner persönlichen Energiekrise hatte ich begonnen, über die überaus seltsamen sogenannten „Superfoods" zu lesen. Das Bild einer Weintraube mit Superheldenumhang schlich sich langsam in mein Hirn ein.

Superfoods wirkten auf mich außerordentlich anziehend. Da waren sie – Nahrungsmittel, die seit Abertausenden von Jahren von verschiedenen Kulturen verwendet und für ihre verjüngende Wirkung millionenfach (da bin ich ganz sicher) hochgelobt und gefeiert worden sind. Und – sie lieferten natürliche Energie. Gekauft!

Nach einer intensiven Recherche fiel meine Wahl schließlich auf zwei Superfoods, mit denen ich mein neues Experiment in Sachen Energie und Antrieb starten wollte: Maca und Gojibeeren. Zwei seltsam klingende Nahrungsmittel – das eine ein Pulver, hergestellt aus getrockneten braunen Wurzeln, beliebt in der südamerikanischen Kultur; das andere getrocknete Beeren in der Tüte, die in der chinesischen Medizin zur Anwendung kommen. Nichts, was einem das Wasser im Munde zusammenlaufen lässt, aber immerhin einen Versuch wert. Zugegebenermaßen hatte ich keine Ahnung, was ich damit anfangen sollte. Eine Freundin riet mir, daraus einfache „Energiebällchen" zu machen; kleine Kugeln gemischt aus dem Macapulver, den Gojibeeren, etwas Nussbutter und Süßstoff. Das

Ergebnis war nicht schön, aber es schmeckte nicht schlecht. Während ich also meinen neu kreierten Snack aß, stellte ich mir vor, wie ein Medizinmann der Maya mir „Daumen hoch!" anzeigte, und ich fühlte mich inspiriert.

Damit sich die Wirkung der Superfoods ungehindert entfalten konnte, beschloss ich, mich von Kaffee und anderen stimulierenden Getränken zu verabschieden. Mit den Energiebällchen an der Hand gab ich mir einen Monat Zeit, um „die Wunder der Superfoods" erleben.

Das Erste, was mir auffiel, war – nun ja – gar nichts. Ich bekam keinen starken Energieschub, so wie ich es vom Kaffee gewohnt war. Um ehrlich zu sein, ich war enttäuscht. Allerdings bedeutet „gar nichts" ebenfalls, dass ich mich nicht ausgelaugt fühlte und auch nicht mit der bleiernen Schläfrigkeit zu kämpfen hatte.

In der Tat fühlte ich mich nach wenigen Wochen einfach gut – keine extremen Höhen, aber genauso wenig extreme Tiefen. Ich fühlte mich ausgeglichen und hatte genug Energie, um mich auf die Dinge zu konzentrieren, die ich eigentlich machen wollte.

In dieser Zeit wurde mir klar, dass Nahrung zwei wichtige Aspekte hat: Geschmack *und* Funktion (Nutzen, Auswirkung).

Oh, keine Frage, ich kenne sehr wohl die verführerische Kraft von Esswaren, die nur guten Geschmack zu bieten haben: den wilden Lockruf von Brownies … oder die fieberhafte Jagd auf salzige und süße Naschereien, die auf der Stelle vertilgt werden müssen. Wir alle kennen das, und seien Sie versichert, ich werde mich jetzt nicht darüber auslassen, wie schlecht Fastfood ist, weil wir das bereits wissen. Doch es gibt noch einen weiteren, unerwarteten Vorteil (außer der zusätzlichen Energie), den der erhöhte Verzehr von besonders nährstoffreichen Nahrungsmitteln mit sich bringt: Der Heißhunger lässt nach.

Für mich persönlich war es nicht so, dass das unbedingte Verlangen nach bestimmten Dingen verschwand (mein „Brownie-Enthusiasmus" ist so groß wie eh und je); aber jetzt bekomme ich einfach Verlangen nach anderen Dingen. Ein Beispiel: Als ich das erste Mal nach einigen Wochen, in denen ich mich nur von natürlichen und nährstoffreichen Lebensmitteln ernährt hatte, einen herkömmlichen Brownie aß, kam es mir vor, als würde ich Schlamm zu mir nehmen (vermutlich aufgrund des hohen Zuckergehalts, der ungesunden Fette und des raffinierten Mehls ohne nennenswerten Nährwert). Diese Art von Essen hatte keinerlei positiven Nutzen mehr für mich, obwohl es hervorragend schmeckte. Ich verbannte Brownies und Süßigkeiten deswegen nicht gleich aus meinem Leben (das hätte keinen Spaß gemacht), ich fand einfach neue Wege, um einige meiner Lieblingsleckereien so zuzubereiten, dass sie sich dauerhaft günstig auf mein Wohlbefinden auswirkten.

Meine Rezepte nahmen ganz neue Gestalt an, da ich mich zunächst auf die Wirkung und den Nutzen der einzelnen Zutaten konzentrierte und darauf, was sie für mich tun konnten, wie sie meine Gesundheit fördern konnten, wie meinen Körper vitalisieren und ausgleichen – und dann zauberte ich aus diesen Zutaten erstaunliche Köstlichkeiten. Ein stabiles Körpergewicht, reine Haut und eine verbesserte Fitness – ohne große Mühe – sagten mir, dass ich auf dem richtigen Weg war.

Während die verrückten Tage am College kamen und gingen, ist mein Wunsch nach einfachen Rezepten als „Treibstoff" für einen aktiven Lebensstil geblieben. Ursprünglich entstanden aus meinem Bedürfnis nach einer unkomplizierten und attraktiven Küche, auf die ich mich freuen und auf deren

Genuss ich stolz sein konnte, sind die Rezepte auf den folgenden Seiten ein Hoch auf Superfoods in allen Formen und Farben – auf die größten Schätze in der Nahrungswelt, die darauf warten, geborgen und heimgeholt zu werden.

Ob Sie nun ein geborener Feinschmecker sind oder lieber auf den Pizzalieferdienst warten, dieses neue Repertoire aus einfachen Rezepten enthält auch für Sie vitalisierende, köstliche, natürliche Zutaten, die Ihre Lebensqualität verbessern. Sie werden Ihre Geschmacksnerven *und* Ihren Körper zum Lächeln bringen. Die neue Ära des Kochens sieht verheißungsvoll aus, und sie beginnt mit Superfoods.

TEIL EINS
SUPERFOODS VERSTEHEN

DAS ERLEBNIS ESSEN

Wir schreiben das Jahr 2 000 000 v. Chr., zumindest so ungefähr. Nennen wir es die Ära vor dem Homo erectus. Da drüben, neben dem Baum, steht Herr Vorzeitwesen. Neben ihm seine liebreizende Partnerin Frau Vorzeitwesen, und der kleine haarige Kerl daneben ist ihr fünf Jahre alter Sohn, Vorzeitwesen junior.

Wie bei den Nachbarprimaten aus der Umgebung bleiben die Familienmitglieder üblicherweise unter sich. Herr und Frau V. begegnen „den anderen" gelegentlich, aber die meiste Zeit verbringen sie mit dem Sammeln essbarer Pflanzen. Manchmal fangen sie ein Tier zum Abendessen. Den Rest der Zeit sind sie übereifrige Eltern, die alles und jeden von ihrem kostbaren Nachwuchs fernhalten, ganz wie all die fürsorglichen Affen und Schimpansen im näheren Umkreis. Es gibt keinen ersichtlichen Grund für ausgiebigeren Kontakt mit den nebenan lebenden Grüppchen.

Und plötzlich, *kazoom!*, da wurde das Feuer entdeckt. Und damit kamen gleich drei Neuerungen. Erstens lieferte es Licht und Wärme. Zweitens hielt es nachts größere Raubtiere fern und drittens – Trommelwirbel – ermöglichte es das Garen von Speisen. Es ist an der Zeit sich zu versammeln, ihr Vorzeitfamilien. Ihr habt etwas gemeinsam: das Kochen.

Einige Soziologen sind der Meinung, dass die wichtigste Entdeckung in unserer sozialen Entwicklung tatsächlich das Kochen war. Zum ersten Mal in der Geschichte hatten Menschen einen Grund, sich regelmäßig zu versammeln und miteinander zu kommunizieren. Folglich war das Versammeln und Treffen um die vorzeitliche Feuerstelle *das* Ereignis, um unsere ersten sozialen Kompetenzen zu erlernen – eine hervorragende Gelegenheit, um sich die Zeit zu vertreiben, während man gemeinsam darauf wartete, dass das Essen fertig wurde. Klingt nach einem schönen Abend, nicht wahr? Das sehe ich auch so. Und getreu unserer Wurzeln besteht eine enge Bindung zwischen der Zubereitung von Essen und dem Beisammensein in unserer Welt auch heute noch, sowohl im geschäftlichen wie im privaten Bereich.

Sicher, die Zubereitung von Speisen unterscheidet sich heute etwas von der unserer Vorfahren (Studenten ausgenommen). Den Höhlenmenschen hat es vermutlich nicht gekümmert, ob seine Schokoladenganache zu süß oder die Pasta al dente war. Heutzutage, ob es sich nun um ein Essen aus dem Schnellrestaurant oder eine selbst gekochte Erbsensuppe mit Schoten aus dem heimischen Garten handelt, erfordert die Essenszubereitung weit mehr, als nur darauf zu warten, dass das frisch geschürte Feuer seine magische Aufgabe verrichtet. Die meisten Köche glauben, dass man erst das Essen als *Erlebnis* verstehen muss, um zu wissen, wie man Speisen zubereitet. Bei diesem Erleben dreht sich alles um unsere drei wichtigen Sinne, mit denen wir ein „richtig" zubereitetes Gericht erkennen: Sehen, Riechen, Schmecken.

Wahrnehmungspunkt eins – das Aussehen: Je besser eine Speise aussieht, desto verführerischer wirkt sie. Wir halten Ausschau nach satten Farben, vertrauten Formen und nach Hinweisen, die uns suggerieren, dass der Koch eben dieses Essen speziell nur für uns zubereitet hat (natürlich weil wir so wunderbar sind).

Wahrnehmungspunkt zwei – der Geruch. Dazu ein Partytrick: Halten Sie sich die Nase zu und beißen Sie in einen Apfel, eine Kartoffel und dann in eine Zwiebel. Der Geschmack unterscheidet sich kaum. Ohne Geruchssinn wäre das Leben ziemlich trostlos. Unabhängig davon, ob wir Nahrungsmittel bewusst riechen (zum Beispiel bei einer Weinprobe) oder den Geruch unbewusst wahrnehmen (das Aroma, das wir einatmen, bevor wir in etwas hineinbeißen), verführerische Düfte können das positive Erlebnis beim Essen deutlich verstärken. Schlaue Köche verwenden oft aromatische Kräuter und Essenzen, bei denen der Geruch eine

Ein Superfood-Grundnahrungsmittel: grünes Blattgemüse.

größere Rolle spielt als der Geschmack. Sie sollen unsere Nase dazu bringen, unserem Gehirn zu sagen, dass wir etwas „Gutes" erwarten können.

Und nun kommen wir zum dritten Wahrnehmungserlebnis – dem Geschmack. Keine Frage, das endgültige Urteil über eine Speise fällen die Geschmacksnerven in unserem Mund. Sie entscheiden fast sofort darüber, ob wir ein Gericht lieben oder hassen. Der Geschmack und das „Mundgefühl" (die Textur) gehen Hand in Hand und haben das letzte Wort bei der Entscheidung, was wir gerne essen.

Sofern es die klassisch-moderne Küche betrifft, ist das der Fahrplan zu einem großartigen Gericht. Das Essen ist serviert und die Küche geschlossen. Fertig. Oder doch nicht?

Es wird Ihnen aufgefallen sein, dass sich aus dieser Denkweise ein Problem ergibt: Sie ist sehr kurzsichtig gedacht. Das Erlebnis Essen hört nicht auf, nur weil der Teller leer ist. Es ist, als gingen Sie beim Baseballspiel zum Schlagmal, schlügen den Ball und, nachdem Sie den Ball mit Ihrem Schläger getroffen haben, verlassen Sie das Feld in der Annahme, dass das Spiel vorüber sei. Offensichtlich ist aber, dass die Reaktion auf Ihren Schlag noch folgen muss, das ist der Moment, in dem das Spiel erst richtig losgeht.

In einem meiner allerersten Jobs während des Studiums arbeitete ich als Aushilfe während der Mittagszeit in einem netten italienischen Restaurant. Ich freute mich immer auf das Ende der Schicht, weil ich mir dann etwas von der Karte bestellen durfte. Meistens fiel meine Wahl auf eine im Holzofen gebackene Pizza oder superleckere Pasta. Das Essen schmeckte galaktisch, und die Tatsache, dass es kostenlos war, beglückte zudem meinen mageren Geldbeutel. Allerdings tauchte ein hartnäckiges Problem auf: Jeden Tag nach meinem Mittagessen, so gegen 15 Uhr, fühlte ich mich müde, lethargisch, und es war mir unmöglich, mich zu konzentrieren. Das war besonders ärgerlich, da ich nach der Arbeit meine Hausaufgaben für das Studium erledigen wollte. „Na ja, das ist eben so nach dem Essen", war die übliche Reaktion auf mein Problem, wenn ich es anderen erläuterte. Müdigkeit, Unproduktivität und sogar körperliches Unwohlsein als ultimative Folge einer guten Mahlzeit – das wird als völlig „normal" akzeptiert. Muss das wirklich sein?

Man könnte jetzt argumentieren, dass unsere Ahnen in der Vorzeit rein instinktiv und naturgegeben ein besseres Verhältnis zur Nahrung hatten als wir heute, da für sie eine lang anhaltende Energieversorgung und somit der Nutzen im Vordergrund standen und nicht Geschmack und Genuss.

Wie dem auch sei, eine Sache ist klar: Die heutige Essenszubereitung lässt einen grundlegenden Aspekt der Erfahrung beim Essen außen vor – nämlich, wie wir uns bei und nach dem Essen fühlen!

GUTES ESSEN FÜR GUTE ENERGIE

Ohne an dieser Stelle auf die Feinheiten und Details von Nahrungsmitteln und Nährstoffen einzugehen, müssen wir Essen auf seiner einfachsten Ebene verstehen. Warum essen wir? Einmal abgesehen von Gelüsten, Versuchungen, sozialen Gewohnheiten, Langeweile …, warum konsumieren wir Nahrung tatsächlich?

Alles läuft auf Energiegewinnung hinaus. Das Gefühl von Hunger, das wir verspüren, ist das Verlangen unseres Körpers nach Treibstoff, um Energie zu produzieren. Instinktiv fühlen wir uns von Nahrungsmitteln mit hoher Kaloriendichte angezogen, um auf diese Weise unsere Aktivitäten möglichst effizient anzutreiben – einschließlich unserer geistigen Aktivität! (Das Gehirn beansprucht 25 Prozent unserer Gesamtenergie.)

Doch die Kalorie ist laut Definition nicht mehr als eine bloße Energieeinheit. Die Tatsache, dass unser modernes Essverhalten uns müde, unkonzentriert, dick oder sogar krank macht, ist eine riesiges Warnsignal, dass mit unserem Essverhalten und mit dem, was wir essen, etwas nicht stimmt.

Auf der anderen Seite sorgt gutes Essen für Verjüngung. Gutes Essen unterstützt unsere Aktivitäten, macht uns stark, hält uns gesund und länger in Blüte. Ich bin mir ziemlich sicher, dass eine tiefschürfende Beschreibung für den Verzehr guter Nahrung einfach heißt: „Du – jetzt noch toller!"

Mit dieser Einstellung im Kopf und mit dem Ziel, Essen zuzubereiten, das gut aussieht, gut riecht, gut schmeckt und *gute Energie* liefert, verfügen Sie schon über die entscheidenden Bausteine einer Superfood-Küche.

WAS IST EIN SUPERFOOD?

Nur wenige Menschen können einer verführerischen Mango widerstehen. Weiches saftiges Fleisch. Verlockender tropischer Duft. Auffälliges Orange. Und ein herrlich komplexes Aromaerlebnis, das von „blumig" bis „Honig" reicht und den Geschmack von „Ferien" hinterlässt. Ahhh …

Die Mango ist ein brillantes, von der Natur geschriebenes Rezept. Neben dem süßen Geschmack und der weichen Konsistenz wartet die Mango mit noch einem Geschenk auf: Sie ist ausgesprochen reich an Nährstoffen. Mangos sind reich an Vitamin C, Vitamin A, Kalium und Beta-Carotin. Außerdem sind sie eine hervorragende Quelle für einen sekundären Pflanzenstoff namens Lupeol, das im Mangofruchtfleisch zu finden ist. In Vorstudien hat sich gezeigt, dass das antioxidativ wirkende Lupeol sowohl Tumorwachstum bremsen als auch Nierensteine reduzieren kann. Was für ein Wunderwerk!

Vergessen wir einmal die köstlichen Eigenschaften: Die wertvollen Nährstoffe katapultieren die freundliche Mango von der „Liste der guten Früchte" auf die „Liste der wahren Superfoods".

Zugegeben, der Begriff „Superfood" wurde in letzter Zeit immer häufiger wahllos auf den Markt geworfen. Der Begriff tauchte übrigens offiziell schon im Jahre 1915 im Oxford English Dictiona-ry simpel definiert auf: „Ein Nahrungsmittel mit sehr hohem Nährwert oder anderem positivem Nutzen für Gesundheit und Wohlbefinden." Die heutige Definition wurde ein bisschen modernisiert: „Ein nährstoffreiches Nahrungsmittel, von dem man annimmt, dass es sich besonders positiv auf Gesundheit und Wohlbefinden auswirkt."

Bei so einem eingängigen Namen – *Super* (toll!) plus *food* (lecker!) – und bislang ohne Festlegung einer offiziellen Definition ist es ein Leichtes, diesen Begriff als auffälliges Verkaufsmerkmal auszuschlachten, um Produkten eine scheinbar positive Wirkung zu verpassen und deren Image aufzubessern. (Ein Beispiel ist zuckerhaltiges Müsli: „Jetzt mit Superfoods!")

In Europa ist man sich durchaus bewusster geworden, dass dieser viel verwendete Begriff irreführend ist, und so hat die Europäische Union seine Nutzung untersagt, wenn ein Lebensmittel nicht eine positive Wirkung auf Gesundheit und Wohlbefinden hat, die belegt werden kann.

Da in Nordamerika eine genaue Definition des Begriffs fehlt, haben eine übermäßige und irreführende Verwendung sowie schlechte Presse dazu geführt, dass Superfoods gemeinsam mit Bigfoot (der amerikanische „Yeti", Anm.d.V.) und anderen Mythen in eine Schublade gesteckt werden. Dabei vergisst man, dass es sich bei Superfoods um eine bemerkenswerte Entdeckung in der Natur handelt mit einer überaus nützlichen gesundheitlichen Wirkung.

Semantische Spitzfindigkeiten und ein übertriebenes Marketing einmal beiseite, die Grundidee in Sachen Superfoods ist und bleibt sehr konkret. Für mich persönlich sind Superfoods natürliche Nahrungsmittel mit einer überdurchschnittlich hohen Nährstoffdichte, Vitaminen und sekundären Pflanzenstoffen inklusive Antioxidantien. Um Superfoods aber wirklich einordnen zu können, müssen wir hinter ihre köstlichen Fassaden blicken und sie etwas genauer betrachten, um zu sehen, was sie von anderen Lebensmitteln unterscheidet.

SUPERFOODS IN DER VERGANGENHEIT

Sie wird Ihnen sicher nicht entgangen sein, die eine oder andere Schlagzeile über ein „neu entdecktes" Superfood, das die großartige Eigenschaft besitzt, unseren Körper zu vitalisieren, in Balance zu halten und zu heilen. Die Wahrheit ist, dass viele Superfoods schon viel früher „entdeckt" wurden. Wirklich sehr viel früher. Tatsächlich wird vielen alten Kulturen in allen Ecken der Welt zugeschrieben, dass sie die Ersten waren, die das wirksame Potenzial vieler Früchte, Wurzeln, Samen, Pflanzen und Beeren erkannt haben. Anscheinend haben sich damals wirklich alle von Superfoods ernährt.

Vor gut 10 000 Jahren erschlossen sich die Menschen den Ackerbau. Höchstwahrscheinlich bauten sie zuerst Feigen an und erst später Getreide. Bei der Fortentwicklung der Landwirtschaft gehörten viele Superfoods zu den bevorzugten Pflanzen.

Archäologische Funde haben gezeigt, dass Leinsamen schon im antiken Babylon ausgesät wurden und Chiasamen ein Grundnahrungsmittel der Aztekenkrieger gewesen sind. Acaibeeren wurden in der Volksmedizin schon im frühen Amazonien verwendet, und in der jüngeren Geschichte war Hanf eine der ersten unverzichtbaren Pflanzen, die in den amerikanischen Kolonien vor der Revolution (vor der amerikanischen Unabhängigkeit 1776, Anm.d.V.) angebaut wurden. Die Bauern waren sogar per Gesetz dazu verpflichtet, dieses vielseitige Gewächs zu kultivieren.

Ich glaube, der Grund für die starke Verbreitung von Superfoods in der Vergangenheit lag zum großen Teil darin, dass Nahrung schwieriger anzubauen und nicht so leicht verfügbar war. Unsere Vorfahren mussten Pflanzen kultivieren und Nahrungsmittel herstellen, die ihnen den höchstmöglichen Nutzen versprachen. Obwohl man früher nicht die wissenschaftlichen Mittel besaß, um das Vorkommen von Nährstoffen in einem Nahrungsmittel zu messen, war das nicht von Bedeutung. Stattdessen hatten diese „weniger ausgeklügelten" Kulturen einen viel verlässlicheren Weg, um festzustellen, welche Nahrungsmittel gut für sie waren und ihnen Energie lieferten – sie hörten darauf, was ihnen ihr Körper sagte.

Während sich unsere moderne Kultur auf vielen Ebenen zum Besseren entwickelt hat, gilt das für unsre Nahrung leider nicht. Es versteht sich von selbst, dass wir noch eine ganze Menge lernen können von dem einfacheren und natürlicheren Ernährungsgewohnheiten vergangener Kulturen.

„FUNCTIONAL FOOD"

Hier ein Mini-Mantra für Sie: Fragen Sie nicht, was Sie für Ihr Essen tun können, sondern fragen Sie, was Ihr Essen für Sie tun kann!

Functional Food wird als „Lebensmittel mit gesundheitsfördernden Zusatzstoffen" (Duden, Anm.d.V.) definiert. Meine Deutung geht weiter, ich denke, es sollte nämlich genau das sein, was in seinem Namen steckt: Nahrung, die unseren Organismus gut funktionieren lässt. Und wissen Sie was? Jedes Superfood passt ohne weitere künstliche Zusätze in diese Kategorie. Diese Lebensmittel haben eine Extraportion Nährstoffe, die nicht nur gut schmecken, sondern sich auch günstig auf unseren Körper auswirken.

Mit nur einer Handvoll süßer Gojibeeren nehmen Sie eine große Portion Antioxidantien, Vitamine, Mineralien, eine kleine Portion Eiweiß und gesunde Kohlenhydrate zu sich. Die ausgewogene Nährstoffkombination und die sekundären Pflanzenstoffe der Gojibeere kann unser Körper dazu verwenden, Fähigkeiten wie Sehkraft und Immunabwehr zu stärken. Ein Teller mit traditionell zubereiteten Fettuccine dagegen versorgt uns mit nicht viel mehr als … Kohlenhydraten (Danke!). Die Überlegenheit der Superfoods in Sachen Nährstoffgehalt lässt sich unschwer erkennen. Sie bieten uns sehr viel mehr als nur Kalorien.

GESUNDHEITSVORSORGE

Vor ein paar Jahren nahmen sechzig Männer und Frauen an einer klinischen Studie über die Auswirkungen von Antioxidantien in Nahrungsmitteln teil. Die Hälfte der Teilnehmer waren Raucher. Die Aufgabe der Probanden bestand darin, jeden Tag eine kleine Schale frische, grüne Brunnenkresse, zusätzlich zu ihrem normalen Essen, zu verzehren. Das erstaunliche Resultat, das im *American Journal of Clinical Nutrition* veröffentlicht wurde, ergab, dass alle Teilnehmer (Raucher und Nichtraucher) eine erhöhte Abwehr gegen freie Radikale entwickelt hatten. Das sind hervorragende Erkenntnisse. Wie Sie vielleicht wissen, handelt es sich bei freien Radikalen um zerstörerische, äußerst instabile Moleküle, die Zellen schädigen und sogar deren Absterben verursachen können. Freie Radikale werden oft mit Alterung und degenerativen Krankheiten in Verbindung gebracht. Zu einer erhöhten Anzahl von freien Radikalen im Körper kann es durch hohe Umweltverschmutzung, Strahlung, Chemikalien und Gifte wie Tabakrauch kommen. Der Leiter der Studie, Professor Ian Rowland, erklärte diesen Zusammenhang so: „Beschädigte Blutzellen-DNA ist ein Indikator für erhöhtes Krebsrisiko im ganzen Körper. Das Ergebnis unterstützt die Theorie, dass der Verzehr von [Kreuzblütlern wie] Brunnenkresse das Krebsrisiko verringern kann." Dieser Befund ist von wesentlicher Bedeutung für die Präventivmedizin: Gesundheitsfördernde Angewohnheiten (in diesem Fall das Essen von nährstoffreicher Brunnenkresse) helfen, den körpereigenen Schutz vor Krankheiten zu stärken.

Interessant ist, dass der höchste Level einer positiven Veränderung bei der Rauchergruppe registriert wurde. Die sekundären Pflanzenstoffe der Brunnenkresse versorgten die Teilnehmer mit so vielen Antioxidantien, dass die individuelle Chemie jedes Einzelnen wieder in Balance gebracht wurde – dabei war die Wirkung stärker, je mehr freie Radikale als Folge des ungesunden Lebensstils vorhanden waren. Dieses Ergebnis führt zur logischen Schlussfolgerung, dass es nie zu spät ist, eine gesunde Ernährung in seinen Lebensstil einzubauen und davon zu profitieren.

Haben wir erst einmal die engen Grenzen der westlichen Schulmedizin hinter uns gelassen, können wir ganz leicht erkennen, dass sich die Bereiche Essen, Kräuter und Medizin oft überlappen. Das heißt nicht, dass Erbanlagen und Umwelteinflüsse bei der Gesundheit auf lange Sicht gesehen keine Rolle spielen, aber wenn wir unseren Körper mit hochwertigen Zutaten versorgen, hilft uns das, in bester Verfassung zu bleiben, und das maximiert unsere Fähigkeiten im Kampf gegen Erkrankungen – von verstauchten Knöcheln bis hin zu degenerativen Krankheiten. Viele Menschen bemerken, wenn sie einige Zeit lang Superfoods in ihr Lebens integriert haben, dass sie seltener krank werden und sich schneller erholen, falls es sie doch einmal erwischt hat. Kurz gesagt, eine Ernährung mit Superfoods lässt uns die gesunde Lebensweise genießen, nach der wir uns sehnen.

DIE NÄHRSTOFFDICHTE

NÄHRSTOFFDICHTE IST DAS VERHÄLTNIS VON
NÄHRSTOFFEN : KALORIEN

Oberflächlich betrachtet sind Ernährungsfragen ziemlich kompliziert (und vermutlich auch ein bisschen langweilig). Ich habe Argumente für und gegen so ziemlich jedes Lebensmittel gelesen, das es gibt. Kein Wunder also, dass mehr und mehr Menschen sagen: „Ich *will* gesund leben, aber ich weiß nicht wie." Vielleicht haben Sie das schon gehört. Vielleicht haben Sie es auch schon selbst gesagt. Glücklicherweise sind die Grundlagen der Ernährung (d. h. was wir essen sollen) sehr einfach zu verstehen. Alles läuft auf ein Grundkonzept hinaus: Nährstoffdichte. Wenn Sie das verstehen, wird Ihnen kristallklar, warum Superfoods wirklich herausstechen und außergewöhnlich sind.

In einfachen Worten ist die Nährstoffdichte das Verhältnis von Mikronährstoffen zu Kalorien. Ein Lebensmittel mit vielen Kalorien und verhältnismäßig wenig Nährstoffen, wie ein Stück Käse zum Beispiel, hat eine geringe Nährstoffdichte. Auf der anderen Seite hat ein Lebensmittel mit wenig Kalorien und vielen Nährstoffen eine hohe Nährstoffdichte, beispielsweise Blaubeeren. Hohe Nährstoffdichte = gut. Geringe Nährstoffdichte = schlecht. Ganz einfach.

Natürlich ist es wichtig zu wissen, was „Nährstoffe" sind. Fragen Sie irgendwen auf der Straße und Sie werden ganz sicher eine Gruppe von Nährstoffen genannt bekommen, die als Makronährstoffe bekannt sind: Eiweiß, Fett und Kohlenhydrate. Obwohl sie wichtig für unser Wohlbefinden sind, liefern Makronährstoffe nur Kalorien, die unser Körper als Treibstoff verwendet. Sie sind allgegenwärtig in unserer Nahrung. Alles Essbare (mit Ausnahme von Wasser und Chemikalien) enthält einen, zwei oder alle drei dieser Makronährstoffe. Keine große Sache also, wenn ein Lebensmittel diese Stoffe enthält. Bei der Nährstoffdichte gilt es zu unterscheiden zwischen den Makronährstoffen und der Gruppe der Mikronährstoffe. Mikronährstoffe sind, wie der Name es vermuten lässt, Nährstoffe, die unser Körper nur in kleinen Mengen benötigt. Und obwohl wir keine riesige Dosis brauchen (wie von den Hochleistungskalorien, die uns am Laufen halten), sind sie für uns – lassen Sie sich da nicht täuschen – absolut lebenswichtig. Die Weltgesundheitsorganisation (WHO) erklärt: „... auch wenn sie nur in winzigen Mengen benötigt werden, sind diese Nährstoffe der ‚Zauberstab‘, der es dem Körper ermöglicht, Enzyme, Hormone und andere Substanzen, die für eine gesunde Entwicklung und gesundes Wachstum benötigt werden, zu produzieren.“ Und die WHO warnt vor den Konsequenzen, eines Mangels: „… so klein die Mengen auch sind, die wir benötigen, die Folgen einer Unterversorgung sind schwerwiegend.“ Mit anderen Worten, eine Ernährungsweise ohne diese Mikronährstoffe ist gleichbedeutend mit Krankheit und vorzeitigem Altern, Verlust von Körperfunktionen und allgemeiner Degeneration. Mikronährstoffe sind die winzigen großen Helden unseres Nährstoffspektrums.

In der Familie der Mikronährstoffe gibt es eine Vielzahl verschiedener Untergruppen. Zu den allgemein bekannten zählen Vitamine, Makromineralien (lebenswichtige Mineralien, die wir in größeren Mengen benötigen) und Spurenelemente (lebenswichtige Mineralien, die wir in kleineren Mengen benötigen). Mindestens von gleich großer Bedeutung in dieser Familie sind organische Säuren, Antioxidantien und eine lange Reihe anderer organischer Verbindungen, bekannt als sekundäre Pflanzenstoffe – pflanzliche chemische Verbindungen, die zwar nicht essenziell sind, aber sich günstig auf die Gesundheit auszuwirken scheinen. Da es so viele verschiedene Mikronährstoffe gibt (Wissenschaftler schätzen, dass es 100 000 verschiedene sekundäre Pflanzenstoffe gibt, und oft enthält eine einzelne Pflanze schon über hundert dieser Stoffe), ist es nahezu unmöglich, Nahrungsmittel mit hoher Nährstoffdichte miteinander zu vergleichen und als „besser“ oder „schlechter“ zu beurteilen. Die in natürlichen Lebensmitteln enthaltenen Stoffe spielen alle eine unterschiedliche, aber wichtige Rolle und leisten einen Beitrag zu einer ausgeglichenen Gesundheit. Immerhin, was das genauere Betrachten

der Mikronährstoffe uns ermöglicht, ist, zu entscheiden, ob ein bestimmtes Nahrungsmittel für uns eine kluge Wahl ist. Alles klar?

Schauen Sie sich die Menge der Mikronährstoffe in einem Nahrungsmittel an. Wenn Sie nach diesen kleinen Superhelden suchen, wird es einfach, die ärmeren Varianten auszusortieren und durch etwas Vorteilhafteres zu ersetzen (dazu gehören fast alle vollwertigen pflanzlichen Lebensmittel!). Eine bestimmte Gruppe sticht besonders hervor, da sie vor Nährstoffen geradezu überquillt und sich damit die vordersten Plätze in der Rangliste der Nahrungsmittel sichert. Diese Spitzengruppe bilden eben die Superfoods.

DAS ANDI-SYSTEM

Wenn man das Konzept der Nährstoffdichte anwenden möchte, muss man natürlich wissen, welche Nährstoffe ein Nahrungsmittel enthält. Wer das Forschen (verständlicherweise) lieber anderen überlassen möchte, nutzt das ANDI-System, um sich das Rätselraten zu ersparen. Entwickelt wurde ANDI (*Aggregierter Nährstoffdiche-Index*) von Dr. Joel Fuhrman, einem naturheilkundlich orientierten Arzt, Bestsellerautor und Gründer von *Eat Right America*. Das ANDI-System stellt Lebensmittel nach ihrer Nährstoffdichte (Nährstoff/Kalorie) auf einer Skala von 1 (am schlechtesten) bis 1000 (am besten) dar. Das System wertet einen großen Bereich der Mikronährstoffe aus, inklusive (aber nicht begrenzt auf) Vitamine, Mineralien, sekundäre Pflanzenstoffe und Antioxidantien.

Eine ideale Ernährungsweise zeichnet sich durch das Essen von möglichst unterschiedlichen nährstoffreichen Lebensmitteln aus. Das ANDI-System gilt derzeit als eine der umfassends-

ANDI-PUNKTE (BEISPIELE)

Blattkohl/Grünkohl 1000

Kopfkohl/Spitzkohl 1000

Brunnenkresse/Senfgewächse (Asia-Salat) 1000

Pak Choi 865

Spinat 707

Rauke/Rucola 604

Brokkoli 340

Erdbeeren 182

Granatapfel 119

Leinsamen 103

Tofu 82

Linsen 72

Rinderhack 21

Weißbrot 17

Cheddar 11

Cola 1

Aus: www.drfuhrman.com/library/andi-food-scores.aspx
(Internetseite mit vollständiger ANDI-Liste)

ten Methoden, um die besten und wirksamsten Nahrungsmittel für eine optimale Gesundheit zu ermitteln. Obwohl noch nicht alle Superfoods in der Liste enthalten sind, ist es durch den Vergleich mit anderen, dort genannten Superfoods relativ einfach abzuschätzen, wie weit oben ein ähnliches oder vergleichbares Superfood stehen könnte. Zum jetzigen Zeitpunkt enthält die Liste nur einzelne, natürliche und unverarbeitete Lebensmittel – Snacks, Rezepte, industriell hergestelltes oder abgepacktes Essen wird in der Liste nicht berücksichtigt.

Natürlich ist ANDI keine Richtig-Falsch-Antwort auf die Frage nach der Ernährung. Wichtig zu erwähnen ist, dass einige Lebensmittel, die viele Kalorien enthalten (zum Beispiel Nüsse und andere fetthaltige Lebensmittel), weiter unten auf der Liste stehen, obwohl sie sehr gesund sind. Das liegt daran, dass das ANDI-System bei der Zuordnung von Punkten nicht die Qualität der Kalorien (gute Fette oder raffinierte Fette, natürlicher Zuckergehalt oder raffinierter Zucker usw.) berücksichtigt, sondern nur die Anzahl der Kalorien. Würde man sich nur von Lebensmitteln ernähren, die ganz oben auf der ANDI-Liste stehen, wäre das viel zu einseitig: zu wenig Kalorien, nicht genug gesunde Fette und andere Mängel, die zu einer unausgewogenen Ernährung führen würden.

Ich empfehle das ANDI-System als hilfreichen Ratgeber, um besonders nährstoffreiche Lebensmittel (grünes Blattgemüse und Beeren beispielsweise) zu bestimmen. Noch mehr möchte ich Ihnen aber ans Herz legen, das Gesamtkonzept zu verinnerlichen: Essen Sie möglichst abwechslungsreiche natürliche Vollwertkost mit dem Ziel, so oft und so viele Mikronährstoffe wie möglich zu sich zu nehmen.

Das ANDI-System ist nicht der einzige Indikator für großartiges Essen, aber es kann uns ein großes Stück weit die Richtung weisen.

SPITZENNAHRUNG SELBST GEMACHT

Niemand sollte einen Doktortitel in Ernährungswissenschaften brauchen, um sich gesund ernähren zu können. Das erwähnte Grundkonzept (vollwertige Nahrung mit möglichst vielen Mikronährstoffen) bietet einen einfachen und praktikablen Leitfaden der gesunden Ernährung.

Sicher muss ich nicht extra erwähnen, dass ich, als ich die Rezepte für die „Superfood-Küche" entwickelte, darauf aus war, das Beste aus zwei

Welten zu vereinen: die verführerische Verschmelzung von Geschmacksnoten und Texturen aus der Kochkunst mit der Philosophie der nährstoffreichen Ernährung.

Die entstandenen Rezepte enthalten nicht nur Nährstoffturbos in Form von besonders aufregenden „Superfoods", sondern sie bestehen insgesamt aus ausgewählten gesunden Zutaten. Sodass jedes Rezept in sich ein breites Spektrum gesunder Nahrung bereithält. Ich glaube, dass so jede Mahlzeit als ein Superfood von besonderer Güte verstanden werden kann … als die Summe, als etwas neues Ganzes, aus der Zusammenstellung von Teilen, die selbst schon super oder spitze sind.

DIE BEDEUTUNG DER NÄHRSTOFFDICHTE

Niemand wird bestreiten, dass es ein kluger Schachzug zur Gesunderhaltung unseres Körpers ist, einen höheren Anteil an Vollwertkost zu essen. Eine Frage, die ich immer wieder höre, ist, ob eine derart intensive Fokussierung auf die Nährstoffdichte wirklich von so entscheidender Bedeutung ist. Reicht es nicht aus, einfach mehr naturbelassene Lebensmittel – wie Kartoffeln, Reis oder Mais – zu essen? Sicher sind diese Lebensmittel der industriell verarbeiteten Kost allemal überlegen, doch der eindeutige Vorteil für eine ganzheitliche Gesundheit liegt zweifellos im Potpourri der Superfoods. Wenn wir natürliche, erstklassige Speisen essen, ermöglichen wir unserem Körper auf erstklassige Weise zu funktionieren damit fördern wir optimale Gesundheit, Energie, geistige Klarheit und Widerstandsfähigkeit gegen Krankheit. Und heute haben wir mehr als je zuvor dringende Gründe, die reichlichen Vorteile der Superfoods für uns zu nutzen. Hier sind die Gründe.

BEZIEHUNGEN ZWISCHEN ERNÄHRUNG UND KRANKHEIT

Die moderne Medizin hat unbestreitbar enorme Fortschritte bei der Bekämpfung von Krankheiten gemacht. Dennoch, zum ersten Mal in der Geschichte weist die jüngere Generation Anzeichen auf, die auf eine geringere Lebenserwartung als die ihrer Elterngeneration hindeuten. Epidemien von tödlichen Krankheiten wie Herzerkrankungen, Diabetes, Krebs, Folgekrankheiten von Osteoporose und Fettleibigkeit – um nur einige zu nennen – sind auf einem historischen Höchststand. Tendenz steigend.

Das Problem ist größtenteils auf unsere aktuelle westliche Ernährungsweise zurückzuführen: eine hochgradige Abhängigkeit von verarbeiteten und raffinierten Nahrungsmitteln, die unseren Körper mit nährstoffleeren Kalorien überfluten; ein ständiges Verlangen nach tierischem Eiweiß, das mit seinen cholesterinbildenden gesättigten Fettsäuren einen zerstörerischen, säuernden Effekt auf unsere Blutchemie hat; und der fast unbewusste Konsum von raffiniertem Zucker (wie Maissirup oder auch Glukose-Fruktose-Sirup und weißer Zucker), dessen Allgegenwart in den Supermarktregalen zu einem alarmierenden Anstieg von Diabetes und anderen Krankheiten beigetragen hat. Unsere Gewöhnung an diese Nahrungsmittel zerstört uns buchstäblich. Da diese Speisen oft, allein um verdaut zu werden, dem Körper mehr Ressourcen entziehen, als sie Nützliches zurückgeben, werden sie als „Antinährstoffe" bezeichnet.

Anstatt uns aufzubauen, ziehen sie uns herunter: Sie rauben unserem Körper Energie (denken Sie nur daran, wie Sie sich nach einem „schweren Essen" fühlen) und entziehen verschiedenen Organen und Knochen bestehende Mineralstoffvorräte. Folglich lässt uns der Verzehr von Antinährstoff-Nahrung mit einem hässlichen Nährstoffdefizit im roten Bereich zurück … und das ist im Grunde genommen eine Einladung für Krankheiten.

Aber die Prognose muss nicht so düster sein. In der Vorbeugung liegt eine große Stärke, und das Potenzial des Körpers, sich selbst zu regenerieren, ist wie ein Wunder, wenn er nur mit den benötigten Werkzeugen beliefert wird. Moderne Studien weisen darauf hin, dass der Konsum pflanzlicher Vollwertkost eine der aussichtsreichsten Möglichkeiten ist, um diese ernsten – aber zum großen Teil vermeidbaren – chronischen Krankheiten in Schach zu halten. Zum Beispiel hat der *World Cancer Research Fund* ausgeführt, dass man allein durch die richtige Ernährungsweise das Krebsrisiko um 40 Prozent senken kann (eine Zahl, die einer vorsichtigen Schätzung entspricht).

Hier können die Superfoods – auf dramatische Weise – helfen: Sie sind eine der einfachsten und effizientesten Methoden, um erhebliche positive Veränderungen zu erzielen, selbst bei risikoreicher Lebensart. Viele kleine neue, aber wirksame Gewohnheiten können sich summieren, und Superfoods in den Essensplan zu integrieren, ist eine der besten Möglichkeiten, diesen Weg einzuschlagen.

UNSER PH-WERT IN BALANCE

Sie müssen kein Chemiker sein, um zu verstehen, was Essen für einen ausgewogenen pH-Wert bedeutet: Ein ausgewogener pH-Wert ist für nichts weniger wichtig als … für die Entstehung von Leben.

Wahrscheinlich sind Sie schon ein bisschen vertraut mit der pH-Skala: Das Säure-Basen-Gleichgewicht wird gemessen auf der pH-Skala zwischen 0 – 14. (Kurz: Ein pH-Wert von 0 – 7 gilt als sauer, während alles über 7 als alkalisch oder basisch bezeichnet wird.) Sprechen wir von Gesundheit und Wohlbefinden, ist es entscheidend, den leicht alkalischen Bereich von 7,35 – 7,45 im Hinterkopf zu haben. Mit diesem pH-Wert befindet sich der menschliche Körper in Balance.

Die Aufrechterhaltung des perfekten pH-Werts unterliegt keinem biologischen Rhythmus, wie – sagen wir – die Atmung. Stattdessen muss der Körper sich ständig anpassen, um sein Gleichgewicht zu halten, da es von jedem einzelnen Nahrungsmittel und Getränk, das wir zu uns nehmen (auch Wasser!), beeinflusst wird. Einmal verdaut, wird Nahrung bis zu einem „Ascherückstand" heruntergebrochen, der als sauer oder alkalisch registriert wird und direkt unsere pH-Wert-„Suppe" beeinflusst. Die meisten westlichen Ernährungskonzepte beachten den pH-Wert zu wenig, denn sie quellen über vor säurebildenden Lebensmitteln wie Fleisch, Milchprodukten, Zucker, Getreide, Kaffee und weiteren. Der Verzehr von zu vielen säurebildenden Nahrungsmitteln ist eine enorme Belastung für den Körper, der sich ständig um einen ausgeglichenen pH-Wert bemüht. Das kann zu einer Schwächung der Knochen, verminderter Nierenfunktion, vorzeitiger Alterung, erhöhter Anfälligkeit für Krankheiten und weiteren Problemen führen (ein zu alkalisches Milieu ist ebenfalls nicht wünschenswert, kommt aber sehr selten vor).

Zu den besonders alkalischen (basischen) Lebensmitteln gehören Gemüse (besonders alles, was

Ein peruanischer Markt mit lokalen Superfoods wie Quinoa, Maca und Sacha Inchi.

grün ist) und einige Obstsorten. Viele Superfoods fallen in diese Kategorie und diejenigen, die nicht dazugehören (wie zum Beispiel Samen), senken den pH-Wert dennoch nicht zu tief unter die Säuregrenze. Das Schlüsselwort ist Gleichgewicht, und Superfood kann uns helfen, auf dem sogenannten „Sweet Spot" (in der gesunden Mitte) zu bleiben und unseren Körper beim pH-Wert-„Kampf" zu entlasten, damit er sich auf andere Dinge wie Bereitstellung von Energie und Regeneration konzentrieren kann.

Obwohl es keinen Grund gibt, ab jetzt ständig wie besessen auf die Aufrechterhaltung des „perfekten" pH-Werts aus zu sein, ist die Suche nach möglichst vielen basenbildenden Lebensmitteln ein großer Schritt bei unserem Streben nach Gesundheit und Langlebigkeit.

SCHUTZ GEGEN UMWELTGIFTE

Die ungefähre Anzahl der künstlich erzeugten und jährlich in die Umwelt freigesetzten Chemikalien beträgt 50 000. Die Anzahl der Liter von Pestiziden und Unkrautvernichtungsmitteln, die jedes Jahr auf unsere Nahrungsmittel niederregnen: 2 000 000 000 (in Worten: 2 Milliarden Liter; die

Angaben in diesem Abschnitt beziehen sich auf die USA, Anm.d.V.) Die Anzahl der neuen künstlich erzeugten Chemikalien (inklusive Pestizide, Antibiotika und Hormonrückstände), die allein seit 1950 unseren Lebensmitteln zugefügt werden: 3500.

Biovollwertkost zu wählen ist eine der besten Entscheidungen, die man als Verbraucher treffen kann. Auf diese Weise schützen Sie sich vor Chemikalien, meiden Sie genetisch veränderte Lebensmittel, und Sie setzen ein Zeichen, dass Sie Unternehmen, die auf Kosten der allgemeinen Gesundheit Chemikalien verwenden, nicht auch noch unterstützen wollen. Indem Sie die Macht Ihres Geldes nutzen, zeigen Sie den Profiteuren, dass ihre Produkte nicht akzeptiert und gekauft werden.

Leider bewahrt auch die Unterstützung von Bioprodukten nicht zu hundert Prozent vor Übel. Im Laufe der Jahre reichern sich Chemikalien in der Umwelt und im Grundwasser an und driften vom Ursprungsort ihrer Anwendung ab. Diese Chemikalien durchdringen unsere Umwelt und schließlich auch unsere Nahrungsmittel – und letztlich auch uns – mit toxischen Auswirkungen.

Die beste Verteidigung gegen die steigende Flut von Umweltgiften ist der Verzehr von Antioxidantien, die in verschiedenen Mengen in fast allen pflanzlichen Nahrungsmitteln vorkommen. Gemessen in ORAC-Einheiten (das steht für *Oxygen Radical Absorbance Capacity,* dt.: Fähigkeit zum Abfangen von Sauerstoffradikalen), beschreibt der Begriff „Antioxidans" streng genommen nicht eine Nährstoffklasse, wie bei den Mineralien- und Vitaminfamilien, sondern die funktionelle Leistung, freie Radikale zu bekämpfen. Nährstoffe, die antioxidative Eigenschaften besitzen, reichen von der entzündungshemmenden Klasse der Phenolsäuren (wie Ellagsäure, die im Granatapfel, in Erdbeeren,

Himbeeren und anderen Beeren zu finden ist) bis hin zu wichtigen Mineralstoffen wie Selen und zum lebensnotwendigen Vitamin C. Einige Antioxidantien, wie die Flavonoid- und Carotinoidfamilien, sind sogar bei vielen Nahrungsmitteln dafür verantwortlich, wie diese aussehen und schmecken. Leuchtende natürliche Farben – wie das intensive Lila der Maquibeere und das dynamische Orange der Karotte, sogar die Schwarztöne von Wildreis und der schwarzen Quinoa – sind Hinweise auf antioxidative Aktivität (ein weiterer Grund, sich durch die Regenbogenfarben zu essen!). Da sie Oxidation und Zersetzung abwenden, sind Antioxidantien absolut notwendig, um die giftige Wirklichkeit der heutigen industrialisierten Welt zu bekämpfen und Krankheiten vorzubeugen. Zurzeit liegt die empfohlene Tagesmenge, die von der USDA (Landwirtschaftsministerium der USA, Anm.d.V.) festgelegt wurde, bei 5000 ORAC-Einheiten. (Viele Ernährungswissenschaftler sind sich einig, dass diese Menge weit unter dem liegt, was wir tatsächlich brauchen, trotzdem kommen die meisten Nordamerikaner nicht einmal in die Nähe dieser empfohlenen Menge. Außerdem müssten Körpergröße, Aktivität, Gesundheit und Umgebung einer Person bei dieser Angabe berücksichtigt werden.) Die mit Abstand beste, konzentrierteste, natürliche Quelle für Antioxidantien ist Superfood. Schauen wir als Beispiel einmal nur auf die Acaibeeren: Eine Portion von zwei Esslöffeln gefriergetrocknetem reinem Acaipulver liefert fast 4700 ORAC-Einheiten – nur 300 Einheiten unter der empfohlenen Tagesmenge. So einfach kann das Leben sein! Reich an entzündungshemmenden Stoffen, wirkungsvoll mit Radikalenfänger-Antioxidantien, vollgepackt mit sekundären Pflanzenstoffen, dienen Superfoods als natürlicher Airbag gegen Gefahren von Giften und Umweltverschmutzung.

WENIGER FÜRS GELD: NÄHRSTOFFVERLUSTE BEI PFLANZEN

Eine wachsende Bevölkerung verlangt eine wachsende Nahrungsmittelversorgung, und der nordamerikanischen industriellen Landwirtschaft ist es gelungen, eine rasch steigende Nahrungsmenge zu produzieren. Aber diese gesteigerte Menge hat ihren Preis: Pflanzen haben dramatisch an Nährstoffen verloren. Gutachten zeigen heute, dass Gemüse irgendwo zwischen fünf bis vierzig Nährstoffe *weniger* enthalten als noch vor fünfzig Jahren.

Dieser drastische Rückgang ist vor allem auf großangelegte monokulturelle Agrarsysteme zurückzuführen, bei denen immer und immer wieder die gleiche Pflanzenart angebaut wird. Dadurch ist ein Ungleichgewicht im Mutterboden entstanden, er ist ausgelaugt. Pflanzen können nur die Nährstoffe aufnehmen, die sich in dem Boden befinden, in dem sie wachsen. Und mit der Züchtung von Pflanzen, die einen schnelleren Wachstumszyklus aufweisen, bleibt weniger Zeit, die Nährstoffe aus dem ohnehin nährstoffärmeren Boden zu absorbieren. Unsere beeinträchtigte Produktion ist kein Mysterium: Minderwertige Böden und schnelle Ernte ergeben qualitativ schlechte Nahrung. Und qualitativ schlechte Nahrung bedeutet, dass wir mehr davon (und gleichzeitig mehr Kalorien) konsumieren müssen, um die gewünschte Menge an Nährstoffen zu bekommen.

In der Geschichte der Landwirtschaft haben genetische Züchtungen zur Produktvergrößerung (ergibt profitablere Pflanzen) ebenfalls einen Beitrag zu geringerer Nährstoffdichte geleistet. Dieses aufgeblasene Obst und Gemüse sieht vielleicht größer und attraktiver aus als jenes, das unsere Großeltern gegessen haben, aber diese Größe steht in keinem Verhältnis zu den enthaltenen Nährstoffen und ihrem Nutzen. Die vergrößerten Produkte von heute enthalten einfach mehr „Trockenmasse" – ein Begriff, der bei Obst und Gemüse in erster Linie einfache Kohlenhydrate meint –, jedoch keine Mikronährstoffe. Und noch einmal, man muss mehr Kalorien (auch von den „guten" Nahrungsmitteln) zu sich nehmen, um das gleiche Ergebnis zu erzielen.

Fazit: Die Bemühungen, die Nahrungsmittelproduktion zu steigern, haben dazu geführt, dass natürliche Nahrungsmittel weniger nahrhaft sind. Glücklicherweise wurden die meisten Superfoods diesen Methoden nie unterworfen, da sie noch nie Gegenstand der industriellen Landwirtschaft waren. Und die, die es doch waren – wie grünes Gemüse – besitzen immer noch enorme Nährstoffvorteile. Superfoods sind die Lösung, wenn man eine natürliche Quelle ohne viele Kalorien für die Nährstoffe sucht, die selbst in den besten sonstigen Ernährungsangeboten so sehr fehlen.

TEIL ZWEI
AUSSTATTUNG DER SUPERFOOD-KÜCHE

SUPERFOOD-SPEZIALITÄTEN

Superfoods werden im Folgenden mit diesem Symbol ✷ gekennzeichnet.

Seien wir ehrlich: So etwas wie das „perfekte Nahrungsmittel" gibt es nicht. Natürliche Lebensmittel – ob mit oder ohne Superfood-Status – funktionieren als Team, jedes leistet dazu seinen Beitrag mit einer einzigartigen, in sich abgestimmten Kombination von Nährstoffen (ein Grund, warum isolierte synthetische Vitamine nicht besonders gesundheitsfördernd sind). Das Credo der Superfood-Küche ist eine hochqualitative Vielfalt an aufregenden Speisen, die zusammen die Synergie einer Spitzenernährung bieten.

Im Prinzip ist es selbstverständlich klar, dass eine große Anzahl von Gemüsen, Obst, Samen und anderen pflanzlichen Nahrungsmitteln sich als würdig erweist, eine Krone für ihre Nährstoffdichte zu tragen. Einige spezielle Superfoods besitzen jedoch so außerordentlich viele nützliche Eigenschaften, dass sie es verdienen, näher betrachtet zu werden. Es ist nicht so, dass sie per se andere Nährstoffe liefern als sonstige pflanzliche Vollwertkost, sie liefern sie nur in einer wesentlich höheren Konzentration. Einige dieser Nahrungsmittel sind so nährstoffreich, dass man nur eine löffelgroße Portion davon braucht, um ein ganzes Rezept in den Superfood-Status zu katapultieren.

Die folgenden „Superfood-Spezialitäten" wurden danach ausgewählt, dass sie einen solch besonderen Beitrag zu einer gesunden Lebensweise leisten. Obwohl sie aufgrund ihrer steigenden Popularität immer häufiger auch im lokalen Einzelhandel erhältlich sind, werden Sie, je nachdem wo Sie leben, bei manchen erst auf die Jagd gehen müssen, um sie zu aufzuspüren. Die meisten Zutaten werden Sie jedoch im Naturkostladen in Ihrer Nähe finden, und sollte dies einmal nicht der Fall sein, fragen Sie den Geschäftsführer, ob er sie ins Sortiment aufnehmen kann, oder geben Sie eine Sonderbestellung auf. (So helfen Sie mit, dass diese Lebensmittel zu einem Grundnahrungsmittel für alle werden.) Unverderbliche Zutaten online zu bestellen, ist eine weitere Möglichkeit. Im Anhang finden Sie hierfür auch ein Bezugsquellenverzeichnis (Seite 261).

Natürlich stellt in die folgende Auswahl keineswegs eine komplette Liste aller Superfoods auf diesem Planeten dar. Unsere Erde ist erstaunlich reich an gesunden Nahrungsmitteln, von denen einige gerade erst entdeckt werden. Aber für die Bedürfnisse der eigenen Küche bieten die folgenden Zutaten quasi einen goldenen Mittelweg: Sie vereinen eine recht leichte Verfügbarkeit mit kulinarischen (das heißt köstlichen) Vorzügen. Hier nun diese außergewöhnliche Sammlung kulinarischer Superstars.

SUPERFOOD-SPEZIALITÄTEN VON A – Z

✳ ACAIBEERE

Dunkelviolett und von der Größe einer Heidelbeere wachsen Acaibeeren in Trauben auf hohen Palmen, die im Amazonasregenwald beheimatet sind. Alte Amazonasstämme begannen vor Tausenden von Jahren, die Acaibeere sowohl als Medizin als auch als Nahrung zu nutzen. Vor nicht allzu langer Zeit hat die brasilianische Surfkultur sie als Energiesnack für sich entdeckt. Acaibeeren versorgen die Surfer während eines langen, aktiven Strandtags mit geballter Energie. Die kleine Beere aus dem Amazonas zählt zu den Quellen mit der höchsten Konzentration an Antioxidantien in der Natur, zweimal so hoch wie die der Blaubeeren. Zusätzlich zu dem hohen ORAC-Wert wird der Nährwert der Acaibeeren noch durch gesunde einfach ungesättigte und mehrfach ungesättigte Fette (dieselben Fette, die Olivenöl zu einem gesunden Fett machen) gesteigert. Acaibeeren enthalten auch eine Vielzahl an Vitaminen und Mineralien, Pflanzensterole (die mit dem Senken des Cholesterinspiegels in Verbindung gebracht werden), Aminosäuren und einen von Natur aus geringen Zuckergehalt.

Geschmacksnote: Ein einzigartiger ungesüßter milder Brombeergeschmack mit einem Hauch von Schokolade und einer delikaten Geschmacksfülle.

Empfohlene Verzehrform: Gefriergetrocknetes Acaipulver, reiner Acaisaft (vermeiden Sie Säfte mit zugesetzten Süßungsmitteln) oder ungesüßtes, gefrorenes Acaimus (zu finden in der Gefriertruhe einiger Reformhäuser und Bioläden) oder, wenn Sie in Südamerika leben, freuen Sie sich und genießen Sie frische Acaibeeren!

Verwendung: Frühstück, Getränke und Smoothies, Snacks, (Frucht-)Suppen, Naschereien und Desserts.

✳ BEEREN

Beeren zählen zu den nahrhaftesten Früchten weltweit. Unsere regionalen Beeren verfügen zwar nicht ganz über die gleiche unglaubliche Nährstoffmenge wie einige ihrer Verwandten aus Lateinamerika oder Übersee, wie Maqui- oder Gojibeeren. Dennoch – sie können sich sehen lassen. Als eines der ersten Nahrungsmittel der Menschheit dienen Beeren als beste Quelle für Antioxidantien im Königreich des Obstes. In nur einer Tasse steckt der gesamte Tagesbedarf an Vitamin C. Ihre konzentrierten Mikronährstoffe in Verbindung mit einem niedrigen Kaloriengehalt sichern ihnen eine attraktive Nährstoffdichte.

Geschmacksnote: Der Geschmack variiert von süß und duftig (wie Himbeeren) zu herb mit vielen Tanninen (wie Johannisbeeren, Cranberrys). Essbare heimische Beeren sind einfach eine erstklassige Wahl.

Empfohlene Verzehrform: Frische (oder tiefgefrorene) Erdbeeren, Blaubeeren, Johannisbeeren,

Cranberrys, Himbeeren oder Brombeeren, Stachelbeeren sowie lokale, althergebrachte Sorten. Wann immer möglich, wählen Sie Beeren aus ökologischem Anbau, da die konventionell angebauten Brüder und Schwestern oft eine extrem hohe Konzentration von Pestiziden enthalten.

Verwendung: Frühstück, Getränke, Smoothies, Snacks, Salate und Dressings, Naschereien und Desserts.

✳ CAMUBEERE

Manche Menschen nennen sie Camu-Camu, andere bezeichnen sie einfach als Camubeere, in jedem Fall handelt es sich um eine sehr nützliche Beerenfrucht. Camu-Camu wächst als kleiner, strauchartiger Baum in heißen und feuchten tropischen Klimazonen, wie in den Tiefebenen des peruanischen Amazonasgebiets. Die Beere selbst ist eine kleine rötlich-violette, kirschgroße Frucht, die traditionell während der Hochwassersaison vom Kanu aus geerntet wird, ähnlich wie die Cranberry. Die Camubeere wird schon seit Langem von Ureinwohnern am Amazonas in der Volksmedizin verwendet, in der westlichen Kultur ist sie erst im letzten Jahrhundert populär geworden. Die frische Frucht besteht zu 2 bis 3 Prozent aus reinem Vitamin C, was hochgerechnet auf ihr Gewicht bedeutet, dass sie etwa 30 bis 60 Mal mehr Vitamin C enthält als eine Orange! Nur ein kleiner Teelöffel Camupulver enthält enorme 1180 Prozent des empfohlenen Tagesbedarfs an Vitamin C. Außerdem enthält es eine große Vielfalt an natürlich vorkommenden Antioxidantien, sekundären Pflanzenstoffen, Aminosäuren, Vitaminen und Mineralien wie Beta-Carotin und Kalium. Das Auftreten all

Camubeeren wachsen in der Amazonasregion.

dieser Substanzen in einem einzigen Lebensmittel macht es dem menschlichen Körper leichter, dieses beeindruckende Vitamin zu verarbeiten und zu nutzen, viel effektiver als zum Beispiel bei der Einnahme von Pillen oder isoliertem Vitamin C. Im Wesentlichen ist die Camubeere ein natürliches Vitamin-C-Ergänzungsmittel … mit einigen großartigen zusätzlichen Vorteilen.

Eine letzte Anmerkung: Erhitzen Sie Camubeeren niemals, da so das hitzeempfindliche Vitamin C zerstört wird. Ich verwende sie daher in vielen Rezepten, die kein Kochen erfordern.

Geschmacksnote: Camu-Camu trägt zwar Beeren, aber nicht gerade von der süßen Art, über die wir uns in einem Obstsalat freuen. Die

Camubeere schmeckt äußerst herb – herber noch als Cranberrys; das ist wohl ein Nebeneffekt des hohen Vitamin-C-Gehalts. Glücklicherweise ist der Nährstoffgehalt in dieser Frucht so hoch, dass schon ein Viertel Teelöffel in einem Rezept ausreicht, um große Wirkung zu erzielen. Also zugegeben, für eine Bereicherung des Geschmacks ist diese Frucht nicht die erste Wahl, es ist aber extrem einfach, sie anderen Lebensmitteln unterzumischen und auf diese Weise eine Extraportion Vitamin C zu erhalten.

Empfohlene Verzehrform: Gefriergetrocknetes Biocamupulver ist die beste Verzehrform, aufgrund seiner Reinheit, Bekömmlichkeit und Flexibilität in Rezepten.

Achten Sie beim Kauf darauf, dass die Beeren aus nachhaltigem Anbau stammen, informieren Sie sich beim Produzenten.

Verwendung: Frühstück, Getränke, Smoothies, Beilagen, Snacks, (Frucht-)Suppen, Salate und Dressings, Vorspeisen, Naschereien und Desserts. Nur für Rezepte ohne Kochen und Backen geeignet.

✳ CHIASAMEN

Ja, das sind die gleichen Samen, die früher zum Züchten der berüchtigten „Chia Pets" (ein Terrakottatopf in Form eines Tieres oder einer bekannten Persönlichkeit, beim dem das Chiakraut als „Haare" oder „Fell" nach einigen Wochen sprießt, Anm.d.Ü.) genutzt wurden. Hätte ich es damals besser gewusst, dann wäre dies eine zusätzliche Quelle von kostenlosem Essen statt nur eine kitschige Schreibtischdekoration gewesen.

Doch dem Chia Pet gebühren – Gott sei Dank – nicht die Lorbeeren für den ersten Einsatz

der Chiasamen. Diese werden schon seit Tausenden von Jahren genutzt – einst als eines der Grundnahrungsmittel der Azteken, Inka und Maya – zur Kraft- und Ausdauersteigerung auf langen Märschen. Dass sie sich auf Chiasamen verlassen haben, macht Sinn: Obwohl Chiasamen winzig sind – kleiner als Sesam –, sind sie unglaublich reich an Nährstoffen, die lang anhaltende Energie liefern.

Chiasamen haben einen ähnlichen Nährwert wie ein uns besser bekanntes Superfood: Leinsamen. Beide gleichen unsere von Natur aus hohe Zufuhr von Omega-6-Fettsäuren aus, und beide werden als außerordentliche pflanzliche Quelle wichtiger Omega-3-Fettsäuren gepriesen, die uns geistige Fitness ebenso wie ein vermindertes Entzündungsrisiko bescheren und die Herz-Kreislauf-Gesundheit und das Immunsystem unterstützen. Ein deutlicher Vorteil, den Chiasamen gegenüber Leinsamen haben, ist der hohe Anteil an Antioxidantien, die nicht nur nützlich wegen ihrer Wirkung auf freie Radikale sind, sondern auch ihre gesunden Fette vor dem Oxidieren schützen. Nicht nur dass Chiasamen eine Quelle für leicht verdauliches Protein sind, sie enthalten außerdem reichliche Mengen an wichtigen Mineralstoffen, insbesondere Calcium und Eisen.

Chiasamen sind eine hervorragende Quelle für Ballaststoffe: Nur ein Esslöffel deckt mehr als ein Viertel unseres empfohlenen Tagesbedarfs. Chiasamen sind nicht nur aus nährstofflicher Sicht großartig, sie sind auch ein ungewöhnliches und kurioses Lebensmittel in der praktischen Verwendung. Der hohe Ballaststoffgehalt der Chiasamen beinhaltet einen hohen Anteil an Schleimstoffen. Das führt dazu, dass sich Chiasamen, wenn sie mit Flüssigkeit in Kontakt kommen, „aufplustern" und eine „gel"-

artige Schicht um jedes Körnchen bilden. Ein Chiasamen kann das Neunfache seines Gewichts in Form von Flüssigkeit aufnehmen. Das bedeutet, dass er sich im Magen ausdehnt und ein sensationelles Sättigungsgefühl vermittelt, wenn genügend Flüssigkeit zur Verfügung steht. Kein Wunder also, dass Chiasamen für viele Menschen ein hilfreiches Nahrungsmittel für eine Diät und Gewichtsreduktion sind.

Geschmacksnote: Rohe Chiasamen haben fast keinen Eigengeschmack, es ist also ein Kinderspiel, sie Rezepten beizufügen. Sehen Sie in Chiasamen eher eine Komponente der Konsistenz: als knusprige Garnierung oder, wenn sie eingeweicht sind und ein „Gel" gebildet haben, als Binde- oder Verdickungsmittel.

Empfohlene Verzehrform: Schwarze oder weiße Chiasamen sind hervorragend (beide verfügen im Wesentlichen über die gleichen Eigenschaften, schwarze Chiasamen sind für gewöhnlich etwas preisgünstiger). Ebenfalls erhältlich ist ein Pulver aus gekeimten Chiasamen, mit dem zusätzlichen Nährstoffschub während der Keimung. Bei diesem Verfahren werden die Chiasamen, nachdem sie gekeimt sind, vorsichtig getrocknet und zu Pulver gemahlen. Das Pulver liefert einen geschmacksneutralen nahrhaften Zusatz zum Mehl oder kann, mit Wasser angerührt, als Bindemittel oder gesunder Ei-Ersatz beim Backen verwendet werden.

Verwendung: Frühstück, Getränke und Smoothies, Beilagen, Snacks, Suppen, Salate und Dressings, Vorspeisen, Süßigkeiten und Desserts. Gemahlene Chiasamen sind besonders nützlich beim Backen.

Gojibeeren

✳ GOJIBEERE

Aus dem Mandarin-Namen gouqi (ausgesprochen „goo-tschi"), was Wolfsbeere bedeutet, ist die Gojibeere geworden. (In Deutschland kennen wir sie auch als Früchte des Gemeinen Bocksdorns, Anm.d.V.). Gojibeeren gehören zu den beliebtesten Superfoods, und das aus gutem Grund. Ihre Anwendung hat in der chinesischen Medizin eine lange Tradition, die viele Tausende von Jahren zurückreicht. Sie gelten als Geheimrezept für Langlebigkeit und ein starkes Immunsystem.

Heutzutage haben Studien bestätigt, dass Gojibeeren in der Tat eines der wirksamsten bekannten Superfoods sind. Sie liefern uns einen außergewöhnlichen, ausgewogenen Gehalt aller Makronährstoffe (Protein, Kohlenhydrate, Fett und sogar lösliche Ballaststoffe). Gojibeeren verfügen über Aminosäuren (inklusive der acht essenziellen Aminosäuren), die 10 Prozent der Zusammensetzung der Frucht ausmachen. Bemerkenswert im Bereich der Mikronährstoffe ist auch, dass Gojibeeren eine phänomenale Quelle für Antioxidantien sind, einschließlich Carotinoide wie Beta-Carotin, Lutein, Zeaxanthin und Lycopin. Und das Wunder der Natur hört hier noch nicht auf! Gojibeeren enthalten über zwanzig Vitamine und Spurenelemente, wie Vitamin C, Zink, Riboflavin (Vitamin B2) und Eisen.

Geschmacksnote: Gojibeeren haben einen ausgeprägten, süßen Geschmack wie eine Mischung aus Cranberry, Kirsche und Tomate.

Verzehrformen: Am häufigsten erhalten Sie getrocknete Gojibeeren. Gojibeerenpulver, -saft und gefrorene Beeren sind andere nützliche erhältliche Varianten.

Verwendung: Frühstück, Getränke, Smoothies, Beilagen, Snacks, Salate und Dressings, Vorspeisen, Süßigkeiten und Desserts.

✳ GRANATAPFEL

Mit einer Kultivierung, die bis in die prähistorische Zeit zurückgeht, und einer langen Geschichte der medizinischen und kulinarischen Verwendung ist der Granatapfel ein fest etabliertes Superfood. Granatäpfel enthalten unglaublich viele Vitamine und Mineralien, insbesondere Vitamin C und Kalium. Sie sind ebenfalls eine sprudelnde Quelle für Antioxidantien, wie Phytoöstrogene und Polyphenole, und sie sind voll von entzündungshemmenden essenziellen Aminosäuren. Zu den wichtigsten Eigenschaften des Granatapfels zählt seine besondere Fähigkeit, freie Radikale (ein biologisches Phänomen, das zu Erkrankungen und Alterung beiträgt) zu hemmen. Forschungsversuche haben ergeben, dass das Öl der Granatapfelkerne in vitro gegen die Wucherung von Brustkrebszellen effektiv ist; so können wir möglicherweise davon ausgehen, dass die Phenole in den Granatäpfeln die Östrogensynthese hemmen. Andere wissenschaftliche Studien haben auch gezeigt, dass Granatäpfel ein proaktives Nahrungsmittel sind, um Cholesterin und Blutdruck zu senken.

Geschmacksnote: Der Granatapfel liefert einen aromatischen, herb-süßen Geschmack bei geringem Zuckergehalt. Werden die ganzen Samen verwendet, schmeckt man auch den milden nussigen Einfluss der Kerne.

Empfohlene Verzehrform: Frische Früchte, gekaufter fertiger Saft (achten Sie auf die Zutaten, um sicherzugehen, dass kein Zucker zugefügt wurde) oder frisch gepresster Saft und gefriergetrocknetes Pulver (für ein sattes Aroma und wegen der langen Haltbarkeit).

Verwendung: Frühstück, Getränke, Smoothies, Salate und Dressings, Vorspeisen, Naschereien und Desserts.

✳ GRÄSER

Lassen Sie sich von dem Begriff „Gras" nicht täuschen: Supergräser wie Weizengras, Kamut®- (auch bekannt als Khorasan-Weizen, Anm.d.V.) und Gerstengras sind keine gewöhnlichen Pflanzen. Zugegeben, sie erscheinen sehr bescheiden: Es sind einfach Sprossen, die aus der Saat von Weizen, Gerste und weiteren Getreidearten wachsen. Doch ihre erstaunlichen Eigenschaften haben sie recht berühmt gemacht.

Es gibt Aufzeichnungen darüber, dass die alten Ägypter vor 5000 Jahren Weizengras zur inneren Reinigung und anderen vitalisierenden Zwecken verwendet haben, und Hinweise, dass römische Gladiatoren Gerstengras für die Ausdauer nutzten, aber erst in den 1930er-Jahren begannen Wissenschaftler, die phänomenalen Vorteile dieser Supergräser genauer zu studieren. Und schon bald danach begannen revolutionäre Heilpraktiker, Gräser als wichtigen Bestandteil in ihre Therapien einzubauen. Sie behandelten mit ihnen gesundheitliche Probleme, angefangen bei chronischer Müdigkeit bis hin zu Krebs. Auf diese Weise wurde Weizengrassaft (später auch andere Gräsersäfte) unser erstes „offizielles" modernes westliches Superfood. Gräser werden seither als „Starzutat" zu einem gesundheitsbewussten Lebensstil verwendet, gepriesen für eine gesunde Energiezufuhr, die Neutralisierung von Giften und die Verlangsamung des Alterungsprozesses.

Obwohl Weizengras in verschiedenen Formen erhältlich ist, lässt es sich als Pulver am einfachsten und besonders schmackhaft in Rezepten unterbringen.

Diese Popularität ist leicht zu verstehen. Supergräser bestehen zu 70 Prozent aus Chlorophyll. Sie sind eine der reichsten Quellen für den grünen Pflanzenfarbstoff und somit besonders basenbildend. Sie unterstützen ein gesundes pH-Gleichgewicht. Die Forschung hat ergeben, dass diese speziellen Gräser zusammen mit einer Fülle aktiver Enzyme über 80 natürlich vorkommende Nährstoffe – einschließlich aller bekannten Vitamine und Aminosäuren – enthalten. Man muss nicht extra erwähnen, dass Sie ganz schön viel Gemüse essen müssten, um in die Nähe dieser Werte zu kommen.

Hinweis: Generell sind alle Gräser trotz ihrer Abstammung vom Getreide glutenfrei – Gluten befindet sich in dem Protein des Getreidekorns, nicht in der sonstigen Pflanze.

Geschmacksnote: Süß und in der Tat wie Gras schmecken Weizen-, Kamut®- und Gerstengras. Dieser Geschmack ist viel ausgeprägter, wenn man sie frisch verzehrt, aber deutlich geringer und fast geschmacksneutral in gefriergetrockneter Pulverform.

Empfohlene Verzehrform: Frisch entsaftete Gräser sind etwas ganz Besonderes; der Haken an der Sache ist aber, dass sie extrem frisch genossen werden müssen – innerhalb weniger Minuten nach dem Entsaften, sonst haben sie ihre wirksamen Nährstoffe schon verloren. Daher fällt meine Wahl auf gefriergetrocknetes Pulver. Außer dass es einfach praktisch ist (mixen Sie ein wenig Pulver mit Wasser oder Saft und schon haben Sie Ihr Instant-Weizengras), konserviert diese hochkonzentrierte Form die Enzyme und Nährstoffe, weil das Gras in einer geschützten Suspension frisch entsaftet wird. Wenn das Pulver Feuchtigkeit ausgesetzt wird (durch Zugabe von Flüssigkeit), werden die Nährstoffe reaktiviert, und Sie können

die sensiblen Inhaltsstoffe sicher nutzen. Ein gefriergetrocknetes Pulver kann man leicht in jede Art von Rezept integrieren. In den Rezepten in diesem Buch wird gefriergetrocknetes Weizengraspulver verwendet, doch Sie können es gerne durch Kamut®- und/oder Gerstengraspulver austauschen.

Verwendung: Frühstück, Getränke, Smoothies, Snacks, Suppen, Vorspeisen, Süßigkeiten und Desserts.

✳ „GRÜNFUTTER"

Ich könnte mir vorstellen, dass es niemanden verblüfft, wenn er hört, dass grünes Gemüse und Blattgemüse sowie Salate und grüne Küchenkräuter wesentlicher Bestandteil einer gesunden Ernährung sind. In der Tat sind grünes Gemüse und Blattgemüse aufgrund ihres phänomenalen Reichtums an Nährstoffen zu echten Superfoods avanciert. Das ANDI-System (das viele der weniger bekannten Superfoods aus der Spezialitätenliste in diesem Buch leider nicht berücksichtigt, siehe Seite 31) stuft grünes Gemüse und Blattgemüse als das bei Weitem gesündeste aller Lebensmittel ein. Schauen Sie sich den Kohl an, der coole 1000 Punkte auf der ANDI-Skala abräumt (auf einer Skala von 1 bis 1000)! Das bedeutet, dass grünes Gemüse und Blattgemüse die Verkörperung von effizienter Ernährung ist: hochqualitative Nährstoffe bei wenig Kalorien. Neben einem außergewöhnlich hohen Chlorophyllgehalt enthält das großartige Grünzeug eine Fülle von Vitaminen und Mineralstoffen, Aminosäuren (Proteinen) und Ballaststoffen. Ich glaube, wenn es ein Superfood gibt, das in Sachen Gesamtnährwert und Ausgewogenheit über alle anderen triumphiert, dann sind es grünes Gemüse und Blattgemüse. Es lebe das Grün!

Hinweis: Auch grüne Küchenkräuter gehören zweifellos in diese Superfood-Kategorie. Tatsächlich sind viele Kräuter – wie Petersilie und Oregano – mehr als nur nahrhafte Beigaben, sie gelten auch als Arzneistoffe. Kräuter können aufgrund ihrer starken Aromen eindeutig nicht in derselben Menge wie grünes Gemüse verzehrt werden. Nutzen Sie sie dennoch, wann immer möglich, denn der Einsatz dieser natürlichen Geschmacksverstärker bereichert jedes Gericht mit zusätzlichen gesundheitsfördernden Nährstoffen.

Geschmacksnote: Jedes Gemüse hat seinen eigenen Aromasteckbrief – einige sind mild, andere bitter, einige salzig und manche würzig – und es ist fantastisch, all die feinen Unterschiede zwischen den verschiedenen Sorten herauszuschmecken. Probieren Sie jede Woche ein anderes „Grün" vom Markt und erforschen und genießen Sie die Nuancen der feinsten Gemüse der Natur.

Empfohlene Verzehrform: Es gibt kaum ein essbares grünes Gemüse oder Blattgemüse, das nicht zum Verzehr zu empfehlen ist. Als Faustregel gilt: je dunkler das Grün, desto vorteilhafter das Nahrungsmittel. Ein paar der Grünlinge, die ganz oben in der Nährstoffdichte stehen, sind Grünkohl, Brunnenkresse, Pak Choi, Spinat, Brokkoli, Weißkohl, Spitzkohl, Rosenkohl, Mangold, Rucola und dunkle Blattsalate. Frisch ist immer am besten, aber tiefgefrorenes Gemüse ist auch eine komfortable Option. Grüne Gemüse in Pulverform bieten einen sofortigen und wirksamen „Grünschub" und eignen sich gut für Zeiten, wenn das Essen von frischem Grünzeug nicht möglich ist. Eine hervorragende Wahl sind frische Kräuter wie Petersilie,

Koriander, Basilikum, Oregano, Salbei und viele mehr – perfekt für den Kübel auf dem Balkon oder im Garten oder als Ergänzung für den Pflanzkasten auf der Fensterbank.

Verwendung: Getränke, Smoothies, Beilagen, Snacks, Suppen, Salate und Dressings, Vorspeisen.

✖ HANFSAMEN

Es ist nicht einfach, sich für ein Lieblings-Superfood zu entscheiden – als würde man sein Lieblingskind wählen müssen –, aber Hanfsamen wären vermutlich auf meiner Top-5-Liste. Abgesehen davon, dass die Samen köstlich schmecken und einfach in der Handhabung sind, bieten Hanfsamen einen außerordentlichen Nährstoffgehalt. Aufzeichnungen belegen, dass Hanf schon vor 12 000 Jahren verwendet wurde. Und Hanf war eine der ersten Pflanzen, die in der Kolonie von Jamestown angebaut wurden, noch bevor die USA gegründet wurden. (Seine Verwendung war so vielfältig, dass 1619 Landwirte gesetzlich dazu verpflichtet waren, Hanf anzubauen.) Eine enorm nachhaltige Pflanze, deren Öl in den Samen essenzielle Fettsäuren in einem ausgewogenen Verhältnis enthält (einschließlich der für das Herz gesunden Omega-3-Fettsäure). Mit einer hohen Sättigung an pflanzlichem Protein von hervorragender Qualität, ist er leicht verdaulich und wartet mit allen essenziellen Aminosäuren auf. Hanf enthält außerdem eine Vielfalt an Mineralien, insbesondere Eisen, Kalium, Zink und Magnesium. Und es kommt noch besser, Hanf ist eine exzellente Quelle für Ballaststoffe und eine der wenigen Samenarten, die, dank einer kleinen grünen Faser im Kerninneren, basenbildend ist.

Mit dem guten Geschmack der Hanfsamen ist es dann auch noch eine Freude, die Nährstoffe zu genießen, was Hanf den Status eines wahren Superfoods für den täglichen Gebrauch verleiht.

Geschmacksnote: Weiche rohe geschälte Hanfsamen schmecken ähnlich wie Sonnenblumenkerne und können als nussige Zugabe in Rezepten verwendet werden. Geröstete Hanfsamen haben einen nussigeren, mandelähnlichen Geschmack. Hanfproteinpulver (auch Hanfmehl) liefert einen erdigen und manchmal leicht grasigen Geschmack, da es oft noch mit der Schale gemahlen wird. Dunkelgrünes Hanföl ist ein reichhaltiges nussiges Gourmetöl, ideal für Rezepte, bei denen nur schwaches Erhitzen erforderlich ist.

Empfohlene Verzehrform: Rohe Hanfsamen, geröstete Hanfsamen, Hanfproteinpulver oder -mehl und Hanföl. Verwenden Sie die rohe Variante der Hanfsamen für die Rezepte in diesem Buch. Hanfmilch ist in Reformhäusern erhältlich, oder, noch besser, Sie stellen sie selbst her (Seite 256). Bitte beachten Sie, dass Hanföl zwar aus einer „Superfood-Quelle" stammt und viele gesundheitliche Vorteile liefert, aber selbst jedoch kein Superfood ist, da es eine geringe Nährstoffdichte aufweist. Dennoch sollte Hanföl in jeder Küche vorhanden sein (wie im Abschnitt *Öle mit essentiellen Fettsäuren* beschrieben, Seite 72). Es ist eines der gesündesten Öle.

Verwendung: Frühstück, Getränke und Smoothies, Beilagen, Snacks, Suppen, Salate und Dressings, Vorspeisen, Süßigkeiten und Desserts.

✳ KAKAO

Schon im frühen Reich der Maya ein geschätztes Genussmittel, ist Kakao der natürliche Rohstoff für die beliebteste Leckerei aller Zeiten: Schokolade. Was noch aufregender ist: Der unverarbeitete Rohstoff von Schokolade hat so viele fabelhafte und gesunde Eigenschaften im Angebot, dass er zu den führenden Superfoods der Welt zählt.

Kakao wächst auf großen Bäumen, in großen, farbigen Früchten, die an einen Football erinnern. Jede dieser Früchte ist mit großen Samen, den „Kakaobohnen", gefüllt, aus denen Schokolade gemacht wird. Wenn Sie eine getrocknete Bohne etwas drücken, zerbricht sie in viele kleine, knusprige Stückchen (fast wie Mini-Chocolate-Chips), bekannt als Kakaobohnensplitter. Und hieraus werden alle möglichen Arten von Kakaoprodukten hergestellt, darunter gemahlenes Kakaopulver, Kakaobutter und Kakaomasse.

Im Englischen unterscheidet man dabei zwischen Cacao und Cocoa (Anm.d.Ü.): Der Unterschied zwischen den beiden ist, dass „cacao" minimal und bei niedriger Temperatur schonend aufbereitet wird, während „cocoa" getoasted, geröstet oder gekocht wird, bis ein stark verarbeitetes Schokoladenpulver entsteht, dem viel von seiner ursprünglichen, gesunden Wirkung fehlt. (In den Rezepten in diesem Buch ist in der Regel „cacao", also die ungeröstete Variante, gemeint. Wenn auch mit deutlichen Nährstoffenverlusten, so kann sie durch die geröstete Variante „cocoa", also unser gewöhnliches Kakaopulver, ersetzt werden, Anm.d.Ü.).

Die gesundheitlichen Vorzüge des rohen oder nur wenig verarbeiteten Kakao sind enorm. Kakao ist eines der Nahrungsmittel mit den meisten Antioxidantien der Welt. Um einen kleinen Eindruck vom großartigen Nährwert des Kakao zu erhalten, vergleichen wir ihn mit einem uns wohlbekannten antioxidativen Helden: der Blaubeere. Je nach Herkunft der Pflanze bieten Blaubeeren sehr respektable 6 000 – 9 000 ORAC-Einheiten pro 100 Gramm. Kakao erreicht jedoch 95 000 ORAC-Einheiten pro 100 Gramm, womit er eines der Nahrungsmittel mit dem höchsten Gehalt an Antioxidantien ist, die jemals getestet wurden. Zusätzlich bietet Kakao eine hervorragende Versorgung mit Mineralstoffen und ist eine der besten pflanzlichen Quellen für Magnesium, was den instinktiven Schokoladenkonsum von Frauen während ihrer Periode erklären kann (Magnesium

ist bekannt dafür, dass es hilft, die Muskeln zu entspannen und Krämpfe zu lösen). Kakao enthält ebenfalls nützliche Mengen an Eisen und Calcium. Zu guter Letzt enthält Kakao diverse wichtige sekundäre Pflanzenstoffe und eine bemerkenswerte Menge an spezifischen Aminosäuren, die die stimmungsaufhellenden Substanzen im Gehirn unterstützen.

Ohne Frage ist Kakao ein Wohlfühlnahrungsmittel rundum, und wenn Sie Schokolade mögen, werden Sie (ungerösteten) Kakao lieben. Er ist die fabelhafte, gesunde Steigerung von üblichem (geröstetem) Kakao-Instantpulver oder herkömmlicher Schokolade mit einem erfreulichen Energiepotenzial.

Verschiedenfarbige Kakaoschoten reifen an einem Baum.

Geschmacksnote: Ungerösteter Kakao schmeckt nach kräftiger, ungesüßter Schokolade. Er ist weniger intensiv und etwas milder im Geschmack als gerösteter Kakao. Er profitiert enorm, wenn er mit ein wenig Mesquitepulver, Carob (Johannisbrotkernmehl), Datteln oder anderen Lebensmitteln, die eine leichte Karamellnote haben, gemischt wird. Dies hilft, den Geschmack zu verstärken und abzurunden.

Empfohlene Verzehrform: Kakaobohnen, Kakaobohnensplitter, ungeröstetes Kakaopulver, Kakaobutter oder Kakaopaste. (Die Rezepte in diesem Buch verwenden fast immer ungeröstetes Kakaopulver, Kakaobohnensplitter und Kakaobutter.) Bitte beachten Sie, dass Kakaobutter selbst, obwohl sie eine gesündere Quelle für gesättigte Fette ist als tierische Fette, kaum Nährstoffe (außer Fett) enthält. Dieses Kakaoprodukt wird in einigen Rezepten in diesem Buch verwendet, ist aber nicht als Superfood ausgezeichnet (und als solches auch nicht zu betrachten). Am oberen Ende der Skala steht ungeröstetes Kakaopulver als bestes Superfood aus der Kakaoquelle. Da ihm das meiste Fett („Kakaobutter") entzogen wurde, enthält es alle Vorzüge des Kakao in konzentrierter Form.

Verwendung: Frühstück, Getränke, Smoothies, Snacks, Naschereien und Desserts. Am besten für Rezepte ohne Kochen und Backen verwenden.

✳ LEINSAMEN

Ein glänzender brauner Samen, etwas größer als ein Sesamkorn, der seinen Ursprung in Mesopotamien hat und seit der Steinzeit verzehrt wird. Wie Chiasamen sind Leinsamen für ihren vorteilhaften Anteil an essenziellen Fettsäuren (Omega-3, -6 und -9) bekannt. Während Leinsamen nicht über die gleichen Sorten und Mengen an Antioxidantien verfügen wie Chiasamen, enthalten sie wertvolle Lignane – sogenannte Phytoöstrogene, eine Klasse von sekundären Pflanzenstoffen (mit antioxidativen Eigenschaften) –, die den Hormonhaushalt unterstützen. Neben einer bemerkenswerten Menge an Proteinen besitzen Leinsamen einen außergewöhnlichen Ballaststoffgehalt und werden häufig verwendet, um einen regelmäßigen Stuhlgang zu fördern. Wie Chiasamen hat auch Leinsamen bemerkenswert viele Schleimstoffe, die gerne Feuchtigkeit binden und als ideales Binde- oder Verdickungsmittel fungieren.

Beachten Sie, dass Leinsamen, obwohl sie als ganze Körner dekorativer aussehen, in ihrer geschroteten Form genossen werden sollten, damit die Nährstoffe vom Körper überhaupt aufgenommen werden können. Andernfalls passieren die Leinsamen den Körper einfach unverdaut.

Wer hätte gedacht, dass Leinsamenpulver unter so vielen Namen auftaucht? Sie werden ganz bestimmt Leinsamenpulver, Leinsamenmehl, gemahlenem, geschrotetem und gewalztem Leinsamen und auch der Leinsaat begegnen. Sie können auch Ihr eigenes Produkt herstellen: Kaufen Sie einfach ganze Leinsamen und mahlen Sie sie frisch in einer Kaffee- oder Gewürzmühle.

Geschmacksnote: Rohe Leinsamen haben einen angenehmen milden, nussigen Geschmack, der schnell im Hintergrund verschwindet, wenn man sie mit anderen Nüssen oder Samen (Saaten) kombiniert. Durch Rösten wird der nussige Geschmack verstärkt. Werden sie sehr hoher Hitze ausgesetzt, entsteht ein ausgeprägter öliger Geschmack, der besser zu vermeiden ist.

Empfohlene Verzehrform: Viele Menschen kaufen gerne die rohen ganzen braunen oder goldenen Leinsamen und mahlen sie frisch in der Kaffeemühle, aber Sie können auch bereits gemahlene oder geschrotete Samen verwenden (bewahren Sie sie im Kühlschrank auf, um die empfindlichen essenziellen Fettsäuren zu schonen).

Eine weitere außergewöhnliche Verzehrsform ist ein Pulver, hergestellt aus gekeimten Leinsamen (siehe Bezugsquellen auf Seite 261). Der Prozess der Keimung verändert tatsächlich die Nährstoffzusammensetzung des Leinsamens und maximiert die Fähigkeit unseres Körpers, die Nährstoffe zu verdauen und zu resorbieren. Die Anzahl von Enzymen, Vitaminen und Mineralien erhöht sich, und die fein gemahlene Pulverform ermöglicht, Leinsamen unauffällig in Rezepte aller Art einzufügen (natürlich sollten Sie Allergikern vorher Bescheid sagen). Aufgrund der erhöhten Nährstoffe empfehle ich Ihnen, wenn möglich, immer die gekeimte Form zu verwenden, wenn in einem Rezept „Leinsamenpulver" verwendet wird.

Leinöl ist eine ebenfalls verfügbare Form und kann als „Quelle für essenzielle Fettsäuren" (siehe Seite 72, *Öle mit essenziellen Fettsäuren*) verwendet werden. Leinöl liefert viele gesundheitliche Vorteile, wird jedoch nicht als Superfood angesehen, da es eine geringe Nährstoffdichte hat.

Verwendung: Frühstück, Getränke, Smoothies, Beilagen, Snacks, Suppen, Salate und Dressings, Vorspeisen, Süßigkeiten und Desserts. Gemahlene Leinsamen können beim Backen einen Teil des Mehls ersetzen. Sie können auch als Bindemittel oder Ei-Ersatz verwendet werden, wenn sie in einer Flüssigkeit eingeweicht werden (mehr Information auf Seite 87).

✳ MACA

Die dem Rettich ähnliche Wurzel ist im Hochland der peruanischen Anden beheimatet, wo sie schon seit Tausenden von Jahren zu medizinischen Zwecken verwendet wird. Einst verließen sich die Inkakrieger darauf, dass die Wurzel ihre Stärke und Ausdauer während langer Schlachten erhöhte. Heute ist Maca dafür bekannt, dass es gesunde Energie liefert, Stress reguliert, die Nebennierenfunktion sowie die sexuelle Gesundheit unterstützt und den Hormonhaushalt inklusive der Adrenalinproduktion ausgleicht. Der Schlüssel zum Verständnis dieser außergewöhnlichen Leistung der Macawurzel ist ihre Einordnung in eine seltene Pflanzenkategorie, die als Adaptogene bezeichnet wird (nur etwa eine unter 4 000 Pflanzen enthält adaptogene Eigenschaften). Adaptogen bedeutet, dass diese erstaunliche Wurzel, wenn sie konsumiert wird, sich „anpasst" (adaptiert) und darauf einstellt, unser Immunsystem gegen die verschiedenen Arten von Stress, denen unser Körper ausgesetzt wird, zu unterstützen. Bemerkenswert ist, dass Maca die Körperfunktionen stärkt und ausgleicht – es liefert lang anhaltende Energie und bekämpft Müdigkeit –, ohne dass es ein Stimulans ist.

Maca enthält außerdem rund 60 sekundäre Pflanzenstoffe, einschließlich vieler Mineralien, Aminosäuren und eine bemerkenswerte Menge nützlicher, pflanzlicher Sterole, die nachweislich helfen, die Aufnahme von Cholesterin zu blockieren.

Geschmacksnote: Maca liefert ein starkes Aroma und einen komplexen erdigen, leicht süßen, nussigen Geschmack – mit einem Hauch Butterkaramell. Der ungewöhnliche Geschmack kann sowohl in süßen als auch herzhaften Gerichten verwendet werden. Einige Menschen berichten, dass der Geschmack auf seltsame Weise „süchtig" macht.

Empfohlene Verzehrform: Rohes oder geliertes (konzentriertes) Pulver der Wurzel ist ideal für Rezepte und kann lange aufbewahrt werden. Ich bevorzuge die höhere Wirksamkeit und den milden Geschmack der gelierten Pulvervariante.

Verwendung: Frühstück, Getränke und Smoothies, Beilagen, Suppen, Vorspeisen, Süßigkeiten und Desserts.

✳ MAQUIBEERE

Für die Mapuche, ein indigenes Volk in Chile, gehört die dunkelviolette Beere zu den Grundnahrungsmitteln … und zufällig gehören sie zu den Menschen mit der höchsten Lebenserwartung. Wirklich Zufall? Ein schneller Blick auf die Nährwerte der Maquibeere, und Sie werden mit Sicherheit mit Nein antworten. Zum Zeitpunkt, als ich dieses Buch schrieb, war die Maquibeere die (uns bekannte) Frucht mit dem höchsten Gehalt an Antioxidantien der Welt, mit etwa 9200 ORAC-Einheiten pro Gramm, also fast doppelt so hoch wie die der Acaibeere. Insbesondere konzentrieren sich bei Maquibeeren zwei Antioxidantien (von der Sorte der Flavonoide), bekannt als Polyphenole und Anthocyane, die die DNA reparieren und schützen. Studien haben ebenfalls gezeigt, dass Beeren mit Anthocyanen besonders wirksam bei der Reduzierung von oxidativem Stress sind, der in Zusammenhang mit Alterung steht, sowie die Hirnfunktion verbessern. Rechnen Sie eine qualita-

tiv hohe große Menge an Vitamin C, Mineralstoffen sowie entzündungshemmenden Verbindungen hinzu, und es wird offensichtlich, dass die Maquibeere ein ungeheuer aufregendes Nahrungsmittel für die Gesundheit und gegen das Altern ist.

Geschmacksnote: Maquibeeren haben ein sehr sanftes Aroma, vergleichbar mit einer milden, weniger süßen Blaubeere. Viel stärker ist der bezaubernde Violett-Ton, der als natürliches Färbemittel zu farblosem Essen hinzugefügt werden kann. Die Farbe der Maquibeere ist so intensiv und schön (ein Signal ihrer wirkungsvollen Antioxidantien), dass eingeborene Mapuche-Kulturen sie als Indigofarbstoff verwenden.

Empfohlene Verzehrform: Abgesehen von frischen Beeren (in Nordamerika und Europa nicht erhältlich) ist die wirksamste und reinste Form von Maqui ein gefriergetrocknetes Pulver. In dieser Form wird die Beere niemals hohen Temperaturen ausgesetzt, und somit bleiben ihre maximalen Nährstoffe zum Verzehr erhalten.

Verwendung: Frühstück, Getränke und Smoothies, Beilagen, Snacks, Suppen, Salate und Dressings, Vorspeisen, Süßigkeiten und Desserts.

✳ MAULBEERE

Maulbeeren schmecken wie normale köstlich-süße Beeren, aber ihre Leistungen übertreffen deutlich die der allgemein bekannten Beeren wie Blaubeeren oder Cranberrys (die, wie bereits besprochen, wunderbar für den Einstieg in eine gesunde Ernährung sind). Als ein Superfood gegen das Altern enthalten Maulbeeren eine recht hohe Konzentration an Resveratrol

– eine antioxidative Verbindung, die vermuten lässt, dass sie Schäden durch freie Radikale und Entzündungen bekämpft und Schutz gegen einige der häufigsten degenerativen Krankheiten unserer Zeit bietet: Alzheimer, Formen von Krebs und die Parkinson-Krankheit. Aktuelle Studien haben gezeigt, dass der regelmäßige Konsum dieses besonderen Antioxidans die Herzgesundheit und Langlebigkeit unterstützt. Resveratrol ist nicht in allzu vielen Nahrungsmitteln zu finden, was die Konzentration des Antioxidans in der Maulbeere zu einem besonderen und begehrten Vorteil macht.

Maulbeeren sind einige der wenigen Früchte, die als Proteinquellen gelten, sie rühmen sich mit respektablen drei Gramm Protein pro Unze (entspricht etwa 11 g pro 100 g, Anm.d.V.). Zusätzlich sind sie eine exzellente Quelle für Eisen, Calcium, Vitamin C und Ballaststoffe.

Geschmacksnote: Frische Maulbeeren schmecken süß, können aber etwas wässrig sein. Es sind die getrockneten Maulbeeren, die den eigentlichen, spitzenmäßig köstlichen Geschmack liefern. Die sonnengetrocknete Frucht schmeckt wie eine süße Mischung aus Rosinen und Vanille. Ihr Geschmack erinnert mich immer ein bisschen an Vanillekuchen.

Empfohlene Verzehrform: Sonnengetrocknete rote oder weiße Maulbeeren für den Geschmack und wegen ihrer langen Haltbarkeit. Es ist lecker, frische Maulbeeren zu genießen, aber diese sind auf die Region beschränkt, in der sie wachsen. Sie haben eine sehr kurze Erntesaison und lassen sich nicht gut transportieren.

Verwendung: Frühstück, Getränke und Smoothies, Snacks, Salate und Dressings, Süßigkeiten und Desserts.

Sonnengetrocknete türkische weiße Maulbeeren.

✖ MEERESGEMÜSE

Meerwasser enthält ungemein viele Mineralien, und die „Pflanzen", die im Meer leben, sind wie Schwämme, die all die wichtigen Nährstoffe aufsaugen. Tang und Algen gehören zu den ältesten Lebewesen auf der Erde und werden in asiatischen Kulturen seit Tausenden von Jahren konsumiert (in China seit mindestens 3000 v. Chr.). Aber wie so viele Superfoods finden Algen erst seit Kurzem ihren Weg in die westliche Küche. Offen gesagt hätte diese gestiegene Popularität zu keinem besseren Zeitpunkt kommen können. Bei der fortschreitenden Entmineralisierung des Ackerbodens bieten sich Algen und Tang als ein recht konzentrierter Ersatz an; sie liefern dem Körper die Mineralien, die er dringend braucht.

Algen sind auch eine natürliche Topquelle für Protein und bieten eine Fülle an Beta-Carotin, Chlorophyll, Enzymen, Aminosäuren, Ballaststoffen und weiteren Mikronährstoffen. Ihr salziger Geschmack ist keineswegs „nur Salz" – sondern ein

Zeichen ihres hohen Mineralstoffgehalts, darunter auch ein ausgewogenes Spektrum von Natrium, Kalium, Calcium, Magnesium, Phosphor und zahlreichen Spurenelementen. Vitamine sind ebenfalls reichlich vorhanden, insbesondere die Vitamine K, A, D, E und die Familie der B-Vitamine. Tatsächlich sind Algen eine der wenigen nicht tierischen Quellen von Vitamin B12. Denken Sie sich Algen (Meeresgemüse) einfach als Landgemüse, nur mit etwa zehn bis zwanzig Mal mehr Mikronährstoffen und einer enormen Leistungsfähigkeit zu heilen, zu entgiften, zu nähren und zu vitalisieren.

Hinweis: Da Algen dem Meerwasser, in dem sie leben, wie ein Filter dienen, ist eine saubere Quelle für diese Nahrungsmittel von äußerster Wichtigkeit, um deren Reinheit zu gewährleisten. Seriöse Quellen finden Sie im Anhang bei den Bezugsquellen (Seite 261). Das Spurenelement Jod ist meist reichlich vorhanden, weshalb Menschen mit Schilddrüsenproblemen beim Verzehr vorsichtig sein sollten. Beachten Sie die empfohlenen Tageshöchstmengen in den Packungsangaben.

Geschmacksnote: Die im Handel erhältlichen Meeresgemüse sind (nur) gut für die Gesundheit, wenn ihre Herkunft aus sauberen Gewässern zertifiziert ist. Im Allgemeinen werden Algen und Tang getrocknet angeboten. Fürs Kochen sind am besten Rotalgen, auch Dulse oder Lappentang genannt (als Flocken oder in Streifen), Nori (Blätter) und Braunalgen wie verschiedene Seetangs (insbesondere Pulver), Wakame, Kombu, auch Kelp genannt, (frisch oder getrocknet) und die pflanzliche „Gelatine" Agar-Agar. Es gibt noch viele weitere Sorten; sind Sie erst einmal vertraut mit den oben genannten „Einsteigeralgen", werden Sie sich bestimmt trauen zu experimentieren!

Verwendung: Beilagen, Snacks, Suppen, Salate und Dressings, Hauptspeisen.

✳ MIKROALGEN

Als ein- oder mehrzelliger Organismus gehört die Mikroalge zu den ältesten Lebensformen auf der Erde und ist einige Millionen oder sogar Milliarden Jahre alt. Und obwohl wir mit Sicherheit behaupten können, dass sich unsere aktuelle Nahrung seit den Zeiten des ursprünglichen Originals deutlich weiterentwickelt hat, gehören viele dieser primitiven Bakterien- und Algenarten immer noch zu den Lebensmitteln mit der höchsten Nährstoffdichte auf der Erde. Wissenschaftler schätzen, dass über 30 000 Arten von Mikroalgen mit jeweils unterschiedlichem Nutzen und unterschiedlichen Nährwerten existieren. (Sie sollten also vielleicht nicht gleich zu Ihrem Aquarium laufen und das glitschige grüne Zeug herauspflücken.) Dennoch gibt es unter diesen Organismen gleich mehrere Superstars, die wirklich spannende Vorteile bieten – zwei der beliebtesten sind Spirulina und Chlorella. Diese verblüffenden chlorophyllreichen Nahrungsmittel unterstützen die Blutbildung, alkalisieren unseren Körper (gleichen den pH-Wert aus), helfen bei der Zellneubildung, stärken das Immunsystem und noch vieles mehr.

Vom evolutionären Standpunkt aus gesehen, hat sich die Spirulina-Alge zuerst entwickelt. Diese Mikroalge ist so primitiv (sie ist von der blau-grünen Sorte), dass sie keine richtigen, festen Zellwände bildet, was es für unseren Körper sehr einfach macht, bei ihren Nährstoffen zuzugreifen. Außergewöhnlich reich an Mikronährstoffen, enthalten nur drei Gramm Spirulina mehr Antioxidantien und entzündungshemmende Nährstoffe als fünf Portionen Gemüse.

Jedoch war es Chlorella, die in den 1960er-Jahren als erste Mikroalge in Großproduktion als Lebensmittel angebaut wurde. Ein paar Millionen Jahre nach Spirulina entwickelt, ist Chlorella eine echte Grünalge, die sehr harte Zellwände aufweist. Deshalb muss Chlorella erst einem speziellen Verfahren unterzogen werden, das die Zellwände bricht, bevor sie als Nahrung auf den Markt kommt. Andernfalls würde die Alge den Körper einfach unverdaut passieren.

Es ist kein Wunder, dass angenommen wird, dass diese Nahrungsmittel zu den vollkommensten Formen von Nahrung auf dem Planeten gehören: Sowohl Spirulina als auch Chlorella enthalten ein ungemeines breites Spektrum an Vitaminen und Mineralien. Von besonderem Nutzen ist das Vorkommen einer großen Anzahl von B-Vitaminen, die die natürliche Energieversorgung unterstützen. Und bezogen auf die Makronährstoffe sind Mikroalgen unter allen Nahrungsmitteln die beste Quelle für Protein: Chlorella besteht zu 58 Prozent aus Protein, und Spirulina kann sich mit 60 bis 70 Prozent Protein rühmen (vergleichen Sie das zum Beispiel mit Hähnchenfleisch ein, welches 25 Prozent Protein enthält). Zu den Vorteilen, die sie bietet, gehören die Verringerung der Müdigkeit, die mit PMS (dem prämenstruellen Syndrom) zusammenhängt, die Linderung von Geschwüren und die Förderung der Darmgesundheit.

Wofür Mikroalgen aber am meisten bekannt sind, ist ihre außerordentliche entgiftende Wirkung, die auf dem hohen Chlorophyllgehalt beruht. Während jedes Blattgemüse Chlorophyll enthält, so kommt doch keines von ihnen auch nur in die Nähe der Wirksamkeit dieser unglaublichen Kleinalgen. Am wichtigsten (wenn auch nicht wissenschaftlich bewiesen) ist jedoch, dass von vielen Heilpraktikern jetzt erkannt wird, dass dieser hohe Chlorophyllgehalt die Fähigkeit hat, Schwermetalle aus dem Körper auszuleiten (solche, die sich durch Pestizide, Umweltgifte und Strahlen angesammelt haben). Da ich in Los Angeles lebe, verwende ich die Mikroalgen fast täglich, um den Auswirkungen der manchmal fragwürdigen Atemluftqualität entgegenzusteuern. Die moderne Medizin untersucht derzeit gezielt ihre Wirksamkeit zur Entgiftung des Körpers, Verbesserung des Immunsystems, Stärkung des Geistes, zum Wiederaufbau von Nervengewebe, Kampf gegen Krebs, zur Linderung bei Fällen von Osteoporose und Arthritis, Unterstützung bei der Gewichtsreduktion und bei vielen anderen Beschwerden oder Gesundheitszielen.

Geschmacksnote: Mikroalgen haben einen starken süßlichen Meeresgeschmack, der – zugegeben – nicht jedermanns Sache ist. Glücklicherweise ist die Nährstoffkonzentration dieses Nahrungsmittels so hoch, dass schon die kleinste Menge eine große Wirkung hat – das macht es leicht, sowohl Spirulina als auch Chlorella unbemerkt zu anderen natürlichen Lebensmitteln wie Obst, herzhaften Soßen und sogar Süßigkeiten (besonders Schokolade) zu schmuggeln. Grundsätzlich ist man sich im Großen und Ganzen einig, dass der Algengeschmack in der Regel am besten ist, wenn er von starken Aromen „maskiert" wird.

Empfohlene Verzehrform: Pulver (sehr gut geeignet für Rezepte) oder Tabletten. Aufgrund ihres höheren Chlorophyllgehalts ziehe ich Chlorella der Spirulina vor (wie aus den Rezepten in diesem Buch ersichtlich), aber beide sind unentbehrlich und gegeneinander austauschbar. Kaufen

Sie immer Chlorella mit „zerbrochenen“ Zellwänden, um sicherzustellen, dass die enthaltenen Nährstoffe verwertet werden können.

Verwendung: Frühstück, Getränke, Smoothies, Snacks, Salate, Dressings, Naschereien und Desserts.

PHYSALIS

Wenn Sie noch nichts von der Physalis gehört haben, dann sind Sie vielleicht mit einem ihrer zahlreichen anderen Namen vertraut: Kapstachelbeere, Andenbeere, Andenkirsche, Inkabeere oder Blasenkirsche. Welchen Namen Sie auch immer wählen, um diese Beere zu benennen, diese großartige Frucht stammt von einem niedrigen Busch, der in Amerika als „Chinesische Laterne“ bekannt ist. Seine papierartigen Hüllenblumen (sie erinnern an kleine Lampions) enthalten die wertvolle, goldene, kirschgroße Frucht. (Achtung, in unseren Gärten in Europa wachsen auch andere „Lampion“-Pflanzen, deren Früchte ungenießbar sind. Anm.d.V.) Die essbaren Früchte – Physalis – liefern bemerkenswerte Mengen an Antioxidantien (wie Carotine und Bioflavonoide) und großzügige Mengen an Vitamin A, Vitamin C, Protein und Phosphor. Hohen Konzentrationen an Bioflavonoiden wird zugesprochen, dass sie eine entzündungshemmende Wirkung haben und das Immunsystem stärken. Darüber hinaus ist der natürliche Zuckergehalt der Physalis niedriger als der vieler anderer Früchte.

Geschmacksnote: „Bemerkenswert“ ist die beste Umschreibung für den Geschmack. Die Beeren haben einen komplexen süß-sauren Geschmack mit leicht zitroniger Note, die Ihre Geschmacksknospen in Fahrt bringt. Ehrlich gesagt genieße ich sie am liebsten pur und lasse mir mit jeder einzelnen Beere Zeit, um ihr gesamtes Geschmacksspektrum zu erleben.

Sonnengetrocknete Physalis sind ein exzellenter Snack.

Empfohlene Verzehrform: Physalis halten sich nicht sehr lange nach dem Pflücken. Deshalb ist man, wenn man sie frisch essen möchte, auf ihre Saison von Dezember bis Juli beschränkt. Greifen Sie also zu, wenn sie Ihnen im Supermarkt begegnen. Für den Rest des Jahres sind glücklicherweise sonnengetrocknete Physalis immer öfter erhältlich. Sie schmecken sogar noch besser, da ihr Aroma durch das Trocknen stärker wird. Sonnengetrocknete Physalis finden Sie im Bioladen, Reformhaus oder online.

Verwendung: Frühstück, Getränke, Smoothies, Beilagen, Snacks, Salate und Dressings, Süßigkeiten und Desserts.

✳ QUINOA

Angefangen bei ihrem „süchtig" machenden und köstlichen mild-nussigen Geschmack bis hin zu ihrer fluffigen Konsistenz, die „Hallo! Wohlfühl-Essen!" ruft: Es verwundert nicht, dass Quinoa von fast jedem, der sie probiert, sofort ins Herz geschlossen wird. Von winziger Größe (etwa wie Amaranth oder Hirse) wird Quinoa in der Regel wie ein Getreide oder Stärke behandelt, gekocht wie Reis oder Pasta, aber in einem Bruchteil der Zeit. Obwohl Quinoa überzeugend als Getreide auftritt, ist sie eigentlich die nahrhafte Saat von einem Gemüse, einem näheren Verwandten des Spinats, und das heißt, sie ist glutenfrei. Oft als „alte Getreidesorte" beworben, war die aus Südamerika stammende Quinoa ein Grundnahrungsmittel der Inka und wird schon seit über 3000 Jahren kultiviert.

Quinoa ist berühmt für ihren eindrucksvollen Proteingehalt – elf Gramm pro halbe Tasse (ungekocht – entspricht einem Proteingehalt von etwa 14 g pro 100 g Quinoa, Anm.d.V.) – gleichzeitig enthält sie alle acht essenziellen Aminosäuren. Zusätzlich bietet Quinoa viele Mineralien, wie Magnesium, Kalium und Zink. Sie enthält sogar einige Vitamine, wie das Haut und Haar verjüngende Vitamin E, und einige energieliefernde B-Vitamine. Ich finde, dass Quinoa ein herrlich multifunktionales Superfood ist: Sie erfüllt die Lust auf stärkehaltige Komponenten, nach denen wir uns in unserem Essen sehnen, und bietet daneben wirklich solide Nährwerte.

Geschmacksnote: Der Geschmack von Quinoa ist eine köstliche, irgendwie vertraute Kombination von Pasta und Reis, mit einem Hauch von Nuss. In ihrer natürlichen Form ist Quinoa mit einer bitteren Substanz, dem Saponin, überzogen. Sie dient der Pflanze als natürliches selbstproduziertes „Pestizid". Das Saponin lässt sich weitgehend entfernen, indem man die Quinoa vor dem Kochen wäscht. (Wegen möglicher Reste des Saponins ist Quinoa nicht als Baby- oder Kleinkindernahrung geeignet, auch in der Schwangerschaft wird davon eher abgeraten. Handelsübliches Quinoa ist jedoch meist geschält oder gewaschen und dadurch vom Saponin befreit, Anm.d.V.) Das Rösten der Quinoakörner für 1 bis 2 Minuten in einer nicht gefetteten Pfanne, um den nussigen Geschmack zu verstärken, ist nicht notwendig, aber ein lohnender Extraschritt vor dem Garen (in kochendem Wasser).

Empfohlene Verzehrform: Vollkornquinoa ist die am häufigsten verwendete Form und auch in großer Menge erhältlich. Es gibt buchstäblich hunderte Quinoavarianten: Weiße Quinoa ist am gängigsten, rote und schwarze liefern zusätzliche Antioxidantien und Optik, und alle schmecken nahezu identisch. Hundertprozentiges Quinoamehl ist eine nahrhafte Backzutat, allerdings verleiht es einen leicht bitteren Geschmack und sollte am besten nur in kleinen Mengen in Rezepten mit starken Aromen verwendet werden. Neu auf dem Markt sind Quinoapasta, die aus Quinoamehl in Kombination mit anderen milden glutenfreien Mehlen hergestellt werden (ein perfektes Beispiel, wie ein Nahrungsmittel, dass traditionell nur leere Kalorien liefert, durch Superfood-Zutaten nährstoffreich gemacht wird). Quinoaflocken (die im Wesentlichen gewalzte Quinoa sind – denken Sie an Haferflocken) sind eine fantastische Form dieses Superfoods. Die Flocken werden fast sofort gar und funktionieren wie eine großartige Mischung aus Haferflocken und Paniermehl.

Verwendung: Frühstück, Beilagen, Snacks, Suppen, Hauptspeisen.

✴ SACHA INCHI (INKANUSS)

Sacha bedeutet „sieht aus wie" und Inchi heißt Erdnuss/Nuss; mit diesem Wissen ist der exotischer amazonische Samen des Wolfsmilchgewächses kein großes Rätsel mehr. Bereits seit Jahrhunderten in der Vor-Inka-Kultur genossen (es wurden Keramikwaren mit Abdrücken von Sacha-Inchi-Samen gefunden), sind diese Dschungelsamen so groß wie eine Nuss – etwa zwei Drittel der Größe einer Mandel – und verfügen über eine milde Fülle. Sacha Inchi sind reich an leicht verdaulichem Protein und eine ausgezeichnete Quelle für Ballaststoffe. Am spannendsten jedoch ist, dass diese speziellen Samen die beste bekannte Quelle für gesunde pflanzliche Omega-3-Fette auf dem ganzen Planeten sind – mit über 13 Mal mehr Omega-3-Fetten als Lachs, Gramm für Gramm. Sacha Inchi ist auch eine besonders gute Quelle für Tryptophan, die „Gute-Laune"-Aminosäure, für die sonst Putenfleisch bekannt ist (Sacha Inchi enthält acht Mal mehr Tryptophan als Putenfleisch). Und zu alldem liefert es eine nützliche Auswahl an Mineralien und Antioxidantien, inklusive Jod, Vitamin A und Vitamin E. Ich persönlich kann nicht anders, als von diesen Samen als „Schönheitssaat" zu denken, da ihre Nährstoffe so gut darin sind, uns eine gesunde schöne Ausstrahlung zu bescheren.

Geschmacksnote: Getreu der wörtlichen Übersetzung ihres Namens schmecken diese Samen ähnlich wie Erdnüsse. Sie haben aber auch einen deutlichen Anteil an „umami", also an jener „fünften" Geschmacksrichtung, die besonders herzhaft und verlockend ist … eine, die mir instinktiv Appetit macht, sobald jemand ihren Namen nennt. Sacha Inchi sind knusprig, sättigend und passen gut zu süßen wie zu herzhaften Speisen.

Empfohlene Verzehrform: Außerhalb ihrer Herkunftsländer werden die ganzen Samen leicht geröstet angeboten (sie sind sehr leicht verderblich, wenn sie roh sind). Sacha Inchi ist ebenfalls als Öl erhältlich, das sich gut als wertvolle Salatzutat macht und am besten kalt verwendet wird. (Bitte beachten Sie, dass Sacha-Inchi-Öl eine gesunde Zutat für Ihre Küche ist, aber aufgrund seiner geringen Nährstoffdichte kein Superfood darstellt.)

Verwendung: Frühstück, Beilagen, Snacks, Suppen, Salate und Dressings, Hauptspeisen, Süßigkeiten und Desserts.

✴ SANDDORN

In der Tat klingt Sanddorn nach einem seltsamen stacheligen Fundstück vom Strand, tatsächlich handelt es sich aber um eine kleine orangefarbene Beere, die in Trauben an dornigen Büschen oder knorrigen Bäumen wächst. Die interessante Beere verdankt ihren skurrilen Namen (im Englischen Sea Buckthorn, Anm.d.V.) vermutlich ihrer Vorliebe, entlang der trockenen Sanddünen, die sich an die englische Küste schmiegen, zu wachsen. Herb, ölig und schwer zu ernten, mag Sanddorn zwar nicht die erste Wahl eifriger

Beerenpflücker sein, dennoch genießt Sanddorn schon lange eine Berühmtheit aufgrund seiner besonderen medizinischen Wirksamkeit. Klassischerweise entlang der Atlantikküste und in sandigen Regionen vieler europäischer und asiatischer Länder anzutreffen (jedes Land hat einen eigenen Namen für die Beere), ist Sanddorn am meisten für seine verjüngende Wirkung der Haut bekannt. Es wurde auch nachgewiesen, dass Sanddorn die Verdauung, die Herz-Kreislauf- und die Lebergesundheit stärkt. In der Tat können Aufzeichnungen darüber, dass Sanddorn als wichtiges pflanzliches Heilmittel verwendet wurde, sowohl in antiken griechischen Texten als auch in tibetischen medizinischen Dokumenten, die bis zur Tang-Dynastie zurückreichen (618 – 907 n. Chr.), gefunden werden.

Die moderne Nährstoffanalyse von Sanddorn bestätigt, dass die Beeren ein beeindruckendes, hautheilendes Nahrungsmittel sind, dank verschiedener Nährstofffaktoren belegbar.

Als leistungsstarke Quelle für Vitamin C und viele andere Vitamine (besonders viel Vitamin E) sowie mit den Radikalenfängern Polyphenole und Carotinoiden ist Sanddorn ein natürliches Anti-Aging-Mittel, das außerdem gegen Entzündungen hilft. Ebenfalls beeindruckend sind die Mengen und die Bandbreite an Omega-Fettsäuren: Omega-3, Omega-6, Omega-9 und sogar das seltene Omega-7 sind enthalten. Omega-7 fördert gesunde Haut, Haare und Nägel, unterstützt die Erholung und Heilung von Gewebe und bietet viele weitere Nutzen. Aufgrund seiner einzigartigen und wertvollen Nährstoffzusammensetzung bleibt Sanddorn auf einem Toprang der medizinischen Superfoods und kontinuierlich Gegenstand des wissenschaftlichen Interesses.

Geschmacksnote: Oft beschrieben als sauer, herb und ölig, bekommt Sanddorn für gewöhnlich keine hohe Punktzahl beim Geschmackstest. Dennoch ist der Geschmack nicht zu streng. Kombiniert mit anderen Nahrungsmitteln kann er ein komplexes zitroniges „gewisses Etwas" bieten, das fasziniert und sowohl mit Süßem und süßen Säften als auch mit herzhaft-fettigen Speisen wie Avocados abgerundet werden kann.

Empfohlene Verzehrform: Sanddorn wird in Form von konzentriertem Öl angeboten, um seine vorteilhaften Omegas zu bewahren. In dieser Form wird es oft oberflächlich auf die Haut aufgetragen. Für kulinarischen Zwecke ist jedoch ein reiner Sanddornsaft am besten – er liefert das größte Spektrum der Vorteile und Aromen des Sanddorns und kann Rezepten am einfachsten beigefügt werden.

Verwendung: Getränke und Smoothies, Salate und Dressings, Suppen, Süßigkeiten und Desserts. Am besten geeignet für Rezepte mit geringer Hitzezufuhr oder Rohkost.

✳ SPROSSEN

Gekeimte Sprossen sind Babypflanzen und -gemüse, in vieler Hinsicht ist das Keimstadium einer Pflanze ihr Nährstoffhöhepunkt. Der Prozess der Keimung erhöht drastisch das Nährwertprofil des ruhenden Samens – sein Nährwert vervielfacht sich um 300 bis 1200 Prozent! Infolgedessen sind Sprossen ein unglaublich nährstoffreiches Nahrungsmittel, mit großen Mengen an Enzymen, Vitaminen, Mineralien, Chlorophyll, Antioxidantien und sogar Protein. Viele Sprossen liegen im Nährwert deutlich über der entsprechenden ausge-

Frische Sprossen und Keimlinge sind in vielen Geschäften und auf Märkten erhältlich, können aber auch selbst gezogen werden.

wachsenen Pflanze. Zum Beispiel das Radieschen: Radieschensprossen enthalten fast zweimal soviel Calcium und 39-mal soviel Vitamin A wie die gleiche Menge „erwachsener" Radieschen.

Sprossen sind konzentrierte Nährstoffe vom Feinsten und ein frisches Superfood, das in Geschäften gekauft oder leicht selbst zu Hause für ein paar Cent täglich gezogen werden kann. (Ganz wichtig ist dabei die Hygiene durch gründliches Waschen vor und nach der Keimung, Anm.d.V.)

Geschmacksnote: Wie bei Gemüse reicht der Geschmack von Sprossen von leicht „grün" bis würzig. Kleesprossen gehören zu den mildesten, während Radieschensprossen einen schönen „Biss" zum Essen liefern. Einer meiner persönlichen

Favoriten sind Zwiebelsprossen, die wie milde Zwiebeln schmecken – hervorragend geeignet für Salate oder Sandwiches.

Empfohlene Verzehrform: Alle Sprossen bieten Vorteile; einige der besonders schmackhaften sind Klee, Alfalfa, Sonnenblume, Radieschen, Brokkoli, Zwiebel, Mungbohne und Erbse. Minipflanzen – mit den Babyblättern von Gemüse wie Rüben, Rauke, Kohl und weiteren sind ebenfalls eine exzellente Wahl, falls verfügbar, da sie sehr mild im Geschmack sind und einer Speise im Handumdrehen ein optisches Highlight bescheren. Gekeimte Körner oder Hülsenfrüchte können auch köstliche, „mampfige" Ergänzungen zum Essen sein: Einige der beliebtesten Sorten sind

Linsen, Weizen, Roggen und Buchweizen. Mehle, die aus gekeimten Samen und Körnern hergestellt wurden, sind mancherorts ebenfalls erhältlich, wie Mehl aus gekeimten Lein- oder Chiasamen.

Verwendung: Frühstück, Beilagen, Snacks, Salate und Dressings, Hauptspeisen. Mehle/Pulver aus gekeimten Samen und Körnern können anteilig als Mehl-Ersatz verwendet werden. Frische Sprossen sollten in erster Linie roh verwendet werden, da sie sehr zart und ihre Nährstoffe empfindlich sind.

✳ YACÓN

Viele Leute denken, dass Yacón eine Frucht ist – wahrscheinlich weil er einen süßen, rauchigen apfelähnlichen Geschmack hat und entweder als Ganzes verzehrt oder als Süßungsmittel verwendet werden kann. Tatsächlich ist Yacón eine Knolle, die in der Erde unter einer bodennahen Pflanze wächst. Heimisch in Südamerika, ist es schon lange her, dass Yacón 1200 v. Chr. kultiviert wurde! Viele Menschen in den Anden verwenden Yacón immer noch ausgiebig in der Medizin und ihrer traditionellen Küche, er hat sich als besonders wichtiges Süßungsmittel bewährt und die Lebensqualität von Menschen, die unter Symptomen von Diabetes leiden, verbessert.

Yacóns großartigstes Merkmal ist der hohe Gehalt an Inulin, ein komplexer Zucker, der langsam in Fructooligosaccharide (auch als FOS bekannt) zerfällt. Also obwohl Yacón süß schmeckt, ist der Zucker aus dem Inulin nicht verdaulich und passiert den Körper einfach. Noch aufregender ist, dass FOS gesunde Probiotika fördert, die zu einer besseren Verdauung und Darmgesundheit beitragen. Aufgrund dieser

Eine Yacónblüte.

Vorteile ist es leicht zu verstehen, dass Yacón Südamerikas Dauerbrenner-Superfood ist.

Geschmacksnote: Frischer und getrockneter Yacón erinnern im Geschmack an milden Apfel mit Untertönen von Tee. Der Sirup ist wie eine leichte, fruchtige Melasse.

Empfohlene Verzehrform: Außerhalb Südamerikas, wo Yacón frisch erhältlich ist, ist die Wurzel meistens in Form von getrockneten Scheiben oder Streifen und als Sirup erhältlich. Obwohl Yacónsirup zu den gesündesten Süßungsmitteln überhaupt gehört, ist der Sirup kein Superfood (es ist trotzdem konzentrierter Zucker).

Verwendung: Frühstück, Getränke, Smoothies, Beilagen, Snacks, Suppen, Salate und Dressings, Hauptspeisen, Naschereien und Desserts.

GESUNDE GRUNDNAHRUNGSMITTEL

Betrachtet man die Wirkung einzelner Nahrungsmittel isoliert, stellen wir fest, dass sie uns nicht die ganzheitliche Gesundheit liefern werden, auf die wir aus sind. Viele pflanzliche Nahrungsmittel haben zwar nicht die Nährstoffdichte eines Superfoods. Doch das heißt nicht, dass sie etwa keine gesundheitsfördernden Eigenschaften besitzen. (Die meisten vollwertigen Lebensmittel sind in der Superfood-Küche willkommen!) Gesunde Grundnahrungsmittel bieten auch Ersatz für eher unerwünschte Gegenstücke, und außerdem handelt sich einfach um gut gewählte Zutaten, die für Geschmack und Ausgewogenheit sorgen. Alle Ingredienzen, die hier gelistet sind, dienen als ideale Ergänzung für eine superfoodreiche Ernährung.

AGAVENDICKSAFT

Aus der Agave gewonnen, ist dieser süße Sirup besonders wertvoll für Diabetiker, da er einen niedrigen glykämischen Index hat (aufgrund seines hohen Fruchtzuckergehalts, der nicht von Insulin zerlegt werden muss, ist er leicht verdaulich). Gerade weil er wegen seines konzentrierten Zuckers nur sparsam verwendet werden sollte, machen ihn diese starke Süßkraft und der neutrale Geschmack zu einem sehr willkommenen Süßungsmittel bei einigen Rezepten. Sie kommen gut dabei weg, da Sie vom Agavendicksaft weniger brauchen als von anderen Süßungsmitteln und er oft den Gesamtzuckergehalt eines Rezepts reduziert. Ich verwende gerne kleine Mengen in Verbindung mit anderen Süßungsmitteln, wie zum Beispiel zuckerfreie Steviaprodukte (Seite 73).

DATTELN

Die extrasüße Frucht der Dattelpalme ist eine meiner liebsten Naschereien, Punkt. Bekannt als „Bonbon der Natur" bei Produzenten und Konsumenten gleichermaßen, bieten die frischen, weichen, geschmeidigen Datteln eine karamellartige Süße. Datteln liefern sofortige Energie in Form von Glukose und sind eine der besten natürlichen Quellen für Kalium (sie haben etwa drei Mal mehr Kalium als Bananen, Gramm für Gramm). Sie sind außerdem voll von Ballaststoffen, Eisen, Magnesium, Calcium, Vitamin A und vielen B-Vitaminen.

Eine Handvoll Datteln ist eine von den fünf Portionen Obst der empfohlenen Tagesdosis! Da sie den höchsten Zuckergehalt aller Früchte haben, verwende ich sie häufig als Süßungsmittel im Nachtisch, um die leeren Kalorien von raffiniertem Zucker zu ersetzen. Es gibt viele verschiedene Dattelarten, deren Süße und Weichheit variieren; die populärsten sind die Medjool, Zahidi und verschiedene „Honigdatteln".

GEMÜSE

Es erscheint vielleicht offensichtlich, aber das Essen von Gemüse (ökologisch angebaut) ist ein absolut wesentlicher Bestandteil, um in Tipptopp-Superfood-Form zu sein. Wenn Superfoods die „Butter" sind, dann ist Gemüse das „Brot". Gemüse liefert in erster Linie Mineralien, Vitamine, Aminosäuren und Proteine, Ballaststoffe, eine variierende Anzahl an Antioxidantien und sekundären Pflan-

Medjool-Datteln zählen zu den beliebtesten Sorten.

zenstoffen. Natürlich ist es am besten, Gemüse zu essen, das ganz oben auf der ANDI-Skala steht, aber grundsätzlich gibt es nur drei echte Gemüseregeln: Essen Sie so vielfältig wie möglich, essen Sie Bioqualität, wenn möglich, und essen Sie so viel wie möglich.

Ungeachtet seines Rangs in der Liste der Mikronährstoffe habe ich niemals ein schlechtes Gewissen, wenn ich ein Gemüse esse – es hat immer etwas zu bieten.

KOKOSÖL

Kokosöl ist die Butteralternative der Natur: Mit seiner sättigenden Reichhaltigkeit macht es alles, dem es beigegeben wird, etwas schmackhafter. Doch Kokosöl ist nicht nur ein weiterer schöner Genuss – es besitzt auch eine Vielzahl eindrücklicher Vorzüge. Obwohl es aus gesättigten Fetten besteht, wird es als eine gesunde Nahrungsquelle angesehen, denn es enthält kein Cholesterin (im Gegensatz zu tierischen gesättigten Fetten) und unterstützt die Verdauung anderer wertvoller Fette wie Omega-3. Kokosöl enthält mittelkettige Fettsäuren (Triglyceride, MKTs), die lang anhaltende

Energie liefern, die Stoffwechselrate erhöhen und sogar antibakterielle, antivirale und pilzhemmende Aktivitäten aufweisen. Und da gesättigte Fette von Natur aus resistent gegen Oxidation sind, bleiben sie bei wesentlich höheren Temperaturen stabil als viele andere Öle, sie sind also ein idealer Partner beim Kochen. Wegen seines außergewöhnlichen Geschmacks und seiner gesundheitlichen Vorteile ist es zweifellos mein „Allzweck"-Öl für jede Art von Kochen oder Backen mit hohen Temperaturen, und ich halte es für ein Muss in jeder guten Küche mit natürlichen Lebensmitteln.

Genau wie die verschiedenen Sorten beim Olivenöl, so variieren verschiedene Kokosöle in ihrer Geschmacksintensität – einige sind mild und buttrig und andere üppig tropisch. Im Allgemeinen hat das kalt verarbeitete oder geschleuderte Öl ein sanfteres Kokosaroma und einen milderen Geschmack, während gepresstes Öl von intensiverem Aroma ist. Ich entscheide mich in der Regel für die kalt verarbeitete Variante, da diese durch ihren reineren Geschmack flexibler in der Anwendung ist.

Hinweis: Kokosöl ist gewöhnlich in festem weißem Zustand erhältlich und kann leicht in eine klare flüssige Form zerlassen werden (bei Bedarf), wenn es auf über 24 °C erwärmt wird.

KOKOSWASSER

Ein bisschen süß, ein bisschen salzig und unglaublich erfrischend ist frisches Kokoswasser – ein echtes Erlebnis. Kokoswasser wird aus jungen Thai-Kokosnüssen extrahiert (erhältlich in Reformhäusern und Asialäden). Dieses hydratisierende Getränk ist ein natürliches Elektrolytkraftwerk, reich an jenen organischen Salzen und Mineralien, die während des Sports, beim Schwitzen oder einfach durch generelle Dehydration verloren gehen.

Kokoswasser hat inzwischen seinen Weg in den Handel gefunden. Die abgepackten Varianten sind bei Weitem nicht so himmlisch wie eine frisch geöffnete Kokosnuss, bieten aber dennoch viele gesundheitliche Vorteile, sind länger haltbar und können dadurch auf Vorrat erstanden werden. Halten Sie nach Produkten Ausschau, die 100 Prozent pur und ohne Zuckerzusatz sind.

KOKOSZUCKER

Als gesündere Alternative zu Rohrzucker wird Kokoszucker oder Kokosblütenzucker angeboten, aus dem kristallisierten Nektar der Blüten der Kokospalme hergestellt. (Im Handel manchmal auch Palmzucker genannt – das könnte allerdings auch Zucker von anderen Palmen sein, Anm.d.V.) Kokoszucker hat nur die Hälfte des glykämischen Index von Rohrzucker, verschiedene Mineralien und Vitamine und wird deshalb von der Weltgesundheitsorganisation WHO als nachhaltigstes Süßungsmittel der Welt bezeichnet. Zudem schmeckt er einfach köstlich nach Karamell. Kokoszucker kann weißen oder braunen Rohrzucker 1 : 1 ersetzen.

KOMBUCHA

Ja, es klingt seltsam: Kombucha ist ein fermentiertes Getränk aus einer symbiotischen Kultur von Bakterien und Hefen, das dann ein paar Wochen lang zu einem Tee „gebraut" wird. Doch unabhängig von seiner skurrilen Entstehung wird Kombucha schon seit Jahrhunderten als Premiumgesundheitselixier verwendet. Wie viele fermentierte Nahrungsmittel enthält auch Kombucha eine außergewöhnliche Menge an energiespendenden Vitaminen und gesundheitsfördernden „freundlichen" Bakterien. Viele Menschen berichten von einer verbesserten Verdauung, einem leichten Energieschub und einem insgesamt „guten Gefühl" nach dem Genuss von Kombucha. Es ist ein preisgünstiges, einfaches und interessantes Projekt, Kombucha zu Hause selbst herzustellen, aber aufgrund der wachsenden Nachfrage stocken auch die meisten Bioläden und Reformhäuser ihre Regalbestände mit diesem Getränk auf. Kombucha ist in verschiedenen Geschmacksrichtungen zu finden, die für gewöhnlich diverse Tees und hinzugefügte Fruchtsäfte enthalten. Der ursprüngliche Kombuchageschmack kann von Apfelsaft bis Champagner reichen, für gewöhnlich mit einer leichten Essignote und ein wenig Kohlensäure. Kombucha enthält eine geringe Menge Alkohol, in der Regel unter 0,5 Prozent.

KRÄUTER UND GEWÜRZE

Eine gute Kräuter- und Gewürzsammlung ist wie ein gut sortiertes Schmuckkästchen: Wählen Sie ein paar Accessoires aus, und im Nu verstärken Sie Auftritt und Wirkung. Viele herkömmliche Rezepte arbeiten mit großen Mengen ungesunder Fette, Zucker, Salz und raffinierten Lebensmitteln, um Geschmack zu erzeugen. Dabei sind Kräuter und Gewürze die kleinen gesunden Helden, die einen sensationellen Geschmack ohne schädliche Beigaben bieten. Seine Lieblingskräuter in einem Kräutertopf zu ziehen ist ein guter Anreiz, diese häufiger zu verwenden, aber ich liebe es auch, einige

wichtige Pulver zur Hand zu haben. Es überrascht mich immer wieder, was diese wunderschönen, reinen und natürlichen Aromen sogar aus dem einfachsten Gericht herausholen können.

Jedes Gewürz und Kraut hat sein eigenes Profil an medizinischen Eigenschaften. Viele bieten eine ähnliche Zusammenstellung von Nährwerten wie ein Superfood, sind aber in der Verzehrmenge wegen ihres intensiven Geschmacks begrenzt. Grüne Blattkräuter wie Petersilie, Basilikum, Estragon und Minze sind wundervolle Superfoods und können auch in größerer Menge verwendet werden. Andere großartige Gewürze, die man zur Hand haben sollte, sind Lorbeerblätter, Paprikapulver (die geräucherte Sorte ist besonders aromatisch), Chipotlepulver (Pulver aus geräuchertem Chili, Anm.d.V.), Cayennepfeffer, Zimt und Muskatnuss. Ich habe immer einen Vorrat an Knoblauch- und Zwiebelpulver, obwohl sie keine echten Gewürze sind – aber sie können sogar eine simple Schale Reis in etwas Köstliches verwandeln. Und wie immer, prüfen Sie die Angaben auf der Verpackung, um sicherzugehen, dass keine Konservierungsstoffe, Salz oder anderes zugesetzt wurde.

LUCUMAPULVER

Lucumapulver ist ein fein gemahlenes Pulver, das aus der gefriergetrockneten Lucumafrucht hergestellt wird, die in Südamerika beheimatet ist. Es liefert einen deutlich süßen und vollmundigen, dem Ahornsirup ähnlichen Geschmack bei sehr niedrigem Zuckergehalt – das macht es zu einer willkommenen Zutat in Smoothies und Desserts. Ein weiteres Plus: Mit natürlich vorkommendem Beta-Carotin, Niacin und Eisen ist Lucumapulver ein Parademittel gegen „leere" Kalorien. Lucumapulver kann sogar teilweise als glutenfreier Ersatz für Mehl in süßen Backwaren verwendet werden. Es mag vielleicht wie ein unnötiger spezieller Artikel erscheinen, aber der Geschmack von Lucuma ist wirklich unübertroffen. Ich betrachte es als meine „Geheimzutat" in vielen Smoothies und süßen Rezepten.

MEERSALZ

Sie werden wahrscheinlich feststellen, dass in meinen Rezepten Meersalz im Gegensatz zu Tafelsalz empfohlen wird. Das liegt daran, dass der salzige Geschmack von Meersalz mehr als nur Natriumchlorid ist. Es ist auch eine Sammlung von Spurenelementen, einschließlich Kalium, Magnesium, Calcium und Jod. Zusätzlich hat Meersalz einen subtilen, komplexen Geschmack, der Rezepte auf wundervolle Weise belebt. Man muss sich nicht schämen, ein Salz-Snob zu sein.

MESQUITEPULVER

Die Ureinwohner Amerikas haben sich oft auf die von Boden aufgelesenen süßen Schoten des Mesquitebusches als Grundnahrungsmittel verlassen, sie dienten sogar als Tauschware mit benachbarten Stämmen. Heute ist Mesquitepulver von besonderer Bedeutung für Menschen, die ihren Blutzuckerspiegel ausgleichen wollen. (Sein Zucker ist Fruktose, die kein Insulin braucht, um verdaut

Von außen unscheinbar grün, innen jedoch hat das süße Fruchtfleisch der Lucuma die Farbe einer Mango.

zu werden.) Mesquite enthält auch Lysin (eine essenzielle Aminosäure, die in pflanzlich basierter Ernährung oft nur ungenügend vorhanden ist) mit erheblichen Mengen an Protein, Calcium, Magnesium, Kalium, Eisen und Zink.

Mesquitepulver bietet ein natürliches Aroma, das zu Kakao passt, und exzellent in Smoothies und Desserts und sogar zum Backen verwendet werden kann.

MISOPASTE

Hergestellt aus fermentierten Sojabohnen, Getreide oder Reis, fungiert diese Paste als vollmundiges salziges Aroma, das eine große Menge an Enzymen und gesunden Mineralien wie Zink enthält. Es gibt viele Misovarianten, die in Farbe und Geschmack variieren. Gelbes und weißes Miso sind eher mild im Geschmack (und leicht süß), braunes Miso ist weniger süß, dafür etwas salziger, und rotes Miso ist sehr kräftig und aromatisch.

Hinweis: Soweit nicht anders angegeben, werden alle Rezepte in diesem Buch, die Miso enthalten, mit braunem Reismiso, also einer mittleren Geschmacksstärke, zubereitet. Es kann aber leicht durch andere Misovarianten, je nach Geschmack und Verfügbarkeit, ersetzt werden. Wenn Sie Soja vermeiden, greifen Sie auf Reis- oder Kichererbsenmiso zurück. Wenn Sie ein Sojabohnenmiso verwenden, achten Sie darauf, dass es Bioqualität ist – konventionell angebaute Sojabohnen sind fast immer genmanipuliert und sollten gemieden werden.

NÄHRHEFE

Nährhefe ist ein Nebenprodukt der Melasse und hat einen salzigen, fast käsigen Geschmack; sie kann als Geschmacksverstärker über Speisen gestreut oder ihnen beigemischt werden. Nährhefe ist in Flocken oder als Pulver erhältlich. Sie enthält B-Vitamine, Mineralien, Proteine und wurde nach einigen Berichten als immunstärkendes Mittel verwendet. Verwechseln Sie Nährhefe nicht mit Bierhefe – der Geschmack ist völlig anders und Letzterer nicht besonders wünschenswert.

NÜSSE UND SAMEN

Als Embryo der Pflanze enthalten Nüsse und Samen (Saaten) extrem viele lebenserhaltende Nährstoffe, einschließlich gesunder Fette, Mineralien, Proteine und Ballaststoffe. Die Grenze zwischen Superfood-Samen und „normalen" Samen muss nicht in Stein gemeißelt werden, und mit Ausnahme von Erdnüssen (die auch noch anfällig für einen krebserregenden Schimmelpilz namens Alfatoxin sind), gibt es keine kulinarischen Nüsse oder Samen, die nicht echte Vorteile bieten. Unter anderem habe ich immer Mandeln, Cashewkerne, Walnüsse, Sonnenblumenkerne, Sesam und Kürbiskerne in Vorratsgläsern in der Küche. Diese großartigen Nahrungsmittel warten nur darauf, in eine gesunde „Milch" (Seite 256) verwandelt oder zu „Nussfleisch" gemahlen zu werden oder um Rezepten eine überzeugende Textur zu verleihen. Sie sind ein Grundnahrungsmittel.

Getreide (wie Hafer) und Hülsenfrüchte (wie Bohnen oder Linsen) sind botanisch gesehen auch Samen. Sie sind unverzichtbar in der Küche, voll von Nährstoffen, preiswert und lange haltbar.

Lagern Sie Nüsse und Samen im Kühl- oder Gefrierfach, zumindest aber kühl und dunkel, um ihre Haltbarkeit zu verlängern.

OBST

Nur weil ein Obst kein Spitzen-Superfood ist, heißt es nicht, dass es nicht eine großartige Wahl als Lebensmittel ist. Jedes Obst hat ein einzigartiges Portfolio an Qualitäten, insbesondere in der Vitaminabteilung. Die meisten Obstsorten enthalten auch gewisse Mengen an Antioxidantien und sekundären Pflanzenstoffen, nur nicht in der gleichen Menge wie ihre Superfood-Verwandten. Obst hilft uns, mit unserer instinktiven Vorliebe für Süßes auf die beste Art fertig zu werden, und zusätzlich erhalten wir Ballaststoffe und zusätzliche Nährstoffe. Leider enthalten viele Obstsorten mit essbarer Schale eine hohe Konzentration an Pestiziden, deshalb kaufen Sie wann immer möglich Bioware.

Einige der Obstsorten, die die Gesundheit am besten fördern, sind Feigen, Mangos, Guaven, Kiwi, Ananas, Kirschen, Pflaumen/Zwetschgen, blaue Weintrauben, Zitronen/Limetten und Grapefruit sowie die allseits beliebten Äpfel, Birnen, Orangen und Bananen. Es ist wichtiger, dass Obst aus biologischem Anbau stammt, wenn die Schale mitgegessen wird, als bei Obst, wo die Schale entfernt wird.

Bauernmärkte haben häufig regionale, saisonale und manchmal auch alte Sorten Ihrer Lieblingsfrischfrüchte im Angebot. Ich habe bereits lokal angebaute Exoten wie Erdbeer-Guave und Rosenäpfel entdeckt, die jeweils nur für wenige Wochen erhältlich waren. Die Suche nach lokalem frischem Obst verwandelt den Lebensmitteleinkauf schnell in eine spannende Schatzsuche nach Leckereien.

ÖLE MIT ESSENTIELLEN FETTSÄUREN

Zu den Ölen mit einem hohen Gehalt an essenziellen Fettsäuren gehören Hanföl, Leinöl und verschiedene im Handel erhältliche Mischungen (die aus Superfood-Samen hergestellt werden). Mein Vorschlag: Wenn Sie ein Öl für die kalte Küche verwenden, warum dann nicht eins mit den entzündungshemmenden Vorteilen der essenziellen Fettsäuren, kombiniert mit dem wundervollen Geschmack von gesunden Samen? Öle mit essenziellen Fettsäuren liefern diesen Schub nach Superfood-Maßstäben. In meiner Küche verwende ich eine Ölmischung mit essenziellen Fettsäuren (essential fatty acids, deutsch EFS – essenzielle Fettsäuren, Anm.d.Ü.), die „Vega Antioxidant EFA Oil Blend" heißt. Es ist den Kauf wert, da es zusätzlich zu Hanf- und Leinöl einen einzigartigen Antioxidansmix aus Ölen von grünem Tee, Schwarzkümmel, der Kerne von Granatapfel, Blaubeeren, schwarzen Himbeeren, Cranberrys und Kürbis zusätzlich zu Kokosöl enthält. Es schmeckt unglaublich und ein Öl, das dieses Öl in Sachen Nährstoffgehalt übertrifft, muss erst noch erfunden werden. Wenn Rezepte in diesem Buch nach einem „EFS-Öl" verlangen, sind Hanföl, Leinöl und „Vega Antioxidant EFA Oil Blend" oder andere im Handel erhältliche EFS-Mischungen geeignet.

SHOYU

„Shoyu" ist das japanische Wort für Sojasoße, und diese wird für gewöhnlich aus Soja, Weizen, Wasser und Salz hergestellt. Sie liefert einen etwas süßeren Geschmack als chinesische Sojasoße (Tamari) und ist hervorragend für Marinaden und asiatisch angehauchte Rezepte geeignet. Nama Shoyu ist die nicht pasteurisierte oder „rohe" Variante und kann ebenso verwendet werden. Wenn keine dieser beiden verfügbar ist (oder weil Weizen aufgrund einer glutenfreien Ernährungsweise gemieden werden muss) kann auch gewöhnliche Sojasoße als direkter Ersatz für jedes Shoyu der Rezepte in diesem Buch verwendet werden.

Hinweis: Da Shoyu ein Sojaprodukt ist, achten Sie bitte darauf, Bioqualität zu kaufen, um konventionell angebaute, genmanipulierte Sojabohnen zu meiden und um ein traditionell hergestelltes Produkt zu erhalten.

es ziemlich schwierig, eine Verwendungsmenge zu bestimmen. Deshalb schlage ich vor, Stevia als eine süße Version von Salz zu betrachten: Verwendung nach Geschmack. Obwohl das gemahlene Grün (ganzes Blatt) hervorragend für Tee ist, lässt sich das weiße raffinierte Steviaprodukt (und der flüssige Steviaextrakt) wesentlich vielseitiger verwenden und es schmeckt zudem süßer. Ein Tipp für Steviaeinsteiger: Beginnen Sie mit einem Bruchteil von dem, was Sie denken, dass Sie es brauchen. Stevia ist enorm stark, und sogar ein Krümel wird einen Geschmacksunterschied machen! Viele Leute, die

STEVIA

Stevia ist eine meiner Lieblingsgeheimwaffen in der Küche. Tatsächlich ist der einzige Grund, warum ich es nicht als Superfood bezeichne, der, dass es keinen echten Nährwert enthält … aber das soll nicht heißen, dass es ohne Vorteile für die Gesundheit ist.

Stevia entstammt einem Blatt – einem ganz natürlichen Kraut, das enorm süß auf der Zunge schmeckt, doch keine Kalorien, Kohlenhydrate oder Zucker enthält. Es fühlt sich wie Schummelei an! Einige Menschen können einen Hauch von Bitterkeit in Stevia herausschmecken und man sollte beachten, dass die Art der Süße, die es hinzufügt, keine volle, abgerundete Süße wie die von herkömmlichem Zucker ist. Ich kategorisiere Stevia eher als Aromaverstärkung: Ein Kraut, dass kleine Mengen anderer Süßungsmittel verstärkt, sodass insgesamt weniger Zucker im Rezept verwendet wird. Was für ein Deal!

Da jeder Steviahersteller ein Produkt mit unterschiedlicher Süßkraft auf den Markt bringt, ist

Stevia kann man als süßes Gartenkraut selbst anbauen.

Stevia nicht mögen, weil sie es zu bitter finden, entdecken, dass sie einfach zu viel davon genommen haben, als sie es zum ersten Mal probiert haben. Die Vorteile von Steviasüße sind den Versuch, diese Zutat zu meistern, auf jeden Fall wert.

aber es gibt auch Varianten aus rohem Sesam, die manchmal erhältlich sind (obwohl diese auch deutlich teurer sind). Sowohl die geröstete als auch die rohe Variante können für die Rezepte in diesem Buch verwendet werden.

TAHIN

In vielen Kulturen der Welt ist Tahin, auch bekannt als Sesammus oder -paste, ein Grundnahrungsmittel. Tahin ist wie ein geschmeidiges Mandel- oder Erdnussmus, außer dass es aus calciumreichem Sesam gemacht wird. Tahin liefert Rezepten eine erdige Fülle, die von keiner anderen Zutat zu übertreffen ist. Aufgrund ihrer wachsenden Popularität ist Tahin fast überall verfügbar. Zunächst nur in Reformhäusern, breitete es sich inzwischen bis in reguläre Supermärkte aus (in Europa ist es außerdem seit Langem in türkischen und arabischen Läden zu erhalten, Anm.d.V.). Generell wird Tahin aus gerösteten, sowohl geschälten als auch ungeschälten Sesamsamen hergestellt, die einen vollen Geschmack liefern,

UMEBOSHI-ESSIG

Salzig mit einem Hauch Einzigartigkeit: Denken Sie sich diese besondere Zutat als halb Essig, halb Salz. Umeboshi sind (manche nennen sie Pflaumen, andere Aprikosen) eine japanische Spezialität: unreife, mit Shiso-Blättern (Perilla- oder Sesamblatt) und Meersalz eingelegte Früchte des Ume-Baumes. Werden die Früchte entfernt (sie können ebenfalls zum Kochen verwendet werden), bleibt eine Salzlauge zurück, die ein natürlich fermentierter und wunderbar rosiger Essig voller gesunder organischer Säuren ist. Ume Su oder Umeboshi-Essig gibt Speisen eine so wunderschöne Komplexität, dass er zur Grundausstattung meiner Vorratshaltung gehört; glücklicherweise gehört Umeboshi auch zur Grundausstattung von Naturkostläden.

Yacónknollen

SMARTE KÜCHENTECHNIK

Der ganze Sinn des Kochens mit Super- foods ist immer, so viele Nährstoffe wie möglich aus unserem Essen verwertbar zu machen. Es ist also sinnvoll, neben den Zutaten auch die *Methode* der Zubereitung zu berücksichtigen. Grundsätzlich gilt, dass bei niedrigen Temperaturen Gekochtes – und Rohkost – höhere Nährwerte liefern, vor allem im Bereich der Antioxidantien und Vitamine. Aus dem gleichen Grund braucht man manchmal Nahrungsmittel, die mit größerer Hitze gekocht werden, um ein Gericht zu ergänzen und zu einer geschmackvollen runden Sache zu machen. Die Superfood-Küche richtet den Blick auf die Summe aller Zutaten, und nicht auf einzelne Bestandteile oder ein exklusives Verfahren. Was das köstlichs- te und gesündeste Resultat schafft, das bestimmt, welche Methode angewandt wird. Das vorausge- setzt, gibt es bestimmte Zubereitungsarten, die vorteilhafter sind als andere.

Vom batteriebetriebenen Mehlsieb zum über- großen Reiskocher, Küchen haben ein echtes Talent, überflüssige Accessoires anzuziehen. Und trotz unserer besten Absichten erwartet diese beflissenen Anschaffungen (oder gut gemeinten Geschenke) ein einsames Schicksal in unseren dunkelsten und staubigsten Schränken – für immer dazu bestimmt, uns daran zu erinnern, dass wir so eine richtige Martha Stewart (bekannt als „Amerikas beste Hausfrau", Anm.d.Ü.) … denn auch wieder nicht sind.

Ein guter Koch wird Ihnen sagen, dass Sie in der Realität in der Küche nur wenig mehr als ein paar gute Messer benötigen. Während Minimalismus eine wunderbare Sache ist, hat meine Erfahrung bei der Arbeit mit natürlichen Nahrungsmitteln zur Anschaffung einiger weniger zusätzlicher Geräte geführt, auf die ich mich verlassen kann. Diese Geräte können helfen, Zeit zu sparen, mehr Spaß an der Vorbereitung zu haben, und sie er- möglichen Techniken, die zu einer gesünderen Zubereitung von Speisen führen. Und schließlich gilt, je effizienter die Kücheneinrichtung ist, desto häufiger werden Sie fabelhafte Speisen zubereiten. Vertrauen Sie mir.

DER STANDMIXER, DER ULTIMATIVE ALLZWECKHELD

Wenn Sie nur ein Küchengerät kaufen wollen, sollte es der Mixer sein. Mit einem Mixer können Sie Smoothies, Shakes, Suppen, Soßen, Dips, Eis, Teige und so vieles mehr machen. Hochwer- tige Geräte (oft Hochleistungsmixer genannt) verkürzen die Mixdauer drastisch im Vergleich zu ihren älteren, günstigeren Kollegen und sie liefern die besten Ergebnisse in der Textur – Sie bekommen hier das, wofür Sie bezahlt haben. Allerdings wird jeder Mixer letztlich seine Aufgabe erfüllen, solange Sie bereit sind, gelegentlich etwas mehr Geduld zu investieren, um die Maschine anzuhalten, das Mixgut von den Seiten abzuschaben und ein paar Minuten länger zu mixen, um ein geschmeidiges Ergebnis zu erhalten.

DER KLEINE MIXER FÜR KLEINE PORTIONEN

Ich habe auch immer einen kleinen Mixer für Einzelportionen zur Hand. Dieses Gerät ermöglicht es, kleine Portionen wie Soßen oder Pürees herzustellen, ohne mit einem Spatel in den Tiefen eines großen Mixers herumzustochern, um die Mischung aus dem Mixer zu entnehmen. Von dem Moment an, als ich dieses Gerät mit nach Hause brachte, hatte ich keine Ahnung, wie ich jemals ohne es klargekommen bin – der kleine Mixer ist unverzichtbar. Eine relativ kostengünstige Anschaffung, die nicht nur das Mixen zu einem Kinderspiel macht, sondern zusätzlich auch noch schnell und einfach zu reinigen ist. Lachen Sie über einige dieser kitschigen Werbesendungen für Mixer, wenn Sie wollen, aber sie haben einen berechtigten Platz in einer gesunden Küche. Ich kann Sie nicht oft genug zum Kauf eines kleinen Mixers ermutigen.

(In Europa gibt es außerdem den preisgünstigen Stabmixer. Wunderbar handlich, man mixt in dem gewünschten Behältnis, und alles ist leicht zu reinigen, Anm.d.V.).

DIE KÜCHENMASCHINE, IHR PERSÖNLICHER BEIKOCH

Stellen Sie sich vor, Sie haben Ihren persönlichen Küchenassistenten – bereit zu hacken, schneiden, würfeln, fascieren, raspeln, mixen und in Sekundenschnelle zu verrühren, wann und was immer Sie wollen. Nicht schlecht, oder? Das ist der Food Processor, Ihre Universalküchenmaschine.

Statt sich die Tränen wegzuwischen, während Sie eine weitere Zwiebel schneiden, sind die Küchenmaschinen außergewöhnlich hilfreich beim Vorbereiten von Obst und Gemüse. Salsas, Chutneys, Plätzchen- und Brotteige, hausgemachte Mehle, gehackte Nüsse, Pürees, geriebenes Kompott, Energieriegel und im Grunde alle Mixereien Ihrer Träume sind nur einen Knopfdruck und zehn „Brumm"-Sekunden entfernt. Hochqualitative Küchenmaschinen haben in der Regel mehr Funktionen und halten länger, aber sollte Ihr Budget dafür nicht reichen, wird auch eine Billigmaschine als Ihr Arbeitstier herhalten.

Zeitersparnis bei der Vorbereitung einmal beiseite, einige Rezepte sind speziell auf die Hilfe von Küchenmaschinen angewiesen. Obwohl Sie in manchen Fällen auch einen Hochgeschwindigkeitsmixer verwenden können, wird es vermutlich länger dauern, bis das gewünschte Ergebnis erreicht ist, da Mixer einfach nicht so effizient beim Pürieren dickerer Texturen sind. Das ist den Küchenmaschinen vorbehalten. Eine meiner Lieblingsarten, um die Küchenmaschine zu verwenden, ist Teige für Backwaren (oder Pasta) herzustellen. Die Küchenmaschine ermöglicht die Verbindung von organischer Vollwertkost, wie Getreide, Bohnen oder Trockenfrüchte, zu einem perfekten, geschmeidigen Teig – Sie kreieren köstliche Ergebnisse aus nährstoffreichen vollwertigen Zutaten anstatt aus raffinierten Mehlen und Zucker, die nur leere Kalorien enthalten.

Denken Sie nur: Mit einer Küchenmaschine können Sie eine frische Weltklasse-Salsa in unter zwei Minuten machen oder einen Energieriegel mit all Ihren Lieblingszutaten zum halben Ladenpreis. Muss ich noch mehr sagen?

DER SANFTE DÖRROFEN

Ein Dörrofen ist wirklich schlau. Dieses Gerät erlaubt, dass Gerichte bei sehr niedrigen Temperaturen für längere Zeit „gebacken" werden, ohne zu verbrennen oder anzubrennen. Warme Luft zirkuliert durch die Einlegegitter und entzieht den Lebensmitteln überflüssige Feuchtigkeit ganz langsam im Verlauf von mehreren Stunden. Das Resultat sind leckere Gerichte, die wie gebacken wirken.

Warum aber diesen superlangsamen Umweg gehen? Der erste Grund ist die kulinarische Kreativität: Mit dem Dörrofen kann man innovative natürliche Lebensmittel herstellen: Dörrobst, Sprossentortillas, weiche Kekse, knusprige Saatgutkräcker, mit Früchten gesüßten Kuchen ohne Mehl und vieles mehr. Ein Dörrofen kann sogar eine einzelne Zutat wie eine Banane in die köstlichste natürliche Süßigkeit verwandeln: einen süßen Kaubonbon nach Toffee-Art. Aber Kreativität beiseite, der zweite Nutzen eines Dörrofens ist ein aufregend gesunder. Garen bei niedrigen Temperaturen lässt viele Nährstoffe (wie gesunde Enzyme und natürlich vorkommende Vitamine) bestehen – im Gegensatz zu dem unvermeidlichen Nährstoffverlust, der stattfindet, wenn empfindliche Zutaten großer Hitze ausgesetzt werden.

Zugegeben, ein Dörrofen ist nicht ohne Nachteile. Das vielleicht größte Problem ist, dass dieses Gerät seine liebe Zeit braucht, bis die Speisen gar sind. Je nach Art des Rezepts und der Temperatur müssen einige Speisen bis zu 12 Stunden im Dörrofen verbringen, bis sie gar sind. Und glauben Sie mir: Mit all den köstlichen Düften, die herauswabern, kann die Wartezeit ganz schön hart sein. Das ist nicht das bevorzugte Verfahren für Menschen mit wenig Geduld.

Dehydrierte Nahrungsmittel sind viel feuchtigkeitsempfindlicher als solche, die gekocht wurden, daher kann eine feuchte Umgebung nicht nur die Garzeit beeinflussen, sie kann auch knusprige Kräcker innerhalb eines Tages enttäuschend matschig werden lassen. Dieses Problem kann allerdings leicht vermieden werden, wenn man die Speisen in einem fest schließenden, feuchtigkeitsdichten Behälter aufbewahrt.

Ein Dörrofen ist der am wenigsten wichtige Gegenstand in dieser Liste; es gibt Wochen in meinem Haus, in denen der Dörrofen still und ungenutzt in der Ecke steht. Trotzdem ist dieses Gerät eine Snackmaschine, die in der Lage ist, besonders köstliche und gesunde Naschereien herzustellen, die man sonst zu Hause nicht machen kann. Ein Dörrofen ist für keines der Rezepte in diesem Buch notwendig, kann aber verwendet werden, um einigen Rezepten einen Nährstoffvorteil zu verschaffen.

DIE ÖKOPFANNE, DIE „GRÜNERE" ART ZU BRATEN

Es gab eine Zeit, in der antihaftbeschichtete Pfannen das spannendste Ereignis auf dem Herd waren. Ihre nützliche Oberfläche verschaffte uns

Vorteile wie mehr Freizeit statt Schrubben von Angebranntem mit Stahlwolle, sie ermöglichte auch ein gesünderes Braten, weil man aufgrund ihrer Antihaftbeschichtung weniger Fett brauchte, damit das Essen nicht anhaftete. Eine großartige Idee. Leider haben wir jetzt herausgefunden, dass diese Technologie ihren Preis hat: Die verwendeten Antihaftmaterialien (das berüchtigste ist Teflon, aber es gilt ebenso für antihaftbeschichtete Pfannen im Allgemeinen) enthalten äußerst giftige Chemikalien. Diese Chemikalien enthalten das krebserregende PTFE, das zersetzt und freigegeben wird, wenn die Pfanne erhitzt wird … und während des Kochens in die Speisen gelangen kann. Hier versteht sich von selbst: Es ist keineswegs sicher, diese Pfannen zu verwenden. Da sie zweifellos alle Vorzüge eines gesunden Kochens zunichte machen, sollten sie völlig gemieden werden. Nachdem die Wahrheit über das Antihaftkochgeschirr bekannt wurde, war die Rückkehr zur „normalen" Aluminium- oder gusseisernen Pfanne unvermeidbar, und schon befand sich wieder mehr Öl in unserem Essen. Zum Glück hat jetzt eine Reihe von smartem Kochgeschirr die Szene betreten: die „Ökopfannen". Für diese neuen „grünen" Pfannen verwendet man umweltfreundliche Materialien wie Keramik, um eine Antihaftwirkung zu haben, die nicht nur ein gesünderes, leichteres Kochen ermöglichen, sondern auch als ungiftig und sicher gelten. Einige dieser Pfannen werden sogar aus recycelten Materialien hergestellt.

Wann immer eine „beschichtete Pfanne" in einem Rezept in diesem Buch (oder auch in jedem anderen) genannt wird, versprechen Sie mir, dass Sie eine Ökopfanne verwenden werden. Es gibt viele gute, verfügbare Produkte von Markenherstellern, die Ihr Bestreben nach einem grünen, ungiftigen und gesunden Lebensstil unterstützen!

TEIL DREI

REZEPTE

Dieses Symbol bezeichnet ein Superfood.

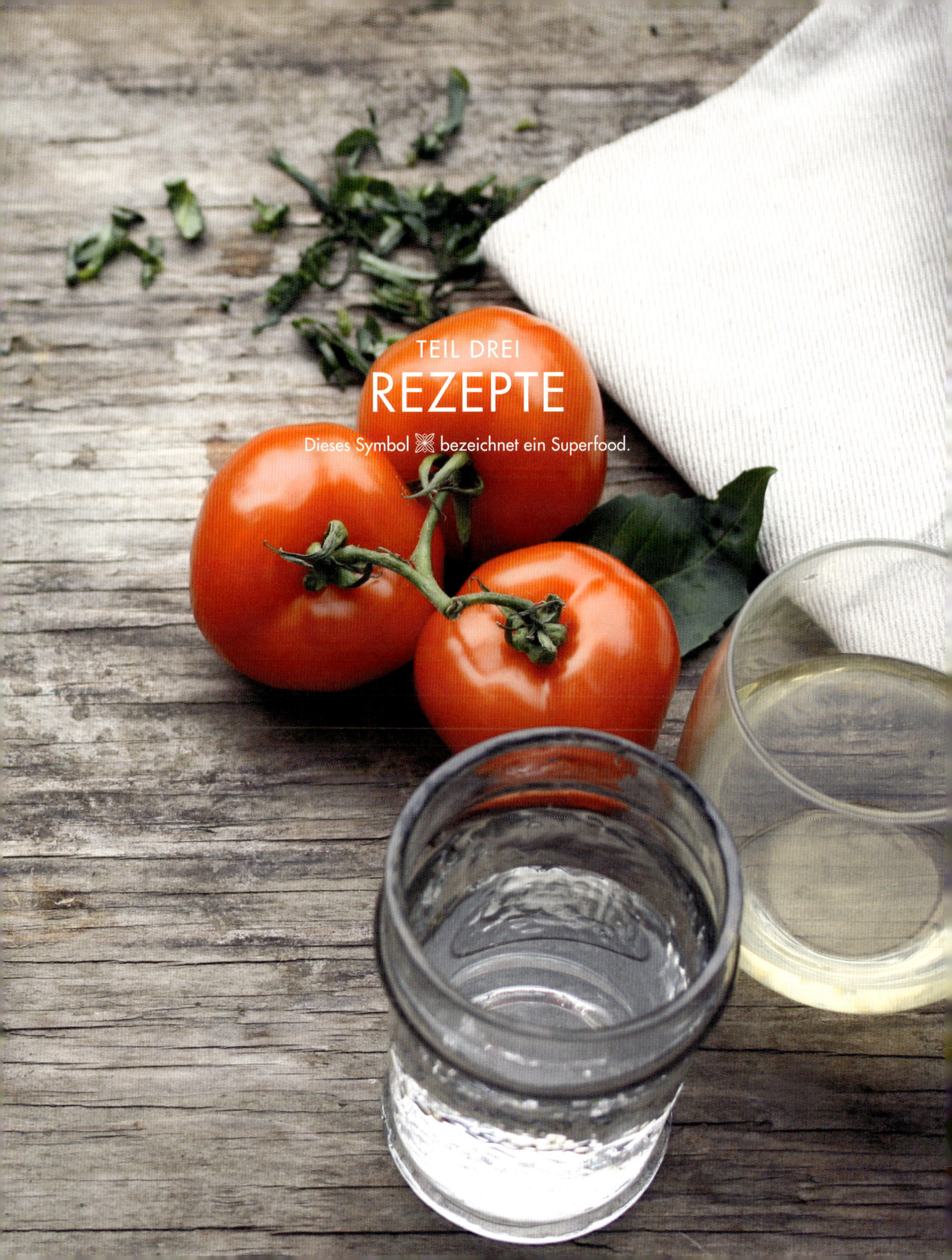

FRÜHSTÜCK

Sie wissen, dass es ein guter Tag wird, wenn Sie gleich morgens mit einem Superfood starten. Ein nährstoffreiches Frühstück ist mehr als ein trickreiches Marketingschlagwort auf einer Cornflakespackung – es liefert die grundlegende Basis für den Energielevel des Tages. Wenn Sie sich für nur eine Superfood-Mahlzeit täglich entscheiden wollen, sollte dem Frühstück diese Ehre zuteil werden.

Sie werden feststellen, dass es die perfekte Gelegenheit ist, sich süße Beeren und leckere Supersamen einzuverleiben und vielleicht auch eine Prise von großartigen Superfoods in Pulverform wie Maca oder Acaibeere.

BANANEN-SAATEN-BROT

ERGIBT 1 LAIB

Beim Backen dieser besonderen süßen Leckerei füllt sich das gesamte Haus mit dem verführerischen Duft eines süßen Bananentraums. „Geheime Zutaten" – wie Leinsamen und Hanf – liefern zusätzliche Ballaststoffe, Eiweiß und die unschätzbaren essentiellen Fettsäuren. Außerdem helfen Süßungsmittel mit niedrigem glykämischem Index wie Kokoszucker, Agavendicksaft und Lucumapulver dabei, aus einem traditionellen Rezept eine verbesserte Variante zu machen! Doch seien Sie gewarnt: Es schmeckt am nächsten Tag sogar noch köstlicher!

3 EL Leinsamenpulver

⅓ Tasse Mandelmilch, ungesüßt

1½ Tasse Weizenvollkornmehl*

¼ Tasse Lucumapulver

1 EL Mesquitepulver

1 TL Natron

1 EL Backpulver (Hinweis zu Backpulver Seite 89)

¾ TL Meersalz

¼ Tasse zerlassenes Kokosöl plus ein wenig zum Einfetten der Backform

⅔ Tasse Kokoszucker plus 1 EL

2 EL Agavendicksaft

½ TL Kokosnuss-Extrakt (optional)

1½ Tassen sehr reife Bananen, zerdrückt (etwa 3–4 Bananen)

½ Tasse Hanfsamen

*Sollten Sie kein Gluten vertragen, können Sie auch glutenfreies Mehl verwenden.

Heizen Sie den Ofen auf 175 °C vor und fetten Sie die Kastenform (25 cm) mit etwas Kokosöl ein.

Mischen Sie das Leinsamenpulver mit der Mandelmilch in einer Tasse, dann das Gemisch 5 – 10 Minuten stehen lassen, bis ein dickflüssiges „Gel" entstanden ist.

Mehl, Lucumapulver, Mesquitepulver, Natron, Backpulver und Salz in eine mittelgroße Schüssel geben und alles vermischen. In einer großen Schüssel das Kokosöl, die ⅔ Tasse Kokoszucker, die Leinsamen-Mandelmilch, den Agavendicksaft, das Kokosnuss-Extrakt und die zerdrückten Bananen so lange verrühren, bis eine gleichmäßige Masse entstanden ist. Dann die trockenen Zutaten hinzufügen und wieder alles zu einer gleichmäßigen Masse vermischen. Heben Sie die Hanfsamen unter.

Den Teig in die gefettete Backform füllen. Bestreuen Sie den Laib mit dem verbliebenen Esslöffel Kokoszucker. Das Brot für 45 – 50 Minuten backen, bis die Oberfläche leicht gebräunt ist und nach der Probe mit einem Stäbchen kein Teig mehr anklebt. Nach dem Backen das Brot auf einem Rost auskühlen lassen. Wenn es kalt ist, wickeln Sie es in Frischhaltefolie. So hält es sich etwa eine Woche. Oder Sie servieren es gleich.

Serviervorschlag: Genießen Sie das Brot mit etwas buttrigem Aufstrich (Seite 192) und Acaibeeren-Marmelade (Seite 102).

CHIA UND LEINSAMEN ALS „EI-ERSATZ" BEIM BACKEN

Leinsamen- und Chiasamenpulver sind extrem hilfreiche Backhilfsmittel. Aufgrund ihres hohen natürlichen Gehalts an Schleimstoffen bilden sie schnell eine Art Gel, wenn sie eingeweicht werden. Ihre Konsistenz ist der eines rohen Eies sehr ähnlich. Obwohl dieses „Gel" nicht aufgeht wie ein gebackenes Ei, eignet es sich dennoch hervorragend für Back-rezepte. Solange das Rezept andere Zutaten enthält, die beim Aufgehen helfen, kann diese vorteilhafte Supersaaten-Eigenschaft anstelle von rohen Eiern gut genutzt werden.

DAS ÄQUIVALENT FÜR ZWEI EIER:

Verrühren Sie 2 Esslöffel gemahlene Leinsamen- oder Chiasamenpulver mit ⅓ Tasse Wasser oder Nussmilch (siehe Seite 256). Nach 5 – 10 Minuten dann noch einmal umrühren. Fertig zur Weiterverarbeitung.

GROSSE BEEREN-MUFFINS

ERGIBT 12 MUFFINS

*Mit diesen fettarmen Muffins gehen wir aufs Äußerste, denn sie enthalten so viele Beeren wie nur möglich.
Die Vielfalt an Beeren – wie Brombeeren, Himbeeren, Blaubeeren und klein geschnittene Erdbeeren –
liefert mehr als nur eine große Auswahl an Nährstoffen, es macht auch ungeheuer viel Spaß, sie zu essen …
es schmeckt wie eine Schatzsuche mit köstlichen, fruchtigen Überraschungen.*

1¾ Tassen Weizenvollkornmehl*

2 TL Backpulver

½ TL Natron

½ TL Meersalz

½ Tasse Cashewmilch (Seite 256)
oder eine fertig gekaufte
Nussmilch nach Wahl

½ Tasse Apfelmus

⅓ Tasse Ahornsirup

2 EL zerlassenes Kokosöl

1 TL Biozitronenschale, frisch
gerieben

1½ Tassen frische gemischte
Beeren (Brombeeren, Blaubeeren,
Himbeeren usw.)

1 EL Kokoszucker

*Sollten Sie kein Gluten vertragen,
können Sie auch glutenfreies Mehl
verwenden.

Den Ofen auf 175 °C vorheizen. Ein Muffinblech (für 12 Muffins)
mit Papierförmchen auslegen oder das Blech leicht mit Kokosöl
einfetten.

Mehl, Backpulver, Natron und Salz in eine große Schüssel geben
und alles gut vermischen. Die Nussmilch, das Apfelmus, den Ahornsirup, das Kokosöl und die geriebene Zitronenschale in eine kleinere
Schüssel geben und alles verquirlen. Vermischen Sie nun die flüssigen
mit den trockenen Zutaten. Der Teig wird etwas klumpig sein, aber
rühren sie dennoch nicht zu lange, da die Muffins sonst zu fest werden.
Heben Sie vorsichtig die Beeren unter den Teig und verteilen Sie ihn
gleichmäßig mit einem Löffel auf die 12 Förmchen. Bestreuen Sie
jeden Muffin mit einem Hauch Kokoszucker. Die Muffins für 25 – 30
Minuten backen, bis die Muffins eine goldbraune Farbe haben und
bei der Probe am Zahnstocher keine Teigreste mehr kleben. Lassen Sie
die Muffins vor dem Servieren etwas auskühlen.

PHYSALIS-PFANNKUCHEN

ERGIBT 8 MITTELGROSSE PFANNKUCHEN

„Goldenberry" wie die sonnig-gelbe Physalis oder Kapstachelbeere in den USA genannt wird, klingt nach einem sonnigen Morgen und macht Lust auf Wachwerden und Frühstück. Hier wird die süß-herbe Frucht mit dem spritzigen Aroma der Orange kombiniert, um einen leichten und lockeren Spezialpfannkuchen zu kreieren. Die clevere Zusammenstellung der Zutaten (ganz ohne weißes Mehl!) verwandelt die sonst leeren Kalorien in solche mit Qualität. Wenn in Ihrem Haus der Ruf nach Pfannkuchen erklingt, dann probieren Sie diese geschmackvollen braven Kerle.

1 Tasse Weizenvollkornmehl*

½ TL Natron

2 TL Backpulver

1 Prise Meersalz

1 Tasse frischen Orangensaft

½ TL Bioorangenschale,
   frisch gerieben

1 TL Vanille-Extrakt

1 EL Ahornsirup

2 EL zerlassenes Kokosfett plus Fett
   für die Pfanne

⅓ Tasse Physalis, getrocknet, oder
   ⅔ Tasse Physalis, frisch

Ahornsirup zum Servieren

*Sollten Sie kein Gluten vertragen, können Sie auch glutenfreies Mehl verwenden.

In einer mittelgroßen Schüssel Mehl, Natron, Backpulver und Salz vermischen. In einem Mixer verrühren Sie Orangensaft, geriebene Orangenschale, Vanille, Ahornsirup und 2 Esslöffel Kokosöl. (Der Mixer sorgt dafür, dass das Kokosöl sich gleichmäßig mit der Flüssigkeit vermischt, um einen fluffigen Pfannkuchen zu erhalten). Nun die trockenen Zutaten in den Mixer füllen und für einen kurzen Augenblick mixen, bis der Teig einheitlich ist (mixen Sie aber nicht zu lange). Heben Sie nun die Physalis per Hand unter.

Eine Pfanne bei mittlerer Hitze erwärmen und dünn mit Kokosöl bepinseln. Für einen Pfannkuchen etwa ¼ Tasse Teig in die Pfanne geben, mit der Rückseite eines Löffels den Teig schnell vorsichtig verstreichen und glätten. Den Pfannkuchen so lange backen, bis sich Blasen bilden und an der Oberfläche zerplatzen, dann wenden Sie den Pfannkuchen und backen ihn fertig, bis er goldbraun ist.
Serviervorschlag: Bestreichen Sie die Pfannkuchen mit Ahornsirup oder einem buttrigen Aufstrich (Seite 192).

SUPERFOOD-TIPP

Es gibt Backpulver, die Aluminiumphosphate enthalten, die potenziell giftig sein können. Achten Sie beim Kauf darauf, dass die Marke „aluminiumfrei" ist (z. B. Weinsteinbackpulver aus dem Bioladen) – so vermeiden Sie das Risiko.

ZITRONEN-KOKOS-FRÜHSTÜCKSRIEGEL

ERGIBT 16 QUADRATE VON 5 x 5 CM

Eine gute Wahl sind Frühstücksriegel mit einer Kombination aus einfachen Zuckern für schnelle Energie, komplexen Kohlenhydraten für langanhaltende Energie und ein bisschen gesundem Fett, um den morgendlichen Hunger geschickt zu überwinden. Diese süße, zitronige Leckerei ist die ideale „weiße Leinwand" für eine schöne Sammlung natürlicher Zutaten wie Chiasamen, Datteln, Hafer und Kokosnuss.

1½ EL Chiasamen

3 EL Biozitronensaft, frisch gepresst

1 Tasse Hafermehl*

½ TL Backpulver

1 Prise Meersalz

¾ Tasse Kokosnussraspel plus 2 EL

2 EL Biozitronenschale, frisch gerieben

2 EL zerlassenes Kokosöl

2 EL Apfelmus

¼ Tasse Ahornsirup oder Agavendicksaft

½ Tasse weiche Datteln (etwa 5 oder 6), ohne Kern

*Sollten Sie kein Gluten vertragen, können Sie auch glutenfreies Mehl verwenden. Erhältlich in Bioläden, gut sortierten Supermärkten oder online.

Heizen Sie den Ofen auf 150 °C vor. Ein etwa 20 x 20 cm großes Blech leicht einfetten.

In einer kleinen Schlüssel die Chiasamen und den Zitronensaft verrühren. Das Gemisch für 20 Minuten beiseite stellen, damit die Chiasamen einweichen und sich vollsaugen können. Nach der Hälfte der Zeit umrühren.

In der Zwischenzeit in einer Schüssel Hafermehl, Backpulver, Salz und die ¾ Tasse Kokosraspel vermischen. Die Zitronenschale einstreuen und alles noch einmal durchrühren. In einer separaten Schüssel Kokosöl, Apfelmus und Ahornsirup oder Agavendicksaft vermischen. Die eingeweichten Chiasamen unterrühren. Die entkernten Datteln ganz fein hacken und mit den feuchten Zutaten vermischen. Nun die feuchten Zutaten zu den trockenen geben und gut verrühren, bis eine einheitliche Masse entstanden ist. Die Mischung auf das vorbereitete Blech geben und mit einem Küchenspatel die Oberfläche glatt streichen. Bestreuen Sie die Mischung mit den übrigen 2 Esslöffeln Kokosraspeln und drücken Sie sie leicht an.

Für 25 – 28 Minuten backen, bis die Ecken goldbraun werden. Den Fladen in 12 – 16 Quadrate schneiden, solange er noch warm ist.

SCHOKOLADEN-ENERGIERIEGEL

ERGIBT 8 RIEGEL

Der beste Snack „to go"! Und bei dieser Energiezufuhr werden Sie gehen und gehen und … Die günstige Nährstoffzusammensetzung hat diese köstlichen Riegel zu einem Grundnahrungsmittel in meiner Küchen gemacht – ich verdopple die Menge, wickele sie ein und packe sie in das Gefrierfach, bis ich dringend etwas zwischen die Zähne bekommen muss, wenn ich auf dem Sprung bin. Außerdem sind die gesunden Riegel eine wunderbare Ausrede, um Schokolade zu jeder Tageszeit genießen zu können (ja, sogar zum Frühstück).

1 ½ Tassen weiche Datteln (15 – 16), ohne Kern

¼ Tasse rohe Mandeln

¼ Tasse Cashewkerne, roh

¼ Tasse Kakaopulver, ungeröstet

3 EL Kakaobohnensplitter

6 EL Hanfsamen

1 EL Chiasamen

2 TL Macapulver

1 TL Mesquitepulver (optional, verstärkt den Geschmack)

2 EL rohe Nüsse/Samen Ihrer Wahl

¼ Tasse getrocknete Früchte (Ihre Lieblingsfrüchte)

SUPERFOOD-TIPP
Probieren Sie weitere Variationen aus, indem Sie verschiedene Arten von Nüssen und Samen verwenden (wie Sacha Inchi oder Macadamianüsse) und unterschiedliche getrocknete Früchte (wie Gojibeeren, getrocknete Kirschen oder getrocknete Blaubeeren).

Zerkleinern Sie alle Zutaten, mit Ausnahme der letzten 2 Esslöffel Nüsse und der ¼ Tasse getrocknete Früchte, zusammen in einer Küchenmaschine, bis ein grober Teig entsteht (dieser Prozess kann einige Minuten dauern). Die Maschine anhalten und die Konsistenz prüfen: Kneifen Sie den Teig mit zwei Fingern und stellen Sie sicher, dass er problemlos zusammenklebt, damit Ihre Riegel später nicht zerkrümeln. Wenn der Teig zu trocken ist, kleine Mengen von Wasser hinzufügen – nicht mehr als ½ Teelöffel auf einmal – und dann wieder mixen und dies so lange, bis die gewünschte Konsistenz erreicht ist. Die übrigen 2 Esslöffel Nüsse/Samen und getrockneten Früchte hinzufügen und die Mixertaste mehrere Mal nur kurz betätigen, bis die Nüsse und Früchte grob gehackt sind, um den Riegeln eine schöne knackige Konsistenz zu geben.

Einen großen Bogen Frischhaltefolie auf einer glatten Fläche auslegen und den Teig darauf legen. Formen Sie einen festen Klumpen in der Mitte, dann schlagen Sie die Seiten der Folie um den Teig und wickeln ihn so fest wie möglich ein. Formen Sie durch Pressen, Kneten und Stampfen einen kompakten 2,5 cm dicken Quader.

Wenn der Teig fest ist, die Folie entfernen und ihn in 8 Riegel schneiden. (Für besonders präzises Schneiden können Sie den Teig für 30 Minuten ins Gefrierfach legen.) Wickeln Sie den Teig in Folie und lagern Sie ihn im Gefrierschrank.

Variante: Fügen Sie Hanfprotein, 1 Teelöffel gefriergetrocknetes Weizengraspulver oder ein wenig Chlorella hinzu, wenn Sie den Anteil an Eiweißen und Mikronährstoffen noch weiter erhöhen möchten.

DER ULTIMATIVE ENERGIERIEGEL

ERGIBT 8 – 10 RIEGEL

Energieriegel, ebenso wie Smoothies, sind eine perfekte Möglichkeit, mit den konzentrierten Nährstoffen der Superfoods neue Kräfte zu tanken. Vollgepackt mit Superfoods, wertvollen Nüssen und besonderen Saaten ist dieser Riegel ein weiterer großartiger „Unterwegs-Snack" oder ein Frühstück, um das man Sie beneiden wird.

- 1 Tasse Maulbeeren, getrocknet
- ½ Tasse Gojibeeren, getrocknet
- ½ Tasse Physalis, getrocknet, oder 1 Tasse Physalis, frisch
- 2 EL rohe Kakaobohnensplitter
- ½ Tasse Cashewkerne, roh
- 1 Tasse rohe Walnüsse, gehackt
- 1 Tasse weiche Datteln (10 – 11), ohne Kern, gehackt
- ½ Tasse Sacha Inchi, geröstet, gehackt (optional)

SUPERFOOD-TIPP

Wickeln Sie die Riegel in Frischhaltefolie ein (einzeln für unterwegs oder alle zusammen für eine umweltfreundlichere Lagerung) und bewahren Sie sie für längere Haltbarkeit im Gefrierfach auf.

Zerkleinern Sie alle Zutaten, mit Ausnahme der Sacha Inchi, zusammen in einer Küchenmaschine, bis ein grober Teig entsteht (dieser Prozess kann einige Minuten dauern). Halten Sie die Maschine an und prüfen Sie die Konsistenz: Nehmen Sie den Teig zwischen zwei Finger und stellen Sie sicher, dass er problemlos zusammenklebt, damit Ihre Riegel später nicht zerkrümeln. Wenn der Teig zu trocken ist, fügen Sie in kleinen Mengen Wasser hinzu – etwa ½ Teelöffel auf einmal – und mixen Sie wieder, bis die gewünschte Konsistenz erreicht ist.

Legen Sie einen großen Bogen Frischhaltefolie auf einer glatten Fläche aus und geben Sie den Teig darauf. Formen Sie einen festen Klumpen in der Mitte und bestreuen Sie ihn mit den Sacha Inchi. Ziehen Sie die Seiten der Folie über den Teig, und wickeln Sie ihn so fest wie möglich ein und formen Sie durch Pressen und Stampfen einen kompakten 2,5 cm dicken Quader. Wenn Sie etwas geformt haben, was wie ein sehr großer Energieriegel aussieht, entfernen Sie die Folie und schneiden ihn in 8 – 10 einzelne Riegel.

HEISSES QUINOA-MÜSLI

ERGIBT 1 PORTION

Gewalzte Quinoaflocken sind die proteinreiche, glutenfreie und mineralstoffreiche (und definitiv begehrenswerte) Antwort auf Haferflocken. Wärmen Sie sich mit diesem superschnellen Rezept auf und seien Sie kreativ bei der Auswahl Ihrer Lieblings-Superfood-Zutaten, wie gehackte oder getrocknete Yacónstücke, getrocknete Gojibeeren, getrocknete Maulbeeren oder Kokoszucker mit Zimt. Doch auch pur gehört dieses Rezept zu meinen Lieblingsfrühstücken.

1 Tasse Mandelmilch oder
   Hanfmilch, ungesüßt (Seite 256)

✳ ⅓ Tasse Quinoaflocken

1 Prise Salz

✳ Superfoods Ihrer Wahl zum Bestreuen

Die Mandel- oder Hanfmilch in einem mittelgroßen Topf zum Kochen bringen. Quinoaflocken und Salz hinzufügen und umrühren. Schalten Sie den Herd aus und lassen Sie die Flocken 3 Minuten lang ziehen, damit sie gar werden. Servieren Sie anschließend die Quinoaflocken mit Ihren Lieblingssuperfoods.

PROTEIN-QUINOA-MÜSLI

ERGIBT 1 PORTION

Dies ist eine Mischung, die ich gerne an Tagen zubereite, an denen ich etwas mehr „Schwung" brauche. Da das Hanfprotein Chlorophyll enthält, weist diese Kombination eine nicht besonders schöne Grünfärbung auf, – und ich will nicht lügen – es ist das hässliche Entlein der Frühstückswelt. Dennoch überzeugen der leckere Geschmack und die Meganährstoffe auf ganzer Linie – sie liefern lang anhaltende Energie für Stunden.

1 Portion Heißes Quinoa-Müsli
   (wie oben beschrieben)

✳ 1 EL Hanfproteinpulver (oder auch
   mehr, wenn Sie mögen!)

✳ 1 TL Macapulver

½ EL Mandelmus

½ Banane, in Scheiben geschnitten

Ahornsirup zum Beträufeln

Quinoaflocken wie oben beschrieben zubereiten. Wenn das Müsli warm und fertig ist, das Hanfpulver, das Macapulver, die Mandelbutter und die Bananenscheiben zugeben und gut umrühren. Beträufeln Sie die fertige Speise vor dem Servieren mit etwas Ahornsirup, wenn Sie mögen.

BANANEN-HANF-KNUSPERMÜSLI

ERGIBT ETWA 8 TASSEN

*Genießen Sie aromatische Bananen und Hanfsamen mit diesem außergewöhnlichen Knuspermüsli.
Wenn eine frische Ladung herumsteht, kann ich ernsthaft nicht aufhören zu essen …
und wenn Sie die Zutatenliste geprüft haben, werden Sie sehen, dass das mehr als in Ordnung ist.*

¾ Tasse sehr reife Bananen
(etwa 2 Bananen), zerdrückt

⅔ Tasse weiche Datteln
(etwa 6 – 7), ohne Kern

1 EL Vanille-Extrakt

¼ TL Meersalz

¼ Tasse weiche Mandelbutter

3 Tassen Haferflocken*

½ Tasse Hanfsamen

*Für ein glutenfreies Müsli verwenden Sie glutenfreie Haferflocken.

Heizen Sie den Ofen auf 150 °C vor. Legen Sie ein Backblech mit Backpapier aus und stellen Sie es beiseite.

Die zerdrückten Bananen, Datteln, Vanille-Extrakt und Salz in einen kleinen Mixer oder eine Küchenmaschine geben. Alles so glatt wie möglich pürieren, sodass sich die Datteln mit den Bananen vermischen. Halten Sie die Maschine an, fügen Sie das Mandelmus hinzu und mixen Sie noch einmal kurz durch.

In einer großen Schüssel die Haferflocken und die Hanfsamen vermischen. Geben Sie den Bananenmix dazu und mischen Sie alles so lange, bis die Haferflocken mit der Bananenmasse überzogen sind. Die Masse gleichmäßig auf dem vorbereiteten Backblech verteilen, in den Ofen schieben und eine Eieruhr auf 30 Minuten stellen. Nach einer halben Stunden nehmen Sie das Müsli aus dem Ofen und wenden und vermischen es mit einem Küchenspatel; zerbrechen Sie größere Klumpen, damit das Müsli gleichmäßig gebacken wird. Das Müsli zurück in den Ofen schieben und für weitere 20 – 30 Minuten backen, bis das Müsli goldbraun ist. (Die Gesamtbackzeit beträgt 50 – 60 Minuten.) Nachdem Sie das Blech aus dem Ofen genommen haben, lassen Sie das Müsli auf Raumtemperatur abkühlen, bevor Sie es in einen Behälter zur Aufbewahrung umfüllen.

Serviervorschlag: Servieren Sie das Müsli mit Mandelmilch, frischen Bananen oder Erdbeeren und rohen Kakaobohnensplittern.

ZIMT-MANDEL-KNUSPERMÜSLI MIT MAULBEEREN

ERGIBT ETWA 6 TASSEN

Eigentlich ist der himmlische Duft dieses Müslis beim Backen schon allein Grund genug, es zuzubereiten. Aber warten Sie nur, bis Sie es gekostet haben. Knuspriger, großartiger Geschmack und weniger Fett als herkömmliche Crunchy-Müslis machen diese Mischung zu einem perfekten Frühstück, einem Snack oder einer herrlichen Zugabe zum Parfait. Ich bereite gern gleich die doppelte Menge dieser wohlschmeckenden Mischung zu und bewahre sie in einem großen Glas auf dem Tresen auf, um mir tagsüber immer wieder eine Handvoll zu stibitzen. Das Backen bei niedriger Temperatur verhindert nicht nur, dass das Müsli anbrennt, es schützt auch die gesunden Fette der essentiellen Fettsäuren in den Lein- und Chiasamen.

3 Tassen Haferflocken*

½ Tasse rohe Mandeln, gehackt

✳ 3 EL Leinsamenpulver

✳ 3 EL Chiasamen

1 TL Zimt

¼ TL Meersalz

1 Tasse Apfelmus

⅓ Tasse Kokoszucker

1 EL Vanille-Extrakt

1 TL Mandelaroma (optional)

½ EL zerlassenes Kokosöl

✳ 1 Tasse Maulbeeren, getrocknet

Für ein glutenfreies Müsli verwenden Sie glutenfreie Haferflocken.

Heizen Sie den Ofen auf 150 °C vor. Legen Sie ein Backblech mit Backpapier aus und stellen Sie es beiseite.

In einer großen Schüssel Haferflocken, Mandeln, Lein- und Chiasamen, Zimt und Salz gut vermischen. In einer weiteren, kleineren Schüssel Apfelmus, Kokoszucker, Vanille-Extrakt, Mandelaroma (wenn Sie es verwenden) und Kokosöl vermischen. Nun die flüssige Mischung zu der trockenen geben und so lange rühren, bis sich alles verbunden hat.

Die Masse gleichmäßig auf dem vorbereiteten Backblech verteilen, in den Ofen schieben und eine Eieruhr auf 30 Minuten stellen. Nach einer halben Stunde nehmen Sie das Müsli aus dem Ofen und wenden und vermischen es mit einem Küchenspatel; zerbrechen Sie mit der Spatelecke oder einem stumpfen Messer größere Klumpen, um sicherzustellen, dass das Müsli gleichmäßig gebacken wird. Das Müsli zurück in den Ofen schieben und für weitere 20 – 30 Minuten backen, bis das Müsli goldbraun ist. (Die Gesamtbackzeit beträgt 50 – 60 Minuten.) Nachdem Sie das Blech aus dem Ofen genommen haben, mischen Sie sofort die Maulbeeren unter. Lassen Sie das Müsli komplett auskühlen, bevor Sie es in einen luftdichten Behälter umfüllen.

WÜRZIGER CHIA-PORRIDGE

Als alter Begriff der Maya für „Kraft/Stärke" ist Chia schon seit Langem als Nahrung für nachhaltige Energie bekannt. Da kann es nicht überraschen, dass dieses sättigende Frühstücksrezept der ideale energiereiche Morgenkraftstoff ist … und gewöhnlichem Hafer-Porridge eine harte Konkurrenz ist. Wenn Chiasamen in Flüssigkeit eingeweicht werden, verwandeln sie sich in einen dicken Brei, den man bereits am Abend vorher ansetzen kann. So ist er am Morgen schnell zur Hand. Sie können auch die Varianten für Eilige ausprobieren, um zu sofortigen Chia-Freuden zu gelangen.

2½ Tassen Wasser

⅔ Tasse weiche Datteln,
   (6 – 7) ohne Kern

¼ Tasse Cashewkerne, roh

¼ Tasse Hanfsamen

½ TL Kürbiskuchengewürz oder Zimt

⅓ Tasse Chiasamen

¼ Tasse Maulbeeren, getrocknet

3 EL Gojibeeren, getrocknet

frisches Obst zum Garnieren

SUPERFOOD-TIPP

Für den ultimativen Zusatz-Energieschub verwenden Sie aufgebrühten Yerba-Mate oder Grünen Tee anstatt Wasser.

---

*Für ein glutenfreies Müsli verwenden Sie glutenfreie Haferflocken.

Wasser, Datteln, Cashewkerne, Hanfsamen und das Kürbiskuchengewürz oder Zimt in einen Mixer geben und so lange mixen, bis eine geschmeidige „Milch" entsteht. Die Flüssigkeit in eine große Schüssel gießen und die Chiasamen unterrühren. Lassen Sie die Flüssigkeit für 10 Minuten stehen, damit die Samen quellen können. Dann rühren Sie das Ganze noch einmal um und lassen es für weitere 10 Minuten ruhen. Jetzt können Sie die Maulbeeren und Gojibeeren unterrühren. Die Schüssel über Nacht in den Kühlschrank stellen. Am nächsten Morgen entnehmen Sie für Ihren Frühstücksbedarf einige Löffel des Breis. Servieren Sie den Porridge mit frischen klein geschnittenen Bananen oder Beeren. Der Porridge hält sich im Kühlschrank einige Tage.

Schnellere Variante für Eilige: Verwenden Sie 1½ Tassen gekaufte ungesüßte Mandelmilch anstatt des obigen Mix. In einer mittelgroßen Schüssel Mandelmilch, Kürbiskuchengewürz oder Zimt und das gewünschte Süßungsmittel (wie Stevia, Kokoszucker, Agavendicksaft oder Ahornsirup) nach Geschmack vermischen. Die Chiasamen einrühren. Für 10 Minuten ziehen lassen, erneut umrühren und für weitere 10 Minuten stehen lassen. Ein paar Löffel in eine Servierschüssel füllen und weiter wie oben.

Heiße Instantvariante: Milch, Gewürze und Süßungsmittel in einem Topf bei mittlerer Hitze verrühren. Chiasamen, 2 Esslöffel Hanfsamen und ½ Tasse Haferflocken* hineingeben und gut umrühren. 2 Minuten lang köcheln lassen, dann die Trockenbeeren dazugeben und vom Herd nehmen. Für 2 – 3 Minuten ziehen lassen, damit Hafer und Chiasamen quellen können.

MANGO-BEEREN-PARFAIT

ERGIBT ETWA 4 PORTIONEN ODER 1 LITER

*Wenn es aufgeschlagen ist, erinnert mich dieses Mango-Püree an einen leichten fruchtigen Joghurt.
Es ist geschmeidig und sexy und superschnell zubereitet. Sie können das Parfait als Teil eines gemütlichen
Brunchs am Wochenende genießen oder es in einem Behälter als gesunden Snack mit zur Arbeit nehmen.*

⅔ Tasse Wasser

⅔ Tasse rohe Cashewkerne

¼ Tasse frischer Limettensaft

2 TL Agavendicksaft oder
   1 Prise Stevia

2 Mangos, geschält, entkernt und
   gewürfelt

2 Tassen Himbeeren, Brombeeren,
   Blaubeeren oder Erdbeeren

Wasser, Cashewkerne, Limettensaft und Agavendicksaft (oder Stevia) in einem Mixer zu einer sehr geschmeidigen Creme pürieren. Die Mango hinzufügen und alles zu einer luftigen Creme aufschlagen. Geben Sie einen großen Klecks in eine Schale und garnieren Sie das Parfait großzügig mit frischen Beeren.

Variation: Mischen Sie 2 Esslöffel Acai- oder Maquipulver für eine Extraportion Antioxidantien unter. Zum Garnieren eignet sich Knuspermüsli hervorragend.

SUPERFOOD-TIPP

Falls sich die Cashewkerne partout nicht mit dem Wasser verbinden wollen, lassen Sie die Mischung für 1 Stunde stehen. So können die Cashewkerne das Wasser aufnehmen, sie werden weicher und lassen sich problemlos zu einer Creme schlagen.

ACAIBEEREN-SCHALE

ERGIBT 1 PORTION

Als mein Freund von einem Trip nach Brasilien zurückkam und vom täglichen Acai-Frühstück schwärmte, wusste ich, dass mein Frühstück ein „Upgrade" brauchte. Die folgende einfache Interpretation brasilianischer Superfood-Kost ist ein Wohlfühlweg, um in den Tag zu starten. Stellen Sie sich einen dicken, an Antioxidantien reichen Smoothie vor, den Sie auslöffeln können.

1 Handvoll „Gefrorene Bananen"
(etwa 1 Banane; siehe Kasten)

2 EL Acaipulver

¼ Tasse Mandelmilch, ungesüßt

1 Prise Stevia, nach Geschmack
(oder 1 EL Ahornsirup)

Knuspermüsli (Seite 96–97, optional)

frisches Obst (optional)

Die gefrorene Banane, das Acaipulver, die Mandelmilch und das Süßungsmittel in einem Mixer zu einer dicken, geschmeidigen Creme pürieren. Dann die Creme in eine Schüssel geben, und wenn Sie mögen, mit Müsli und Früchten bestreuen oder einfach pur genießen.

DAS EINMALEINS DER GEFRORENEN BANANEN

Gefrorene Bananen sind ein Grundnahrungsmittel in der Superfood-Küche, sie erfüllen gleich zwei Zwecke. Erstens verleihen sie den gemixten Speisen eine frostige eiscremeähnliche Konsistenz (der neue beste Freund Ihrer Smoothies), anders als die Verwendung von frischen Bananen. Und zweitens ist das ein guter Weg, überreife Bananen zu retten. Hier werden Sie in fünf Schritten zum Profi für gefrorene Bananen:

EINS: Für beste Ergebnisse nehmen Sie die reifsten Bananen. Braun ist gut!

ZWEI: Die Bananen vor dem Einfrieren immer schälen.

DREI: Schneiden Sie die Bananen vor dem Einfrieren in Scheiben. Ihr Mixer wird es Ihnen später danken.

VIER: Füllen Sie die Bananen in einen großen Gefrierbeutel mit Reissverschluss, breiten Sie die Bananenscheiben im Beutel vor dem Gefrieren flach aus, so können Sie immer einzelne gefrorene Portionen entnehmen (ohne Ausbreiten der Bananenscheiben = ein gefrorener Bananenklumpen).

FÜNF: Als allgemeiner Richtwert gilt: Eine große Handvoll gefrorene Bananenscheiben entspricht etwa einer Banane.

ACAIBEEREN-MARMELADE

Diese Marmelade ist voll von Nährstoffen, enthält wenig Zucker, aber viele Superfoods und ist roh gerührt. Mit zwei Superfoods-Stars – Acai und Chia – ist sie eine fantastische Möglichkeit, um zusätzliche Antioxidantien, essentielle Fettsäuren und lebensnotwendige Mikronährstoffe in jeder Art von Ernährung unterzubringen. Das sanfte Aroma der Acaibeere ergibt eine milde Marmelade, die so vielseitig wie köstlich ist. Für einen stärkeren Geschmack rühren Sie ¼ Tasse frische Beeren (zum Beispiel Himbeeren oder Brombeeren) vor dem Servieren unter. Essen Sie die Marmelade mit Brot oder Muffins, dekorieren Sie Desserts damit oder gönnen Sie sich einen Löffel zwischendurch. Ohne schlechtes Gewissen!

- 2½ EL Chiasamen
- ½ Tasse Apfelsaft (am besten frisch)
- 2 EL Acaipulver
- 2 EL Ahornsirup
- 1 EL Biozitronensaft, frisch gepresst
- ¼ Tasse verschiedene Beeren, Himbeeren usw. (optional)

SUPERFOOD-TIPP
Für eine dick- oder dünnflüssigere Marmelade erhöhen oder verringern Sie ein wenig die Menge der Chiasamen.

Die Chiasamen und den Apfelsaft zusammen in einer kleinen Schlüssel oder einem Glas verrühren. Die Mischung für 20 – 30 Minuten ruhen lassen und nach der Hälfte der Zeit noch einmal umrühren. Nachdem die Chiasamen ein Gel gebildet haben, Acaipulver, Ahornsirup, Zitronensaft und eventuell die frischen Beeren unterrühren. Für ein besseres Ergebnis lassen Sie die Marmelade etwa 30 Minuten ziehen, bevor Sie sie servieren, damit die Aromen sich vollständig miteinander verbinden. In einem luftdichten Behälter hält sich die Marmelade etwa eine Woche im Kühlschrank.

Variation: Für eine Maquibeeren-Marmelade ersetzen Sie Acaipulver durch Maquipulver.

PHYSALIS-FRUCHTAUFSTRICH

ERGIBT ETWA 1 GLAS

Physalis haben irgendwie ein natürliches Marmeladenaroma, und das ist es genau, woran mich dieser Fruchtaufstrich erinnert. Er ist frei von zugesetztem Zucker, leicht herzustellen und hält sich etwa zwei Wochen im Kühlschrank in einem luftdichten Behälter (obwohl er so gut schmeckt, dass er sich bei mir niemals so lange hält).

2 Tassen heller Traubensaft

❋ 4 TL Agar-Agar-Flocken

❋ 1 Tasse Physalis, frisch oder
   ½ Tasse Physalis, getrocknet

ein Hauch von Stevia (optional)

SUPERFOOD-TIPP

Heißhunger auf Götterspeise? Versuchen Sie Agar-Agar. Traditionell verwendet in der japanischen Küche, ist Agar-Agar ein vegetarisches Geliermittel, hergestellt aus einer Meeresalge, das eine gelartige Substanz erzeugt, wenn es mit Wasser gekocht wird. Es ist farblos, hat keinen Eigengeschmack und nimmt jede Art von Aroma an, mit dem es gekocht wird. Agar-Agar hat die Fähigkeit, immer wieder zerlassen und geliert werden zu können, ohne diese Wirkung zu verlieren.

Erhitzen Sie in einem kleinen Topf bei mittlerer Hitze den Traubensaft und das Agar-Agar und lassen Sie es simmern. Rühren Sie ständig, um zu verhindern, dass das Agar-Agar am Topfboden klebt. Für etwa 5 Minuten köcheln lassen, so lange bis sich das Agar-Agar vollständig aufgelöst und sich der Saft ein bisschen reduziert hat. Die Physalis unterrühren und den Topf vom Herd nehmen. Rühren Sie einen Hauch Stevia unter, wenn Sie einen süßeren Geschmack wünschen. Decken Sie den Topf ab und lassen Sie alles für 30 Minuten bei Zimmertemperatur ruhen, bis die Beeren aufgequollen sind.

Den Deckel entfernen und alles in einen kleinen Mixer (Mixer für eine Portion oder Stabmixer verwenden) geben. Mixen Sie mehrere Male ganz kurz bis eine stückige Mischung entsteht. (Alternativ können Sie die Beeren auch mit einem Löffel zerquetschen, um die Samen herauszudrücken.) Alles in ein Glas mit Deckel umfüllen und kühl stellen. Nach einer Stunde rühren Sie den Aufstrich nochmals um. Wahrscheinlich sind die Beeren auf den Glasboden gesunken und damit verteilen Sie sie gleichmäßig in der Konfitüre, die jetzt fest zu werden begonnen hat. Stellen Sie die Konfitüre in den Kühlschrank zurück, damit sie vollständig gelieren kann (etwa 2 – 3 Stunden). Hält sich mehrere Wochen lang im Kühlschrank frisch.

SUPPEN

Suppen haben etwas sehr Tröstliches, Nährendes an sich, gleichzeitig werden sie oft als Inbegriff der Verjüngung angesehen. Suppen sind ebenso der perfekte Einsatzort für einige der mineralstoffreichsten Lebensmittel, die die Natur zu bieten hat, einschließlich Meeresgemüse, das entgiftet, grünes Gemüse, das alkalisiert, Saaten, die verschönern, und Quinoa, die wohltut. Sie müssen auch nicht extra die kühlen Tage abwarten – es gibt diverse verlockende Sommerangebote – kalte Suppen, die überquellen an Antioxidantien und Vitaminen.

SUPPE VON GERÖSTETEM KÜRBIS

ERGIBT 4 PORTIONEN

Die Superwurzeln Maca und Yacón ergänzen sich wunderbar mit der Reichhaltigkeit der Kürbisse und bieten einen geschmackvollen Weg, um die Batterien wieder aufzuladen und Energie zu tanken. Zuckerkürbisse werden traditionell für Kürbiskuchen verwendet, da diese kleine und süße Kürbisart ein viel geschmackintensiveres Resultat liefert als größere, „konventionelle" Kürbisse. (Wenn diese Kürbisart gerade keine Saison hat, versuchen Sie die unten genannte Variation.) Oder legen Sie sich während der Saison einen kleinen Vorrat im Gefrierschrank an, auf den Sie zurückgreifen können, wenn Sie wenig Zeit haben.

1 EL Kokosöl

1 Tasse süße gelbe Zwiebel, gewürfelt (etwa ½ mittelgroße Zwiebel)

2 große Knoblauchzehen, fein gehackt

3 Tassen gerösteter Kürbis, gewürfelt

1½ TL geräuchertes Paprikapulver (oder gewöhnliches Paprikapulver)

½ TL Meersalz

2 Tassen Kokosmilch light

⅓ Tasse Ananassaft

1 EL Yacónsirup plus ein wenig zum Servieren

1 EL Macapulver

schwarzer Pfeffer, frisch grob gemahlen, nach Geschmack

Erhitzen Sie das Kokosöl in einem großen Topf bei mittlerer Hitze. Knoblauch und Zwiebeln hinzufügen und 4 – 5 Minuten andünsten, bis die Zwiebeln glasig werden. Kürbis, Paprikapulver und Salz dazugeben und unter Rühren einige Minuten lang weiter anbraten. Die Kokosmilch, Ananassaft und 1 Esslöffel Yacónsirup dazu gießen. Aufkochen lassen und dann auf niedriger Temperatur köcheln lassen. Topf zudecken und für 15 Minuten weiterkochen lassen, bis das Gemüse weich ist.

In einen Mixer umfüllen (oder mit dem Stabmixer arbeiten) und Macapulver hinzufügen. Pürieren, bis die Suppe geschmeidig ist, probieren und eventuell nachwürzen. Zum Servieren in eine Schüssel füllen, mit Yacónsirup sprenkeln und mit grob gemahlenem schwarzem Pfeffer garnieren.

Variation: Verwenden Sie gerösteten Butternut-Kürbis.

SUPERFOOD-TIPP

Sie glauben, dass Karotten der einzige Weg zu guter Sehkraft sind? Versuchen Sie es doch einmal mit Kürbis! Kürbisse enthalten eine einzigartige Vielfalt an Antioxidantien, die helfen können, freie Radikale in den Augenlinsen einzufangen und unsere Sehkraft schützen.

WIE MAN EINEN KÜRBIS RÖSTET

Heizen Sie den Ofen auf 190 °C vor.

Schneiden Sie den Kürbis in zwei Hälften und entfernen Sie Kerne und Fasern. Legen Sie den Kürbis mit der Schnittseite nach oben auf ein mit Backpapier ausgelegtes Backblech. Würzen Sie den Kürbis mit etwas Meersalz und schwarzem Pfeffer. Reiben Sie jeweils ½ Teelöffel Kokosöl auf die Kürbishälften und drehen Sie sie um, mit der Schnittseite auf das Blech. In den Ofen schieben und so lange backen, bis die Schale anfängt braun zu werden und das Fleisch weich ist – etwa 45 – 50 Minuten.

Aus dem Ofen nehmen und abkühlen lassen. Wenn der Kürbis kalt genug zum Anfassen ist, kratzen Sie das Kürbisfleisch zum weiteren Gebrauch mit einem Löffel von der Schale und entsorgen die Schale. Kürbisse der Sorten Hokkaido und Butternut können jedoch mit Schale gegessen werden.

KOHL-AUGENBOHNEN-EINTOPF

ERGIBT 6 – 8 PORTIONEN

Es ist immer etwas Geheimnisvolles an einem Topf mit guten Dingen, der auf dem Herd brodelt und würzigen Geruch verströmt. Wer wollte da nicht neugierig den Deckel lupfen? Vor allem, wenn die „guten Dinge" aus kräftigen Zutaten bestehen, die eine ausgewogene Palette an Mineralien, Eiweiß und Ballaststoffen liefern. Das Hinzufügen des Kohls gegen Ende des Kochens sorgt dafür, dass er weich genug zum Genießen ist, ohne dass seine Nährstoffe durch die Hitze zerstört werden. Diese Art von Eintopf ist durchaus eine vollwertige Mahlzeit.

1 EL Kokosöl

2 Tassen weiße Zwiebeln oder Gemüsezwiebeln, gewürfelt

6 Knoblauchzehen, fein gehackt

3 Stangen Sellerie, klein geschnitten

1 rote Paprika, gewürfelt

✳ 1 EL frischer Oregano, gehackt

✳ ½ EL frischer Thymian, gehackt

¼ TL Chipotlepulver

1 EL geräuchertes Paprikapulver

3 Tassen Gemüsebrühe

3 Tassen Wasser

2 EL Wakameflocken, zerrieben

✳ 3 Tassen gekochte Augenbohnen (alternativ andere Bohnensorten)

✳ 1 Handvoll Grünkohl, gehackt, ohne Blattrippen (oder alternativ andere Kohlsorten)

Saft von ½ Biozitrone, frisch gepresst

✳ frische Petersilie, fein gehackt, zum Bestreuen

Meersalz zum Abschmecken

In einem großem Topf Kokosöl auf mittlerer Flamme erhitzen. Zwiebeln und Knoblauch hinzufügen und für ein paar Minuten dünsten lassen, gelegentlich umrühren. Sellerie und Paprika hinzugeben und weiter braten. Kräuter und Gewürze unterrühren und etwa 30 Sekunden mitbraten. Gemüsebrühe, Wasser, Wakameflocken, Augenbohnen und eine Prise Salz hinzugeben. Zum Köcheln bringen und ohne Deckel für etwa 30 Minuten simmern lassen, wenn nötig, gießen Sie Wasser nach. Probieren und eventuell nachsalzen. Nachdem die Suppe vollständig gar ist, den Grünkohl unterrühren und die Hitze für eine weitere Minute beibehalten – gerade lang genug, um den Grünkohl zusammenfallen zu lassen. Zitronensaft hinzufügen und Hitze ausstellen. Mit Petersilie bestreuen und servieren.

Variation: Geben Sie 1 Tasse gewürfelten geräucherten Tofu dazu, wenn Sie die Augenbohnen zufügen.

SUPERFOOD-TIPP

Wenn Sie geräucherte Zutaten wie Chipotlepulver und geräuchertes Paprikapulver verwenden, gibt das Ihren Gerichten eine erstaunliche Aromatiefe ohne den Nährwert durch zu langes Garen zu verringern. Diese Gewürze finden Sie in den meisten Supermärkten oder bei online-Händlern im Zutatenratgeber.

SÄMIGE SUPPE VON GELBEN ERBSEN UND SACHA INCHI

ERGIBT 4 PORTIONEN

Die Sacha Inchi spielen in dieser Suppe eine glänzende Rolle – sie bleiben während des Kochens knusprig, übernehmen aber, wenn alle Zutaten sich verbunden haben, geschmacklich annähernd den Part von Fleisch. Unterdessen schmilzt das Lieblingssuppen-Superfood Wakame im Hintergrund und hinterlässt nur seinen hohen Mineralstoffgehalt und ein subtiles herzhaftes Aroma.

1 EL Kokosöl

1 Tasse weiße Zwiebel oder Gemüsezwiebel, gewürfelt,

1 Stange Sellerie, klein geschnitten

1 Karotte, gewürfelt

1½ Tassen gehackte Tomaten, püriert

✻ 2 EL Wakameflocken, zerrieben

1 Lorbeerblatt

¾ Tasse ungekochte, halbierte gelbe Erbsen

✻ ¼ Tasse gehackte Petersilie

1 Liter Gemüsefond

✻ ½ Tasse Sacha Inchi, fein gehackt

Wasser zum Kochen

Meersalz und schwarzer Pfeffer, grob gemahlen, zum Abschmecken

Erwärmen Sie das Kokosöl in einem großen Topf bei mittlerer Hitze. Zwiebeln, Sellerie, Karotten und etwas Salz hinzufügen und dünsten, bis die Zwiebeln weich sind – etwa 7 – 8 Minuten. Das frische Tomatenpüree einrühren und für 1 – 2 Minuten weiter dünsten. Fügen Sie alle übrigen Zutaten – außer Salz und Pfeffer – hinzu, außerdem zusätzlich 1 Tasse Wasser. Zudecken, zum Kochen bringen, dann die Hitze bis auf ein Simmern reduzieren und 75 Minuten köcheln lassen, bis die Erbsen weich sind. Gießen Sie während des Kochens, wenn nötig, weiteres Wasser in den Topf. Zum Schluss mit Salz abschmecken und vor dem Servieren mit schwarzem Pfeffer garnieren.

GEKÜHLTE ROTE-BETE-SUPPE

ERGIBT 2 – 4 PORTIONEN

Eine samtig-geschmeidige Textur und ein absolut atemberaubendes Fuchsia machen diese einfache Suppe zu einem äußerst eindrucksvollen ersten Gang oder einem leichten Mittagessen. Die Roten Beten können bereits im Voraus gebacken werden, dann geht es mit dem eigentlichen Rezept noch schneller. Ich bereite immer etwas mehr vor, als im Rezept verlangt wird, und verwende den Überschuss für Salate.

4 mittelgroße Rote-Bete-Knollen

1 Avocado, entkernt, gehackt

Saft von 1 Limette

2 Tassen Wasser

3 EL Hanfsamen

1 EL gemahlener Koriander

¼ TL Meersalz

frische Korianderblätter

schwarzer Pfeffer, frisch gemahlen, zum Garnieren (optional)

Zuerst backen Sie die Roten Beten: Heizen Sie den Backofen auf 190 °C vor und schneiden Sie von den Roten Rüben den Krautansatz und die holzigen Wurzelreste ab. Wickeln Sie jede Knolle einzeln in Alufolie, legen Sie sie auf ein Blech und schieben Sie dieses in den Ofen. 1 Stunde lang rösten, bis sie zart sind, dann komplett auskühlen lassen. Mit einem Küchenpapier die Schale der Roten Beten abreiben. Reste mit dem Messer entfernen und die geschälten Knollen in grobe Stücke hacken. Wenn Sie die Roten Beten schon früher vorbereiten, stellen Sie sie bis zur Verwendung kühl.

Rote Beten, Avocado, Limettensaft, Wasser, Hanfsamen, Koriander und Meersalz in einen Mixer geben. Pürieren, bis alles komplett glatt ist. Stellen Sie die Suppe für mindestens 30 Minuten in den Kühlschrank. Vor dem Servieren die Suppe gut umrühren, auf Schüsseln verteilen und mit frischem Koriander und schwarzem Pfeffer bestreuen.

GRÜNE KÜHLE SOMMERSUPPE

ERGIBT 2 – 4 PORTIONEN

Diese raffinierte Suppe leuchtet geradezu – ein Hinweis auf das, was sie Ihrer Haut zu bieten hat: eine reichliche Vielfalt schönheitsfördernder Vitamine und Mineralien, wie Vitamin C, Vitamin E, Silicium, Zink und vieles, vieles mehr. Verwenden Sie, wenn möglich, Gartengurken, die kleineren und süßeren knackigen Vettern unserer großen Salatgurken. Sollten diese nicht erhältlich sein, kein Problem – verwenden Sie die üblichen Salatgurken. Achten Sie nur darauf, dass es Biogurken sind, da Sie die Schale mitverwenden werden (wo die meisten Nährstoffe stecken).

6 Tassen Gurke, gewürfelt

1 Stange Sellerie, geschnitten

2 Tassen Wasser

2 EL Limettensaft, frisch gepresst

✳ 1½ Tassen (gehäuft) Brunnenkresse plus ½ Tasse zum Garnieren

¾ TL Meersalz

1 Avocado, püriert

✳ 1 TL Weizengraspulver, gefriergetrocknet

schwarzer Pfeffer, frisch grob gemahlen

Verwenden Sie einen Mixer, um Gurken, Sellerie, Wasser, Limettensaft, 1½ Tassen Brunnenkresse und Meersalz zu pürieren – so gleichmäßig wie möglich. Verwenden Sie ein großes, feinmaschiges Sieb, um die Mischung zu passieren und eine leuchtend grüne Brühe zu erzeugen. (Statt eines Siebs können Sie auch ein Mulltuch verwenden; legen Sie mehrere Lagen übereinander, um ein feineres Netz zu erhalten.)

Brühe zurück in den Mixer geben und Avocado und Weizengras hinzufügen. Mixen, bis alles glatt ist. Für 30 Minuten kaltstellen. Zum Servieren mit Brunnenkresse und etwas frisch gemahlenem schwarzem Pfeffer garnieren.

ERDBEERKALTSCHALE

ERGIBT 2 – 4 PORTIONEN

Was für eine leichte und belebende Sommer-Vorspeise! Ich liebe sie in Verbindung mit einem großen Salat oder mit einer frischen Zucchini-„Pasta", zu finden im Abschnitt „Hauptspeisen" (Seite 147). Beachten Sie, dass Erdbeeren oft zu den am meisten gespritzten Pflanzen gehören, wählen Sie Bioqualität, um Pestizide zu vermeiden (oder bauen Sie ihre eigenen an).

- 4 Tassen Erdbeeren, ohne Stielansätze

⅓ Tasse Orangensaft, frisch gepresst

2 EL Biozitronenschale, frisch gerieben

- frische Minzeblätter, gehackt, zum Garnieren (optional)

Alles Zutaten, außer den Minzeblättern, in einem Mixer glatt pürieren. Für mindestens 1 Stunde kalt stellen und vor dem Servieren mit Minzeblättern garnieren.

Variation: Für eine Acai-Erdbeersuppe, erhöhen Sie die Menge des Orangensafts auf ⅔ Tasse und fügen Sie 2 Esslöffel Acaipulver vor dem Mixen hinzu.

WOHLTUENDE KALTGERÜHRTE SUPPEN

Kaltschalen sind mehr als nur eine luxuriöse Sommerspeise. Sie liefern, was gekochten Suppen häufig fehlt: Vitamine und Antioxidantien. Da diese besonders empfindlich auf Hitze reagieren, tut langwieriges Köcheln auf dem Herd Nahrungsmitteln wie Beeren gar nicht gut. Kalt angerührte Suppen dagegen bewahren jeden Nährstoff, den die Lebensmittel zu bieten haben.

TOMATEN-QUINOA-SUPPE

ERGIBT 4 – 6 PORTIONEN

Dieses Rezept erinnert mich immer ein bisschen an die Buchstabensuppe, die ich als Kind gegessen habe. Stimmt, es sind vielleicht keine Buchstaben zum Herausfischen darin, aber wenn es so wäre, würden sie wahrscheinlich „gesund" und „schnell" buchstabieren. Natürlich können Sie hier frisches Gemüse statt tiefgefrorenen verwenden, wobei mit Letzterem die Suppe noch einfacher und bequemer vorzubereiten ist. Verwenden Sie Ihre Lieblings-Bio-gemüsemischung und stellen Sie sicher, dass das Tomatenmark keinen zugesetzten Zucker enthält – nur Tomaten.

⅓ Tasse Tomatenmark

6 Tassen Wasser, aufgeteilt

1 Tasse Quinoa, ungekocht

3 – 4 Tassen Tiefkühlgemüsemix
(z. B. Erbsen, Karotten, Mais usw.)

3 EL Misopaste

Geben Sie das Tomatenmark in einen Mixer und fügen Sie 5 Tassen Wasser zu. Für einen kurzen Moment mixen, damit sich alles verbindet. Die Mischung in einen großen Topf gießen und den Herd anstellen. Quinoa und Gemüse hinzufügen und zum Kochen bringen. Für 10 – 15 Minuten kochen, bis die Quinoa gar ist.

Während die Suppe auf dem Herd ist, gießen Sie die verbliebene Tasse Wasser in den Mixer (Sie müssen den Mixer nach der Tomaten-mischung nicht spülen). Misopaste hinzugeben und rasch mixen.

Ist das Quinoa durchgegart, stellen Sie den Herd aus. Misomischung einrühren und heiß servieren.

Serviervorschlag: Garnieren Sie die fertige Suppe mit gehackter Avocado und bestreuen Sie sie mit Nährhefe.

KAROTTEN-YACÓN-SUPPE MIT GOJIBEEREN

ERGIBT 4 – 6 PORTIONEN

Da Karotten und Yacón zu den „süßen" Wurzeln gehören, sind sie natürliche Geschmacksgefährten in dieser umwerfenden, abenteuerlichen Suppe. Das i-Tüpfelchen bringen die Gojibeeren, die am Ende dazu kommen. Sie werden zur Vorbereitung in frischem Karottensaft eingeweicht und explodieren dann tatsächlich mit einem süßen Karottengeschmack beim Kauen. Zu den vielen Vorzügen dieser Suppe zählen die Stärkung eines gesunden Sehvermögens dank des hohen Gehalts an Carotin in Karotten und Gojibeeren und die Förderung einer guten Verdauung dank Yacón.

1½ Tassen frischer Karottensaft

2 EL Gojibeeren, getrocknet

2 EL Kokosöl

1 Tasse süße gelbe Zwiebel, gehackt

1 rote Jalapeñoschote, ohne Kerne, fein gehackt

450 g Karotten, in Scheiben geschnitten

1 Tasse (gehäuft) getrocknete Yacónstreifen

3 Tassen Gemüsebrühe mit wenig Salz

1 Tasse Wasser

½ Tasse Kokosmilch light

Meersalz und grob gemahlener Pfeffer zum Abschmecken

essbare Blüten und Kräuter zum Garnieren (optional)

In einer kleinen Schüssel oder einem Glas Karottensaft und Gojibeeren verrühren. Für 30 Minuten einweichen lassen, bis die Beeren dick und weich sind.

Während die Beeren einweichen, bereiten Sie die Suppe vor. Erhitzen Sie das Kokosöl in einem großen Topf bei mittlerer Hitze. Zwiebeln zugeben und 3 – 4 Minuten glasig braten. Roten Jalapeño zugeben, umrühren und eine weitere Minute dünsten lassen. Fügen Sie Karotten, Yacón, Gemüsebrühe und Wasser zu und bringen Sie alles zum Kochen. Hitze auf ein Simmern reduzieren, zudecken und 30 Minuten köcheln lassen, bis die Karotten weich sind. Die Mischung in einen Mixer umfüllen, Kokosmilch dazu gießen und zu einem dickem Püree verarbeiten. Den Karottensaft mit den Gojibeeren durch ein Sieb gießen, die Beeren für einen Moment beiseite stellen und Karottensaft in die Suppe geben. Mixen bis alles sämig ist. Mit Salz und Pfeffer abschmecken.

Zum Servieren die Suppe in Schüsseln schöpfen. Mit ein paar Gojibeeren garnieren und optional mit Blüten und Kräutern (wie Ringelblumenblütenblätter und Estragonblätter) und mit einem Hauch schwarzem Pfeffer bestreuen.

KALTE BABYSPINAT-SANDDORN-CREMESUPPE

Üppig und dennoch leicht hat diese ganz besondere ungekochte, grüne Suppe einen Zweck: Schönheit. Eine klassische hautverjüngende Beere, Sanddorn, liefert spezielle Omega-Fettsäuren und Vitamin C für gesundes Gewebewachstum. Zusätzlich versorgt Avocado die Haut mit Feuchtigkeit, und Spinat liefert Mineralien und Chlorophyll für gesteigerte Durchblutung. Nicht schlecht für eine Suppe!

¼ Tasse Cashewkerne, roh

2½ Tassen Wasser

1½ mittelgroße Avocados, geschält, entkernt

※ 3 Tassen Babyspinat

1½ EL Schnittlauch, fein gehackt

※ ½ Tasse Sanddornsaft

2 EL Misopaste

1 EL Biozitronensaft, frisch gepresst

1 TL Agavendicksaft

Meersalz und schwarzer Pfeffer zum Abschmecken

geräuchertes Paprikapulver zum Garnieren

※ 2 EL gemischte frische Kräuter (z. B. Estragon, Petersilie und etwas mehr Schnittlauch) zum Garnieren

Cashewkerne und Wasser im Mixer zu einer cremigen Milch verarbeiten. Fügen Sie alle übrigen Zutaten – außer die zum Garnieren – hinzu und mixen Sie, bis alles geschmeidig ist. Abschmecken und eventuell nachwürzen. Für mindestens 30 Minuten kaltstellen, jedenfalls so lange, bis die Suppe gut gekühlt ist.

Zum Servieren in kleine Schüsseln füllen und mit Paprikapulver und frischen Kräutern bestreuen.

SALATE

Auf keinen Fall ist Salat nur für den Tellerrand bestimmt. Salate selbst können eine vollständige Hauptmahlzeit sein, wenn sie mit den inhaltsreichsten Lebensmitteln der Natur bestückt werden. Blattsalate, grünes Gemüse und Sprossen sind selbstverständlich, aber Meeresgemüse, gesunde Samen und Nüsse, Wurzeln und sogar Früchte liefern ein Vielfaches sowohl an Geschmack als auch an Nährstoffen. Außerdem bieten Salatdressings Unterschlupf für starke Superfood-Pulver, die besonders nützlich für den Körper sind, deren Geschmack aber besser im Hintergrund bleibt.

SUSHI-SALAT

ERGIBT 3 – 4 PORTIONEN

Selbst der passionierteste Sushi-Liebhaber unter uns hat einmal einen faulen Tag, da schafft dieser Salat idealerweise Abhilfe. Kein Rollen, keine Montage, keine Essstäbchen – einfach alles zusammenwerfen und für sofortigen Sushi-Genuss servieren. Dieser sättigende Salat stellt eine komplette Mahlzeit dar, so voll von Mineralien und Vitaminen von Algen und Sprossen.

3½ Tassen Naturreis oder Wildreis, gekocht, Raumtemperatur

4 Noriblätter

3 Tassen Sonnenblumen-, Erbsen- oder andere Lieblingssprossen

1 Handvoll Zwiebelsprossen*

1 große Avocado, geschält, entkernt, in Stücke geschnitten

1 große Karotte, geraspelt

2 EL Sesam

Ingwer-Dressing (Seite 139) oder Shoyu zum Abschmecken

*Wenn keine Zwiebelsprossen erhältlich sind, ersetzen Sie diese durch 2 fein gehackte Frühlingszwiebeln.

Den Reis in eine große Schüssel füllen. Die Noriblätter aufeinander legen und mit einer Schere in der Mitte durchschneiden. Nochmal aufeinander legen und noch einmal der Länge nach halbieren, sodass lange Streifen entstehen. Die langen Streifen der Breite nach in dünne Streifen schneiden und für einen Moment beiseite stellen. Gemüse und Sprossen zum Reis zufügen und vorsichtig vermischen, dann mit Nori bestreuen und noch einmal umrühren. Stellen Sie sicher, dass das Nori gleichmäßig verteilt ist, da es sonst beim Weichwerden Klumpen bildet. Mit Sesam bestreuen und mit Ingwer-Dressing oder Shoyu servieren oder nach eigenen Ideen würzen.

Variation: Fügen Sie einige Würfel gebackenen Tofu oder Edamame für eine Extraportion Eiweiß zu. Kaufen Sie unbedingt Biosojaprodukte, da das meiste konventionell angebaute Soja gentechnisch verändert ist.

RUCOLASALAT MIT NASHI-BIRNE UND ZITRONEN-CAMU-VINAIGRETTE

ERGIBT 4 PORTIONEN FÜR VORSPEISEN

Leicht und lecker ist dieser einfache Salat ein herrlicher erster Gang. Die Nashibirne wirkt in ihrer erfrischenden Knackigkeit fast wie ein süßes Gemüse, die Chiasamen fügen eine Textur und ein optisches Highlight hinzu, und die zitronige Vinaigrette ist die perfekte Ergänzung zum pfeffrigen Rucola.

- 4 große Handvoll Rucola
- 1 große Nashi-Birne (oder Birne), entkernt, gewürfelt
- 1 EL Chiasamen
- ¼ Tasse Zitronen-Camu-Vinaigrette

In einer großen Schüssel den gewaschenen und trocken geschüttelten Rucola und die vom Kerngehäuse befreite und gewürfelte Birne leicht schwenken und mit etwas Zitronen-Camu-Vinaigrette abschmecken. Zum Servieren auf Tellern verteilen und mit Chiasamen bestreuen.

SUPERFOOD-TIPP

Generell eignet sich Zitronen-saft exzellent dazu, den bitteren Geschmack der Camubeeren zu überdecken. Diese Zitronen-Camu-Vinaigrette bietet einen Vitamin-C-Schub von einem Vielfachen der empfohlenen Tagesdosis dank der „geheimen" Zugabe dieser ganz speziellen Beere.

ZITRONEN-CAMU-VINAIGRETTE

- ¼ Tasse Biozitronensaft, frisch gepresst
- 6 EL Öl mit essenziellen Fettsäuren
- 2 TL Biozitronenschale, frisch gerieben
- 1 TL Camupulver
- 2 TL Agavendicksaft
- 1 TL Dijonsenf
- Meersalz zum Abschmecken

Alle Zutaten zu einer Emulsion mixen. Hält sich bis zu zwei Wochen im Kühlschrank. Ergibt etwa ½ Tasse.

BLATTGEMÜSE AUS DER REGION

Zu den vielen Vorzügen von Salaten zählt auch die Möglichkeit, lokal angebaute Produkte zu verwenden, vor allem in Form von frischem Blattgemüse. Bauernmärkte erweisen sich als besonders ergiebige Quelle bei der Suche nach neuem essbarem Grün, das einen Salat von „langweilig" in die Kategorie „Gourmet" katapultiert. Halten Sie Ausschau nach einigen dieser besonderen grünen (und roten und violetten) Herrlichkeiten.

- Babyspinat/Spinat
- Brunnenkresse/Postelein
- Chicorée
- Eichblattsalat
- Endivie
- Feldsalat/Vogerlsalat/ Rapunzel/Nüsslisalat
- Frisée

- Glatte Endivie
- junger Regenbogen-Mangold
- Kopfsalat
- Löwenzahn
- Mesclun-Mischung/ Baby-Salat-Mischung
- Mizuna/asiatische Wintersalat-Mischung

- Portulak
- Radicchio
- Rauke/Rucola
- Sauerampfer
- Tellerkräuter/Claytonia

SALAT MIT GERÖSTETEM GEMÜSE UND BALSAMICO-VINAIGRETTE

ERGIBT 4 PORTIONEN

Zart geröstetes Gemüse wird ergänzt mit knackig-frischem jungem Grün, gemischt mit einer fettarmen Vinaigrette mit schwarzem Pfeffer für einen sättigenden, geschmackvollen und doch leichten Salat.

2 EL Kokosöl

knapp 250 g violette Kartoffeln
(oder rote oder andere kleine
Salatkartoffeln), geviertelt und
in etwa 1,5 cm breite Scheiben
geschnitten

1 – 2 Knoblauchzehen, fein gehackt

✳ 1 kleiner Zweig Rosmarin, halbiert

2 mittelgroße Zucchini, gewürfelt

½ mittelgroße Aubergine, geschält,
gewürfelt

✳ 4 Portionen gemischtes junges Grün
(etwa 8 – 12 Tassen insgesamt)

1 Rezept Balsamico-Vinaigrette
mit schwarzem Pfeffer

Meersalz

schwarzer Pfeffer, frisch,
grob gemahlen

Zunächst rösten Sie das Gemüse: Heizen Sie den Backofen auf 200 °C vor, inklusive einer großen Bratpfanne. Sobald die Pfanne heiß ist, aus dem Ofen nehmen und das Kokosöl auf ihr verteilen. Geben Sie Kartoffeln, Knoblauch und Rosmarin in die Pfanne und wälzen Sie alles in dem Öl, bis die Oberfläche saturiert ist. Verteilen Sie alles gleichmäßig auf der Pfanne und schieben Sie die Pfanne für 10 Minuten in den Ofen zurück. Aus dem Ofen nehmen, Zucchini zufügen und mischen, alles gleichmäßig verteilen und 5 weitere Minuten backen. Auberginen dazu tun, pfeffern, salzen, vermischen und alles ein letztes Mal weitere 15 Minuten lang backen. Nachdem alles durchgegart ist und bevor Sie den Salat zusammenstellen, lassen Sie das Gemüse auf Raumtemperatur abkühlen. Rosmarinzweige entfernen und entsorgen.

Zum Servieren das junge Blattgemüse vorsichtig mit der Hälfte der Balsamico-Vinaigrette in einer großen Schüssel mischen und auf Tellern arrangieren, eine großzügige Portion geröstetes Gemüse darauf geben und mit etwas zusätzlichem Dressing beträufeln.

BALSAMICO-VINAIGRETTE MIT SCHWARZEM PFEFFER

2 EL Balsamico-Essig

2 EL Öl mit essenziellen Fettsäuren

¼ Tasse Apfelsaft

1 EL frischen grob gemahlenen Pfeffer

¼ TL Knoblauchpulver

1 TL Dijonsenf

✳ 1 TL Seetangpulver

Alle Zutaten vermischen. Ergibt etwas mehr als ½ Tasse.

GÖTTINNEN-GRÜNKOHLSALAT

ERGIBT 2 – 4 PORTIONEN

Es ist praktisch ein Gesetz für amerikanische Naturkostläden, ein unwiderstehliches Salatdressing im Angebot zu haben, das den Namen „Göttinnen-Dressing" trägt. Bis heute habe ich nicht eine Person getroffen, die nicht von diesem Dressing geschwärmt hätte, nachdem sie es einmal probiert hatte. Meine Superfood-Version ist in der Tat eine Hommage an diesen klassischen Geschmack, hat aber ein bisschen zusätzlichen Göttinnen-Segen mit einer Steigerung durch entgiftende Chlorella und verschönernde Hanfsamen. Sicher: Dieses Dressing ist unbestreitbar sehr grün, aber der Kohl gleicht das optisch wunderbar aus. Ehrlich gesagt, ich persönlich würde dieses Dressing über ziemlich alles geben.

2 große Handvoll Grünkohl
Superfood-Göttinnen-Dressing
⅔ Tasse Cherrytomaten, halbiert
2 EL Hanfsamen

SUPERFOOD-TIPP
Um die Grünkohlblätter leichter vom Stiel entfernen zu können, halten Sie die Blätter am Ende bei der dicksten Stelle des Stiels. Mit der anderen Hand bilden Sie einen Ring aus Zeigefinger und Daumen und fahren damit an der Rippe entlang und strupfen so die Blätter vom Strunk. (Mancherorts wird Grünkohl auch bereits gezupft, also küchenfertig in Tüten verkauft. Anm.d.V.)

Nach dem gründlichen Waschen des Grünkohls, die Blätter unbedingt trocken weiterverarbeiten (Salatschleuder oder sauberes Küchenhandtuch). Die dicken Stilenden der Blätter sind entfernt und die Blätter in große Stücke gezupft. Geben Sie den Kohl in eine große Schüssel und dann ein paar Esslöffel Superfood-Göttinnen-Dressing dazu. Mit sauberen Händen massieren Sie das Dressing in die Kohlblätter, Drücken und Umherwälzen hilft, die Blätter zarter zu machen. Für etwa 1 Minute mischen und dann die Cherrytomaten und Hanfsamen hinzufügen. Vorsichtig unterheben, probieren und wenn nötig mehr Dressing dazugeben.

SUPERFOOD-GÖTTINNEN-DRESSING
3 EL Olivenöl
2 EL Tahin
3 EL Wasser
3 EL Hanfsamen
1½ EL Apfelweinessig

1 EL Biozitronensaft, frisch gepresst
2 TL Umeboshi-Essig
1 TL Chlorella- oder Spirulinapulver
½ TL Knoblauchpulver
¼ TL Zwiebelpulver
¼ TL Seetangpulver (optional)

Alle Zutaten glatt rühren. Im Kühlschrank aufbewahren, wenn es nicht gebraucht wird; hält sich bis zu zwei Wochen.
Ergibt etwa ¾ Tasse.

EINFACHER SPINATSALAT MIT MAULBEER-SENF-DRESSING

ERGIBT 4 PORTIONEN

Maulbeeren sind so wunderbar süß, dass sie hier statt Sirup oder Honig, die man normalerweise in einem süßen Senf-Dressing verwendet, zum Einsatz kommen. Gemischt mit eisenhaltigem Spinat, knackigen eingelegten Zwiebeln, cremiger Avocado und knusprigen Leinsamen, reich an essenziellen Fettsäuren, ist dieser Salat ein ausgewogenes, nährstoffreiches Vergnügen.

8 große Handvoll Babyspinat

1 Rezept Maulbeeren-Senf-Dressing

½ Tasse „Blitzschnell eingelegte Zwiebeln" (Seite 136)

1 Avocado, entkernt, geschält, in Stücke geschnitten

3 EL Leinsamen

In einer großen Schüssel vorsichtig Spinat und mehrere Löffel Maulbeeren-Senf-Dressing mit sauberen Händen vermengen, sodass die Blätter gleichmäßig mit dem Dressing benetzt sind. Salat auf Tellern mit den Zwiebeln, Avocado und Leinsamen anrichten.

MAULBEEREN-SENF-DRESSING

⅔ Tasse getrocknete Maulbeeren

3 EL Dijonsenf

½ Tasse Apfelsaft

2 EL Apfelweinessig

In einem Mixer (verwenden Sie einen kleinen Mixer, wenn Sie einen haben, oder einen Stabmixer) die Maulbeeren, Senf, Apfelsaft und Apfelweinessig zu einer geschmeidigen Flüssigkeit verarbeiten. Abgedeckt im Kühlschrank aufbewahrt, hält es sich einige Wochen. Ergibt etwa 1 Tasse.

GRANATAPFEL-KRAUTSALAT

ERGIBT 3 – 4 PORTIONEN

Dieser süße und würzige Krautsalat punktet insbesondere durch die Zugabe von Granatapfelkernen. Servieren Sie dieses Rezept als leichten Beilagensalat und lassen Sie Ihre Augen das Farbenspiel genießen, das dabei auch noch reich an Antioxidantien ist.

4 Tassen Weißkohl, gehobelt

2 Karotten, geraspelt

⅓ Tasse „Blitzschnell eingelegte Zwiebeln" (Seite 136)

1 Tasse Granatapfelkerne

1 EL Öl mit essenziellen Fettsäuren

2 EL Yacónsirup

1 EL frischer Limettensaft

1 TL Dijonsenf

½ TL Meersalz

Kohl, Karotten, Zwiebeln und Granatapfelkerne in einer großen Schüssel miteinander vermengen. In einer kleinen Schüssel Öl, Yacónsirup, Limettensaft, Senf und Salz vermischen. Gießen Sie die Soße über das Gemüse und vermischen Sie alles sorgfältig. Der Krautsalat kann sofort gegessen werden, aber er schmeckt am besten, wenn Sie ihn zum Marinieren für 1 oder 2 Stunden in den Kühlschrank stellen.

SUPERFOOD-TIPP

Granatapfelkerne sind ein wundervoller Zusatz zu Salaten und passen besonders gut zu „schwererem" Blattgemüse, wie Kohl, Grünkohl, Spinat und Mangold. Sie fügen ergänzende Aromen und Texturen hinzu, ohne unangenehm süß zu sein.

HERZHAFTER GRÜNKOHLSALAT

Er steht an erster Stelle auf der Skala der Nährstoffdichte, es gibt also einen Grund, warum der Verzehr von Grünkohl so besonders gut ist. Hier, kombiniert mit der mineralreichen Nori-Alge und Fetten aus der Avocado, die die Hautgesundheit fördern, stellt dieser Salat einen Inbegriff „ausgewogener Energie" dar. Ich esse den Salat gerne als komplette Mahlzeit zusammen mit „BBQ Potato fries" aus Süßkartoffeln (siehe Beilagen Seite 183). Probieren Sie diese Kombination und Sie werden nie wieder etwas weniger Köstliches essen wollen.

- 2 große Handvoll Grünkohl, gewaschen, abgetrocknet und von den Stielen befreit

- 1½ mittelgroße Avocados, entkernt, geschält

- 1½ EL Misopaste

- 3 Frühlingszwiebeln, ganz fein geschnitten (weißer und grüner Teil)

- 2 EL Apfelweinessig

- 3 Noriblätter, mit einer Kuchenschere in dünne Streifen geschnitten (optional)

Zerteilen Sie den Kohl mit den Händen in mundgerechte Stücke und geben Sie ihn in eine große Schüssel.

In einer kleinen Schüssel eine Avocado und Misopaste, Zwiebeln und Essig zu einem grobstückigen Mus in der Art wie Guacamole mit einer Gabel zerdrücken. Zum Grünkohl in die große Schüssel löffeln. Mit sauberen Händen das Avocadomus in die Grünkohlblätter kneten; für etwa 2 Minuten die Blätter massieren und vermischen. Die verbliebene halbe Avocado in Stücke schneiden und über den Salat geben, mit Nori bestreuen (nach Bedarf) und gründlich vermengen.

SUPERFOOD-TIPP

Den Grünkohl „massieren" ist eine smarte Technik (und unter uns gesagt ziemlich lustig), die hilft, die härteren Blätter geschmeidig zu machen, ähnlich wie beim Kochen. Das erhöht die Verdaulichkeit, und da das Gemüse roh bleibt, bleibt auch die maximale Menge an Nährstoffen erhalten.

BLITZSCHNELL EINGELEGTE ZWIEBELN

Diese wunderschöne fuchsiafarbene schnelle Beilage ist ein gutes Mittel, jedes Gericht aufzupeppen. Die einfache Sole beizt die Zwiebelscheiben, erhöht ihre Knackigkeit und macht sie milder und süßer.

1 rote Zwiebel, so dünn wie möglich gehobelt
2 Tassen Apfelweinessig
½ Teelöffel Meersalz

Die Zwiebelscheiben in ein 1-Liter-Einmachglas geben. Essig hineingießen und Salz zufügen. Das Glas dicht verschließen und 30 Sekunden gut durchschütteln. Die Zwiebeln zurück in die Flüssigkeit schieben, sodass sie mit dem Essig bedeckt sind und für 10 Minuten ruhen lassen. Abgießen und ausdrücken, um überschüssige Flüssigkeit zu entfernen. Ergibt ca. 1 Tasse und ist bis zu 2 Wochen im Kühlschrank haltbar.

KALIFORNISCHER SALAT

Für diesen Salat ist meine Mutter berühmt, und das aus gutem Grund. Sie nutzt die Fülle aller frischen Gemüsesorten, die um sie herum an der heimatlichen Küste wachsen, und macht daraus, was bei jedem, der ihn probiert hat, schlicht „DER Salat" genannt wird. Er schmeckt einzigartig und ich kann verstehen, wenn Sie nie wieder einen anderen Salat essen wollen. Jedes Mal, wenn ich meine Mutter besuche, wartet eine gigantische Schüssel mit Kalifornischem Salat im Kühlschrank (und wenn ich wieder gehe, ist sie leer).

- etwa 250 g Römersalat, geschnitten
- etwa 100 g gemischtes, junges grünes Blattgemüse
- etwa 100 g Rauke/Rucola
- etwa 100 g Sonnenblumensprossen (oder Ihre Lieblingssprossen)
- 2 Tassen frische Maiskörner
- 1 rote Paprika, entkernt, gewürfelt
- ½ Salatgurke, ungeschält, gewürfelt
- 1 lasse süße Cherrytomaten
- 1½ Avocados, geschält, entkernt, gewürfelt
- 1 Rezept Kalifornisches Dressing

In einer großen Schüssel Salat, junges Grünzeug, Rauke und Sprossen vermischen. Die übrigen Zutaten auf den Salat schichten und das Dressing, wie in Familien üblich, separat zum Selbstbedienen servieren.

KALIFORNISCHES DRESSING

- ¼ Tasse Öl mit essenziellen Fettsäuren
- 3 EL Umeboshi-Essig
- 1 EL Shoyu
- ¼ Tasse Apfelweinessig
- 1 EL frischer Rosmarin, fein gehackt
- ½ TL Oregano, getrocknet
- 1 TL Knoblauchpulver
- 1 TL Zwiebelpulver
- 1 TL schwarzer Pfeffer
- 1 TL Seetangpulver (optional)

Alle Zutaten gut vermengen. Im Kühlschrank aufbewahrt, hält sich das Dressing bis zu zwei Wochen lang. Ergibt etwa eine ⅔ Tasse.

FRÜHLINGSSALAT MIT INGWER-DRESSING

ERGIBT ETWA 4 – 6 PORTIONEN

Ein guter Salat ist einfach zu machen, wie diese leichte, frische und optisch atemberaubende Kombination beweist. Das Einweichen der Gojibeeren macht sie saftiger und mildert ihren Geschmack ein wenig, auf diese Weise erinnern die Gojibeeren an Kirschtomaten. Tun Sie sich aber geschmacklich keinen Zwang an und lassen Sie sie weg oder tauschen Sie sie gegen Ihr saisonales Lieblingsgemüse aus – es gibt nur wenige Regeln beim Salatmachen.

¼ Tasse getrocknete Gojibeeren
1 Tasse heißes Wasser

etwa 450 g gemischtes junges Blattgemüse

etwa 100 g Sonnenblumensprossen (oder eine anderen Sprossen- variante)

6 Radieschen (oder anderer milder Rettich), in dünne Scheiben geschnitten

1 Prise frische Kräuter, fein gehackt (Thymian, Estragon, Basilikum usw.)

essbare Blüten (Nelken, Garten- stiefmütterchen, Ringelblumen usw.; optional)

1 Rezept Ingwer-Dressing

Die Gojibeeren in eine kleine Schüssel oder ein Glas geben und das heiße Wasser darüber gießen. Für 30 Minuten oder länger stehen lassen, bis die Gojibeeren weich geworden sind. Für den Salat die Gojibeeren abgießen (bewahren Sie das Wasser zum späteren Genuss auf – es ergibt eine schöne Tasse Tee).

In einer großen Schüssel das Grünzeug, die Sonnenblumensprossen, Radieschen, die eingeweichten Gojibeeren und die Kräuter mitein- ander vermengen. Wenn alles fertig zum Servieren ist, vorsichtig mit dem Ingwer-Dressing vermischen. Dazu können Sie Ihre sauberen Hände verwenden, um zu vermeiden, dass das Blattgemüse beschä- digt wird. Zur Dekoration mit Blütenblättern bestreuen und sofort servieren.

INGWER-DRESSING

½ Tasse Apfelsaft
2 EL Misopaste
2 EL frische Ingwerwurzel, geschält, fein gehackt
2 große Datteln, ohne Kern
1 EL plus 1 TL Apfelweinessig

Alle Zutaten miteinander mixen, bis sie eine glatte Emulsion ergeben. Sie hält sich etwa eine Woche lang im Kühlschrank.
Ergibt etwa ⅔ Tasse.

SUPERFRUCHTSALAT

Wenn ein Obstsalat so gut schmeckt, ist es fast unvermeidlich, die volle Tagesration an frischem Obst und Gemüse in nur einer „Sitzung" zu sich zu nehmen. Dieses Rezept ist flexibel genug, um saisonale Früchte unterzubringen – fühlen Sie sich frei und improvisieren Sie! –, doch versuchen Sie auf jeden Fall, die Superbeeren unterzubringen. Die getrockneten Gojibeeren und Physalis (wenn Sie keine frischen verwenden) werden weich, während die Früchte Saft ziehen, sie nehmen diesen Saft der anderen Früchte auf und werden dadurch besonders köstlich.

3 Tassen Ananas, mundgerecht
  gewürfelt

⅔ Tasse Physalis, getrocknet, oder
  1⅓ Tassen Physalis, frisch

½ Tasse Gojibeeren, getrocknet

3 Tassen Erdbeeren, geviertelt

1 Tasse Blaubeeren

3 Tassen grüne Trauben, halbiert

2 Tassen Apfel, mundgerecht gewürfelt

1 Tasse Granatapfelkerne

2 EL Agavendicksaft oder Yacónsirup

1 TL Vanille-Extrakt

Alle Früchte in einer großen Schüssel vermischen. In einem kleinen Glas Agavendicksaft und Vanille verrühren. Über die Früchte gießen und vorsichtig unterheben. Abdecken und für mindestens 2 Stunden kalt stellen, damit sich die Aromen verbinden können. Vor dem Servieren umrühren.

KOPFSALAT MIT CREMIGEM SANDDORN-DRESSING

Der ungewöhnliche Geschmack von Sanddorn eignet sich sehr gut für Salatdressings, und liefert eine Geschmacksnote, die an Joghurt erinnert, zu diesem herrlich einfachen, doch raffinierten Rezept. Ich finde dieses Dressing so schmackhaft, dass ich es ohne weitere Zutaten mit Kopfsalat essen könnte. Wenn er aber an Ihrer Tafel Eindruck machen soll, dann gehört der Salat nach dem kompletten Rezept als Vorspeise auf den Tisch. Auf diese Weise verwandelt sich jeder noch so kritische Gaumen in einen Superfood-Freund.

* 2 Kopfsalate, gewaschen, abgetrocknet
* ½ Tasse Yambohnenwurzel (ersatzweise Topinambur oder Apfel), geschält, klein gewürfelt
* 6 EL Pistazien, ohne Schale
* 3 EL Physalis, getrocknet, oder 6 EL Physalis, frisch
* 1 Rezept cremiges Sanddorn-Dressing nach Geschmack

Vorsichtig den Kopfsalat in große Stücke zerteilen und in eine große Schüssel geben. Dressing nach Bedarf aufträufeln und unterheben, dann auf Teller verteilen. Die Yambohnenwurzel (oder Topinambur), Pistazien und Physalis gleichmäßig auf den Tellern verteilen und servieren.

CREMIGES SANDDORN-DRESSING

* ⅓ Tasse Sanddornsaft
* ½ Tasse Wasser
* ½ Tasse Cashewkerne, roh
* 2 TL weiße Misopaste
* ½ TL frischer Thymian, gehackt
* ½ TL Meersalz
* ¼ TL schwarzer Pfeffer

Alle Zutaten in einen kleinen Mixer geben und verarbeiten, bis alles ganz glatt ist. Ergibt 1¼ Tassen.

MIZUNA-FENCHEL-SALAT MIT MAULBEEREN

ERGIBT 4 – 6 PORTIONEN

Mizuna (Asia-Salat oder auch Japanischer Senfkohl) ist ein japanisches grünes Blattgemüse, das wie eine mildere Form von Rucola schmeckt; schnell ist es zum neuen grünen Blattgemüseliebling auf Bauernmärkten und in einigen Naturkostläden aufgestiegen. (Sollte Mizuna nicht erhältlich sein, ist Rucola ein feiner Ersatz.) Unglaublich ist, dass diese Kombination natürlicher Zutaten so aromatisch ist, dass sie kaum ein Dressing benötigt!

1 große Fenchelknolle mit Blättern

2 EL Biozitronensaft, frisch gepresst

2 EL Olivenöl

1½ EL Fenchelsamen

½ TL Meersalz

½ TL schwarzer Pfeffer, frisch gemahlen

2 große Handvoll Mizuna, ohne Stiele (oder Rucola)

¼ Tasse Petersilie, gehackt

⅔ Tasse Maulbeeren, getrocknet

Schneiden Sie von der Fenchelknolle die Reste der Wurzel ab und von den Blättern an der Oberseite lassen Sie etwa 2,5 cm stehen. Heben Sie das abgeschnittene Blattgrün auf. Mit einem Gemüsehobel die Fenchelknolle vorsichtig in papierdünne Scheiben schneiden, das ergibt etwa 6 Tassen. Eine große Schüssel mit Wasser und Eis füllen und den Fenchel für etwa 10 Minuten darin einlegen, damit er „crispy" wird.

In einer kleinen Schüssel Zitronensaft, Olivenöl, Fenchelsamen, Meersalz und schwarzen Pfeffer zu einem einfachen Dressing verquirlen.

Nehmen Sie den Fenchel aus seinem Eisbad und lassen Sie ihn abtropfen. Vorsichtig mit Küchentüchern trockentupfen, um überschüssige Feuchtigkeit zu entfernen. Mit Mizuna, Petersilie und ⅓ Tasse Maulbeeren in eine große Schüssel geben. Vermischen, Dressing hinzufügen und mit den Händen gleichmäßig vermengen. Zum Servieren auf kleine Schüsseln verteilen, mit den restlichen Maulbeeren und etwas Fenchelgrün garnieren. Nach Bedarf schwarzen Pfeffer zufügen.

HAUPTSPEISEN

Wenn man über Essen nachdenkt, stellt man fest, dass viele Mahlzeiten, die wir genießen, auf immer gleichen Strukturen basieren. (Wie viele Rezepte für Lasagne gibt es auf der Welt?) Das kommt daher, dass Vertrautheit selbst ein wichtiges kulinarisches Element ist. Wenn Sie nun neue Zutaten in die gewohnte Struktur Ihrer Lieblingsspeisen einbauen, kommen die Superfoods richtig toll zur Geltung. Sie tauschen die „müden" alten Zöpfe in der Küche einfach gegen schnelle Energiespender aus – wie zum Beispiel ein Risotto aus Quinoa oder große herzhafte Gemüseblätter, die als Tortillas verwendet werden, oder Hanfsamen als eine verlockende neue Art von „Fleisch". Und – um es vorwegzunehmen – es gibt auch eine Superfood-Lasagne.

CHIPOTLE-CHILI MIT AVOCADO-SOUR-CREAM

ERGIBT 4 PORTIONEN

Sie würden niemals denken, dass dieses herzhafte Chili gesundes Wakame enthält, da dies während des Kochens fast wegschmilzt und nur seine Mineralien und entgiftenden Qualitäten zurücklässt. Wie bei allen guten Chilis kommt auch bei diesem Rezept der Geschmack vom langsamen Kochen, um den Aromen zu erlauben, sich zu entfalten. Das Warten lohnt sich.

6 Tassen gehackte Tomaten, aufgeteilt in 2 Portionen

2 EL Kokosöl

1 mittelgroße gelbe Zwiebel, gewürfelt

4 Knoblauchzehen, klein gehackt

2 Stangen Sellerie, klein geschnitten

2 frische Anaheim-Chilischoten oder andere milde Chilischoten)

knapp ½ kg Süßkartoffeln, geschält, gewürfelt

✳ 1 EL frischer Thymian, gehackt

1 TL Chipotlepulver

4 Tassen schwarze Bohnen, ungesalzen, gekocht

✳ 2 gehäufte EL Wakameflocken

3 Tassen Gemüsebrühe

Meersalz zum Abschmecken

1 Rezept Avocado-Sour-Cream

SUPERFOOD-TIPP

Die Algen verstärken den Geschmack der Bohnen und helfen, das berüchtigte Enzym, das Blähungen verursacht, zu neutralisieren.
---

4 Tassen Tomaten in einem Mixer oder der Küchenmaschine zu einem dicken Püree verarbeiten. Beiseite stellen. Das Kokosöl in einem großen Topf bei mittlerer Hitze erwärmen. Zwiebeln hineingeben und etwa 5 Minuten anbraten, bis sie glasig werden. Knoblauch, Sellerie, Paprika und Süßkartoffeln und die verbliebenen 2 Tassen gehackte Tomaten zufügen und für etwa 5 Minuten zusammen andünsten, damit die Tomaten einkochen. Das vorbereitete Püree, Thymian, Chipotlepulver, die gekochten Bohnen, Wakame und Gemüsebrühe in den Topf geben. Mit Salz würzen, umrühren und zum Kochen bringen. Die Hitze herunterstellen, abdecken und 45 Minuten köcheln lassen. Abschmecken und eventuell nachsalzen, weitere 15 Minuten ohne Deckel simmern lassen, etwas Wasser hinzufügen, wenn nötig. Wenn das Chili fertig ist, mit einer Portion Avocado-Sour-Cream heiß servieren.

AVOCADO-SOUR-CREAM

⅔ Tasse Cashewkerne, roh

⅔ Tasse Wasser

1 große Avocado (möglichst die Sorte „Hass"), entkernt, geschält

2 EL frischer Limettensaft

½ TL Meersalz

Verwenden Sie einen kleinen Mixer, um die Cashewkerne und das Wasser zu einer cremigen Masse zu verarbeiten. Avocado, Limettensaft und Meersalz zugeben und zu einer luftigen Creme mixen. Kühl stellen bis zum Gebrauch. In einem verschlossenen Behälter im Kühlschrank hält sich die Creme für einige Tage.

ZUCCHINI-FETTUCCINE MIT WALNÜSSEN UND DULSE

ERGIBT 2 – 4 PORTIONEN

Ich liebe die Kombination von Walnuss und Dulse: üppig, salzig und etwas fleischig. Dieses einfache Gericht bringt das besondere Aroma der Rotalge angemessen zur Geltung und wird nur ganz kurz gekocht … gerade lang genug, bis es gar ist. Ich serviere es als Hauptmahlzeit, und es macht sich so gut, als ob es zu den großen Klassikern der italienischen Küche gehören würde.

8 mittelgroße Zucchini

1 TL Meersalz

2 EL Kokosöl

2 Tassen gelbe Zwiebel (etwa 1 große Zwiebel), gewürfelt

⅔ Tasse (gehäuft) Dulsestreifen, in etwa 2 cm große Stücke zerrupft

½ Tasse Walnüsse

¼ Tasse frische Petersilie, gehackt, und ein paar Stängel zum Garnieren

SUPERFOOD-TIPP

Ersetzen Sie die Dulsestreifen keinesfalls mit Dulseflocken. Die kompakte Streifenform hilft, den „Umami"-Geschmack der Alge in Grenzen zu halten, sodass nicht das ganze Gericht von ihr dominiert wird. Dulseflocken sind eine wundervolle Zutat, die man in der Küche zur Hand haben sollte, aber sie eignen sich vor allem als würzige Garnierung.

Mit einem Gemüseschäler die Zucchini vorsichtig in nudelähnliche Streifen schneiden, Schicht für Schicht – bis zum Mittelteil mit den Kernen, den Sie übriglassen. Wälzen Sie die Zucchinistreifen mit dem Salz in einem Sieb, das Salz zieht Flüssigkeit aus dem Gemüse. Anschließend die Zucchinistreifen im Sieb über einer Schüssel 30 Minuten lang abtropfen lassen.

Nach der halben Stunde die Zucchinistreifen in warmem Wasser waschen, um überflüssiges Salz zu entfernen, leicht ausdrücken, erneut abtropfen lassen und beiseite stellen.

Erhitzen Sie das Kokosöl in einer großen Pfanne bei mittlerer Hitze. Die Zwiebeln hineingeben und 5 – 6 Minuten anbraten, bis sie weich und leicht glasig werden. Dulse, Walnüsse und Petersilie zufügen und für weitere 2 Minuten dünsten – die Dulse-Alge wechselt, während sie erhitzt wird, ihre Farbe. Zum Schluss die „Fettuccine" aus Zucchini hinzufügen, alles vermischen und kurz kochen lassen, bis die Zucchini erwärmt und leuchtend grün sind, das dauert 1 – 2 Minuten. Vermeiden Sie ein zu langes Garen. Vom Herd nehmen, mit Salz und Pfeffer abschmecken und vor dem Servieren mit der restlichen Petersilie vermischen.

Variation: Verwenden Sie Quinoa-Nudeln statt Zucchini.

QUINOA-SPAGHETTI MIT CASHEW-CREME-SOSSE UND MANGOLD

Quinoa-Spaghetti – hergestellt aus gemahlener Bioquinoa und gemahlenem Mais – ist eine spannende Alternative zu traditionellen (nährstofflosen) Pasta-Varianten. Diese glutenfreien Superfood-Pasta enthalten Protein, liefern viele Mineralien und schmecken großartig. Ich liebe besonders die frische Kombination mit viel köstlichem grünem Mangold und der pikanten Cashewsoße.
Ein Tipp: Waschen Sie Mangold immer besonders gründlich – er könnte sandig sein.

- 2 große Bund Mangold, gewaschen
- 2 Tassen Wasser
- ⅔ Tasse Cashewkerne, roh
- ½ TL Meersalz
- 1 TL Biozitronenschale, frisch gerieben
- 250 g Quinoa-Spaghetti
- 2 EL Kokosöl
- 2 – 3 Schalotten, gehackt (oder 1 kleine Zwiebel)
- schwarzer Pfeffer, grob gemahlen zum Abschmecken

Bereiten Sie zunächst das Gemüse vor: Nach dem Waschen schneiden Sie die dicken Stielenden des Mangolds ab und verwenden Sie sie anderweitig (Smoothie, Gemüsebrühe). Die Blätter in 1 cm breite Streifen schneiden. Schnell und trickreich geht das, wenn Sie mehrere Blätter übereinander legen und wie eine dicke Zigarre rollen, bevor Sie schneiden. Als Nächstes Wasser, Cashewkerne, Salz und Zitronenschale zu einer geschmeidigen Creme mixen. Stellen Sie alles für eine Weile beiseite.

Kochen Sie die Quinoa-Spaghetti nach Packungsanweisung.

Ein paar Minuten bevor die Pasta gar sind, erwärmen Sie das Kokosöl in einer großen Pfanne bei mittlerer Hitze. Fügen Sie die Schalotten zu und braten Sie sie für 1 Minute – gerade lang genug, damit sie leicht karamellisieren und ein wenig golden werden. Mangold zufügen, alles gut verrühren, dann die Hitze auf schwach bis mittel reduzieren und die Pfanne abdecken. Für 4 – 5 Minuten köcheln lassen, bis der Mangold kräftig dunkelgrün wird und die Blätter zusammenfallen. Den Deckel abnehmen und die gemixte Cashew-Creme-Soße zugeben. Kochen und rühren Sie alles für 1 – 2 Minuten, um die Soße zu erwärmen.
Die Pasta abgießen und mit dem Cashew-Gemüse vermischen, bis alle Zutaten gut verteilt sind. Mit grob gemahlenem schwarzem Pfeffer garnieren und warm servieren.

BLUMENKOHL-RISOTTO

Jetzt wird es besonders raffiniert: Statt des Reis, wie in den bekanntermaßen schweren Risottos, für die viele Restarants berühmt sind, werden in diesem Rezept zum einen Blumenkohl in winzigen Stückchen verwendet, als verführerisch saftiger Reisersatz, und zum anderen fluffige Quinoa, die für eine ideale Konsistenz und einen Proteinschub sorgt. Dieses Risotto ist exzellent für Feinschmecker, die Kalorien reduzieren wollen, denn die Portionen bestehen überwiegend aus kalorienarmem Blumenkohl.

1 mittelgroßer Lauch

1 mittelgroßer Blumenkohl

1 EL Kokosöl, aufgeteilt

2 Knoblauchzehen, fein gehackt

1½ EL Tahin

1 EL Nährhefe

1 EL Misopaste

1½ Tasse Gemüsebrühe

✳ 1½ Tassen Quinoa, gekocht

½ EL Biozitronensaft, frisch gepresst

✳ ¼ Tasse Hantsamen

✳ ½ EL Dulseflocken (optional)

Meersalz und grob gemahlener schwarzer Pfeffer zum Abschmecken

✳ 1 – 2 EL frische Petersilie, gehackt

Schneiden Sie die Wurzelenden und das Grün vom Lauch ab und verwenden Sie nur den weißen Teil. Schneiden Sie diesen der Länge nach auf und spülen Sie den Porree gründlich, um vorhandenen Sand zu entfernen. Den trocken geschüttelten Lauch in dünne Scheiben schneiden. Beim Blumenkohl schneiden Sie die Röschen ab und entsorgen den faserigen Strunk. Geben Sie die Röschen in eine Küchenmaschine und zerkleinern Sie den Blumenkohl (etwa Reiskorngröße). Stellen Sie das Gemüse beiseite.

In einer großen Pfanne erhitzen Sie ½ Esslöffel Kokosöl bei mittlerer Hitze. Lauch und Knoblauch hinzufugen und 2 Minuten anbraten, bis der Lauch zusammenfällt. Den Blumenkohl einrühren und etwa 5 Minuten köcheln lassen. Der Blumenkohl soll weich werden und an Wasser verlieren, gelegentlich umrühren. Währenddessen Tahin, Nährhefe, Misopaste und Gemüsebrühe in einer mittelgroßen Schüssel verquirlen.

Wenn der Blumenkohl gar ist, Quinoa hinzufügen und die Gemüsebrühe-Mischung dazu gießen. Gut umrühren. Lassen Sie das Risotto köcheln, bis die Flüssigkeit verdampft ist, etwa 5 Minuten. Vom Herd nehmen, Zitronensaft einrühren, Hanfsamen, den übrigen ½ Esslöffel Kokosöl und eventuell Dulseflocken zugeben. Mit Salz und schwarzem Pfeffer abschmecken. Mit Petersilie bestreuen und warm servieren.

KABOCHA-QUINOA-RISOTTO MIT SALBEI-CREME UND YACÓN-WURZEL

ERGIBT 4 PORTIONEN

Kabocha (grüner Hokkaido) ist der aufgehende Stern am Kürbishimmel. Mit seinem üppig orangefarbenem Fleisch, dem süßen Aroma und der leicht schmelzenden Konsistenz ist er nur schwer zu schlagen. Seine cremige Qualität dient als eine hervorragende Grundlage für Risottos wie dieses, das statt traditionellem Reis Quinoa als zusätzlichen Nährstoff verwendet. Die Yacónwurzel wird verwendet, um der Salbeicreme noch mehr Geschmack zu verleihen, sie liefert ein wundervoll süßes, fast rauchiges Element als weicher Belag auf dem Risotto. Statt der Yacónwurzel können ersatzweise frische oder getrocknete Apfelscheiben, Aprikosenstücke oder ein Obst/Gemüse nach Ihrer Wahl verwendet werden.

- 1 Tasse Quinoa, ungekocht
- 4 Tassen Gemüsebrühe, aufgeteilt
- 1 EL Kokosöl
- 2 Tassen Kabocha-Kürbis (oder Hokkaido), geschält, entkernt, in etwa 1,5 cm große Würfel geschnitten
- ¼ TL Meersalz
- schwarzer Pfeffer, grob gemahlen, zum Abschmecken
- ¼ TL Muskatnuss, gerieben
- ¾ Tasse Salbeicreme (Seite 191)
- ½ Tasse (gehäuft) Yacón, getrocknet
- 2 EL frische Petersilie, gehackt

SUPERFOOD-TIPP

Das Schneiden von hartem Gemüse wie Kürbis kann mit Hilfe einer Küchenmaschine schnell erledigt werden und viel Zeit sparen.

Spülen Sie die Quinoa gründlich unter warmem Wasser und geben Sie sie in einen mittelgroßen Topf. Gießen Sie 2½ Tassen der Gemüsebrühe hinzu, decken Sie die Pfanne zu und lassen Sie alles bei mittlerer Hitze kochen. Entfernen Sie dann den Deckel und reduzieren Sie die Hitze. Etwa 15 Minuten köcheln lassen, so lange, bis die Quinoa gar und leicht glasig ist (die Quinoa sieht jetzt etwas wässriger und weicher als normalerweise aus). Zudecken und warm halten.

Während die Quinoa köchelt, den Kürbis zubereiten: Erhitzen Sie das Kokosöl bei mittlerer Hitze in einer großen beschichteten Pfanne. Geben Sie den gewürfelten Kürbis, ½ Tasse Gemüsebrühe, Meersalz und etwas grob gemahlenen schwarzen Pfeffer in die Pfanne. 5 – 8 Minuten kochen, bis der Kürbis weich ist. Mit Muskatnuss würzen und 1 weitere Minute kochen lassen. Vom Herd nehmen, in die Küchenmaschine geben und pürieren, bis alles glatt ist.

In einem großen Topf vermischen Sie die gekochte Quinoa, das Kürbispüree, die restliche ¾ Tasse Gemüsebrühe und ½ Tasse süße Salbei-Creme, bei niedriger Hitze köcheln lassen, bis alles heiß ist. Mit Salz und Pfeffer abschmecken und eventuell noch Gemüsebrühe hinzufügen. Verteilen Sie das Risotto auf Tellern. Richten Sie die Portionen mit etwas Salbeicreme und Yacónstreifen an und bestreuen Sie das Gericht mit Petersilie.

BRUNNENKRESSE-MOCHI-PIZZA

Mochi (japanischer Reiskuchen) ist ein genialer Streich japanischer Nahrungsmittelherstellung; es ist eine Art klebriger Naturreis, der so „gestampft" wird, dass das getrocknete Mochi beim Kochen aufgeht wie eine Kreuzung zwischen Keks und Muffin. Ich liebe die Einfachheit von Mochi – traditionell aus Klebreis gemacht: nicht mehr, nicht weniger. Dünn geschnitten, ergibt Mochi einen köstlichen Pizzateig, in diesem Rezept bestrichen mit einer weißen Soße und belegt mit einem grünen Superfood-Blattgemüse der Extraklasse: mit pfeffriger Brunnenkresse. Am besten schmeckt die Pizza frisch aus dem Ofen und ergibt in Stücke geschnitten eine phänomenale Vorspeise. Die Menge reicht aber auch für ein sättigendes Hauptgericht. Sie können gar nicht anders als neugierig sein, wenn ich Ihnen sage, dass Sie für diese hausgemachte Pizza nur 15 Minuten brauchen, von Anfang bis Ende.

1 Packung Wildreis-Mochi (etwa 340 g) alternativ Reis-Mochi, ungesüßt

2 Tassen Brunnenkresse

1 – 2 EL Zitronen-Camu-Vinaigrette (Seite 128)

⅓ Tasse Cashewkerne, roh

¾ Tasse Wasser

1 große Knoblauchzehe, fein gehackt

¼ TL Meersalz

Kokosöl zum Braten

schwarzen Pfeffer, frisch gemahlen, zum Abschmecken

Schneiden Sie das Mochi in etwa 0,5 cm dünne, lange Streifen. In einer mittelgroßen Schüssel die Brunnenkresse mit der Vinaigrette schwenken. Cashewkerne, Wasser, Knoblauch und Meersalz zusammen zu einer geschmeidigen Creme mixen (eventuell durch ein feines Sieb streichen). In einen kleinen Topf geben und bei niedriger Hitze zum Simmern bringen. Weiter köcheln lassen – gelegentlich umrühren, um ein Anbrennen zu verhindern – so lange, bis die Creme auf die Hälfte reduziert ist und eine dicke weiße Soße entstanden ist – etwa 5 Minuten. Vom Herd nehmen, abdecken und warm stellen.

Für jede Pizza (das Rezept reicht für drei) eine kleine Menge Kokosöl in einer beschichteten Pfanne bei mittlerer Hitze schmelzen. Um einen richtigen Pizzaboden zu erhalten, legen Sie 8 Mochistreifen nebeneinander in die Pfanne, zunächst ohne dass sie sich berühren. Die Kanten mit einem Spatel vorsichtig etwas flach drücken, dann schieben Sie sie zusammen, sodass die Streifen sich alle längsseitig berühren und ein gleichmäßiges Quadrat bilden. Für 5 Minuten anbraten, so lange bis das Mochi an der Unterseite leicht braun wird und sich aufbläht, dann wenden (die Streifen sollten jetzt als ein Quadrat zusammenkleben). Verteilen Sie etwa 1/3 der weißen Soße auf der gebratenen Seite und braten Sie für etwa 3 – 4 Minuten die neue Unterseite, bis sie goldbraun ist. Vom Herd nehmen, in vier Stücke schneiden und jedes mit Brunnenkresse und schwarzem Pfeffer garnieren. (Den gleichen Vorgang mit den 2 weiteren Pizzen wiederholen.)

MEDITERRANE GEMÜSEPIZZA

ERGIBT 1 PIZZA (4 PORTIONEN)

Bei dieser Pizza kommt es mehr auf den Gesamteindruck als aufs Detail an. Der Boden ist ein proteinreiches, knackiges Fladenbrot, mit Superfood-Samen aufgepeppt, die Soße eine pikante Olivencreme, reich an Mineralien und gesunden Fetten, und der köstliche Belag besteht aus gedünstetem, aromatischem Gemüse. Da dieser Pizzateig nicht aufgeht, sondern fest bleibt, rollen Sie ihn dünn genug aus: So wird er schön knusprig!

FÜR DEN BODEN

½ Tasse Vollkorn-Reismehl plus ein bisschen zum Bestäuben

✳ ¼ Tasse Leinsamenpulver

½ TL Meersalz

¼ TL Knoblauchpulver

1½ Tassen Kichererbsen, gekocht, ungesalzen

2 EL Tahin

2 EL Wasser

✳ 1 EL Chiasamen, aufgeteilt

Olivenöl zum Backen/Braten

FÜR DEN PIZZABELAG

1 – 2 EL Olivenöl

½ rote Zwiebel, dünn in Scheiben geschnitten

2 Knoblauchzehen, fein gehackt

1 Tasse braune Riesenchampignons (oder normale Champignons), gewürfelt

1 Tasse Cherrytomaten, halbiert

Meersalz zum Abschmecken

4 Tassen (gehäuft) Spinatblätter

1 Portion Olivenkaviar (Seite 188)

Rote Chiliflocken zum Garnieren nach Belieben

Zuerst stellen Sie den Teig her: Mischen Sie das Reismehl, Leinsamenpulver, Salz und Knoblauchpulver in einer kleinen Schlüssel. In einer Küchenmaschine pürieren Sie Kichererbsen, Tahin, Wasser und 1 TL Chiasamen zu einer geschmeidigen Paste. Geben Sie die trockenen Zutaten dazu und mixen Sie alles zu einem Teig. Formen Sie den Teig zu einer kompakten Kugel und lassen Sie ihn zugedeckt 15 Minuten ruhen.

Heizen Sie den Ofen auf 190 °C vor und ölen Sie ein Backblech leicht mit Olivenöl oder Kokosöl ein. Legen Sie Ihre Arbeitsfläche mit Backpapier aus. Bestäuben Sie die Oberfläche leicht mit wenig Reismehl. Legen Sie den Teig auf das Papier. Bestäuben Sie eine Teigrolle mit etwas Mehl und rollen Sie den Teig zu einem etwa 3 mm dünnen Rechteck aus. Bestreuen Sie den Teig mit den restlichen Chiasamen und drücken Sie sie leicht an. Legen Sie das Backblech mit der Oberseite auf den Teig. Schieben Sie eine Hand unter das Backpapier mitsamt dem Teig und legen Sie eine Hand auf das Blech. Drehen Sie beide mit einer schnellen Bewegung um – der Teig sollte jetzt angekommen sein – und entfernen Sie das Backpapier vom Teig. Backen Sie den Teig für 20 Minuten.

Der Pizzabelag: Erhitzen Sie 1 EL Olivenöl in einer mittelgroßen, hochwandigen Pfanne. Geben Sie die Zwiebeln dazu und braten Sie sie für 3 – 4 Minuten an, dann fügen Sie Knoblauch, Champignons, Tomaten und etwas Meersalz hinzu, 3 – 4 Minuten braten, dann Spinat dazugeben und die Herdplatte ausschalten. Wälzen Sie das Gemüse in der heißen Pfanne, bis der Spinat zusammenfällt und die Aromen sich verbinden. Wenn der Teig fertig ist, nehmen Sie ihn aus dem Ofen und bestreichen die Oberfläche gleichmäßig mit dem Olivenkaviar. Belegen Sie die Pizza mit dem Gemüsemix, schieben Sie das Blech zurück in den Ofen und backen Sie alles für weitere 10 Minuten.

ZUCCHINI-FETTUCCINE MIT MEGA-MARINARA

ERGIBT 4 PORTIONEN

Dieses Rezept eignet sich hervorragend für einen heißen Sommertag. Es lässt sich als köstliche Rohkost servieren, dann müssen Sie nicht einmal den Herd anschalten. Andererseits, ein kurzes Erhitzen macht daraus eine total wohlige Mahlzeit … es fällt mir wirklich schwer zu entscheiden, welche Version ich lieber mag.

12 mittelgroße Zucchini

1 TL Meersalz

1 Tasse Walnüsse, aufgeteilt

2 Tassen Cherrytomaten

3 EL Gojibeeren

¼ Tasse Rosinen

¼ Tasse (gehäuft) frischer Basilikum, gehackt

2 TL frischer Oregano, fein gehackt

1 TL frischer Knoblauch, fein gehackt

1 EL Misopaste

½ TL Seetangpulver (optional)

⅓ Tasse Hanfsamen

SUPERFOOD-TIPP

Pasta durch bekömmliche Zucchini-„Fettuccine" zu ersetzen ist ein exzellenter Weg, um Kalorien zu sparen und an mehr Nährstoffe zu kommen. Das Vorsalzen macht die Streifen weicher, und lassen Sie sich nicht von der hohen Salzmenge abschrecken – das meiste wird wieder ausgewaschen.

Schneiden Sie die geschälten Zucchini mit einem Gemüseschäler in breite Streifen, dabei lassen Sie den Mittelteil mit den Kernen aus. Geben Sie die Zucchinistreifen in ein Sieb und mischen Sie sie mit Salz. Für 30 Minuten über einer Schüssel abtropfen lassen.

In der Zwischenzeit geben Sie die Walnüsse in einen Mixer. Zerkleinern Sie die Nüsse und stellen Sie sie beiseite. Tomaten, Gojibeeren, Rosinen, Basilikum, Oregano, Knoblauch, Misopaste und bei Bedarf Seetangpulver in die Küchenmaschine geben und alles zu einer geschmeidigen Masse pürieren. Halten Sie die Maschine an und schieben Sie die Masse von den Seiten in die Mitte, um sicherzustellen, dass alles vermischt wird. Geben Sie 2 Esslöffel Walnüsse hinzu und mixen Sie erneut. Wenn die Soße zu fest wird (hängt vom Saft in den Tomaten ab), geben Sie 1 oder 2 Esslöffel Wasser dazu, geben Sie die Soße in eine Schüssel und mengen Sie die Hanfsamen und verbliebenen Walnüsse unter.

Nach der halben Stunde die Zucchinistreifen in warmem Wasser waschen, um überflüssiges Salz zu entfernen, anschließend leicht ausdrücken, um überschüssige Flüssigkeit zu entfernen.

Stellen Sie das Gericht mit einer der folgenden Methoden fertig:

Roh (kalt): Richten Sie die Zucchini zusammen mit der Soße auf Tellern an und servieren Sie sie. Kann auch im Ofen ein wenig vorgewärmt werden.

Gekocht (heiß): Geben Sie die Zucchini in eine Pfanne mit 1 Teelöffel Kokosöl. Bei niedriger Hitze etwa 2 Minuten erwärmen. Geben Sie die Soße dazu und erhitzen Sie das Ganze für weitere 1 – 2 Minuten, bis alles heiß ist. Sofort servieren.

NORI-KICHERERBSEN-SALATWRAPS

ERGIBT 8 WRAPS (ETWA 4 PORTIONEN)

Diese sättigenden Wraps können wie Tacos gegessen werden. Das Nori-Kichererbsen-Pesto erinnert an Thunfischsalat in Geschmack und Nährstoffgehalt, es liefert genauso essenzielle Fettsäuren und einen hohen Proteingehalt, aber Sie umgehen die potenzielle Aufnahme von Schwermetallen durch den Verzicht auf Fisch. Genießen Sie die Salatwraps als Hauptgericht zum Mittag oder als leichtes Abendessen.

1 EL Umeboshi-Essig

2 EL Sesam

2 Tassen Naturreis, gekocht

1 Rezept „Nori-Kichererbsen-Pesto"

1 Avocado, entkernt, geschält und in 8 Stücke geschnitten

8 – 10 Blätter Lollo Rosso, Eichblatt- oder Kopfsalat

Mischen Sie in einer Schüssel den Umeboshi-Essig und den Sesam mit dem gekochten Naturreis. Um die Salatwraps herzustellen, legen Sie ein Salatblatt auf eine glatte Oberfläche. Geben Sie ein paar Teelöffel der Reismischung in die Mitte des Salatblatts und krönen Sie diese mit einem Löffel Nori-Kichererbsen-Pesto. Legen Sie ein Stück Avocado dazu und rollen Sie das Ganze vorsichtig zu einem Wrap. Wiederholen Sie den Vorgang mit den restlichen Blättern und servieren Sie alles als Fingerfood.

NORI-KICHERERBSEN-PESTO

4 Tassen Kichererbsen, gekocht

8 rohe Noriblätter

2 TL Schalotten, fein gehackt

3 EL Shoyu

¼ Tasse Öl mit essenziellen Fettsäuren

2 EL frischer Limettensaft

2 Stangen Sellerie, fein gehackt

Mit einer Gabel zerdrücken Sie die Kichererbsen zu einer groben Paste. Zerkrümeln Sie die Noriblätter zu feinen Flocken und streuen Sie sie in die Paste ein. Mischen Sie alles gut durch und fügen Sie der Paste die übrigen Zutaten zu. Wieder glatt mischen. Bis zum Verzehr kühl stellen.

SUPERFOOD-TIPP

Wenn Sie Salat- oder Blattgemüse für Wraps auswählen, prüfen Sie die Qualität genau und schauen Sie nach schönen Blättern ohne (oder höchstens nur kleine) Löcher oder Risse. Wenn Sie nicht die passende Güteklasse gefunden haben, legen Sie einfach zwei Blätter übereinander, so vermeiden Sie, dass die Füllung unschön herausquillt.

MIT GRANATAPFEL GLASIERTE PORTOBELLOSTEAKS AUF ZITRONENSPINAT

Das süß-saure Aroma des Granatapfels bildet einen interessanten Gegensatz zu der erdigen Fleischigkeit der Champignons. Diese ungewöhnliche Zusammenstellung zaubert ein raffiniertes, erstaunlich ausgewogenes Geschmackserlebnis. Eine wirklich elegante Mahlzeit, die gut zu Ihrem Lieblingsrotwein passt.

FÜR DIE GLASUR

- 1 Tasse Granatapfelsaft, naturbelassen
- 1 EL Kokoszucker
- 1 EL Rotweinessig
- ½ TL frischer Thymian, gehackt
- ¼ TL Meersalz
- ½ EL Kokosöl

FÜR DIE PORTOBELLOSTEAKS

- ¼ Tasse Olivenöl
- ⅓ Tasse Rotwein
- 1 TL Rote Chiliflocken
- 1 EL Knoblauch, frisch gepresst
- ½ TL Meersalz
- 4 Riesenchampignons
- etwa 1 kg Spinat
- Saft von 1 Biozitrone, frisch gepresst
- Meersalz und Pfeffer, grob gemahlen, zum Abschmecken
- ½ Tasse Granatapfelkerne
- 1 Handvoll Keimlinge oder Sprossen zum Garnieren

Stellen Sie erst die Glasur her: In einem kleinem Topf alle Zutaten für die Glasur vermischen und zum Kochen bringen. Hitze auf ein Simmern reduzieren und für 20 Minuten köcheln und zu einer dicken Soße reduzieren. Beiseite stellen.

In einer kleinen Schüssel Öl, Rotwein, Chiliflocken, Knoblauch und Salz verquirlen – Sie können auch einen kleinen Mixer verwenden, um eine bessere Emulsion zu erhalten. Stiele der Champignons entfernen (für eine gute Suppe oder als Gemüse). Beide Seiten der Pilzkappen mit der Glasur bestreichen. Eine große beschichtete Pfanne bei mittlerer Hitze erwärmen und die Pilze, mit der gerippten Seite nach oben, in die Pfanne geben. Die restliche Glasur über die Pilze in die Pfanne geben und etwa 5 – 7 Minuten lang braten, nach der Hälfte der Zeit die Pilze einmal wenden.

Während die Pilze in der Pfanne braten, den Spinat entweder durch leichtes Dämpfen oder kurzes Anbraten für 1 – 2 Minuten in einer weiteren Pfanne zusammenfallen lassen. Mit dem Zitronensaft vermischen und mit Salz und Pfeffer abschmecken.

Zum Servieren ein Spinatbett auf jedem der vier Teller anrichten. Wenn Sie möchten, können Sie die Pilze in Scheiben schneiden oder ganz lassen und dann auf das Spinatbett legen. Mit warmer Granatapfelglasur beträufeln, dann mit Granatapfelkernen, Keimlingen oder Sprossen garnieren.

ASIATISCHE TEMPEH-SALATWRAPS

Wer braucht überhaupt noch die typischen Weizenmehlfladen, die Tortillas? Kühler, knackiger Salat eignet sich hervorragend als Wrap, während er gleichzeitig die Wärme der Tempeh-Füllung ausgleicht. Diese Salatwraps eignen sich hervorragend als leichtes Mittagessen oder Sie können sie auch durch Zugabe von warmem Naturreis oder Quinoa zu einer gehaltvolleren Mahlzeit „upgraden".
Die Füllung kann im Voraus vorbereitet werden und zusammen mit Salatblättern zu einer Party mitgenommen und zur Selbstbedienung angeboten werden.

- 1 EL Wakameflocken
- 1 TL Korianderpulver
- 1 TL Knoblauch, frisch gepresst
- 2 EL Shoyu
- 2 EL Kokosöl
- 230 g Tempeh, in Würfel geschnitten
- ¼ Tasse Cashewkerne, roh und grob gehackt
- 1 Frühlingszwiebel, dünn geschnitten
- 1 Tasse Mungbohnenkeime
- ¼ Tasse frischer Koriander, gehackt
- 8 – 10 große Salatblätter

Die Wakameflocken in einem Glas mit warmem Wasser für 20 Minuten einweichen. Abtropfen lassen und bis zum Gebrauch beiseite stellen. Währenddessen das Korianderpulver, Knoblauch und Shoyu in einer Schüssel vermischen. Beiseite stellen.

Das Kokosöl bei mittlerer Hitze in einer mittelgroßen Pfanne erwärmen. Das Tempeh hinzufügen und für 8 – 10 Minuten anbraten. Gelegentlich wenden, bis das Tempeh von allen Seiten goldbraun ist.
Die Pfanne vom Herd nehmen und sofort die Cashewkerne, Zwiebel, Wakame und den Shoyu-Mix hinzufügen. 30 Sekunden lang schnell verrühren, damit sich alles gut zusammenfügt. Dann die Mungbohnensprossen und den frischen Koriander dazugeben, gut vermischen und in eine Servierschüssel geben.
Zum Verzehr ein paar Löffel auf den ausgebreiteten Salatblättern verteilen. Locker einwickeln und wie einen Wrap essen.

SUPERFOOD-TIPP

Tempeh ist ein fermentiertes Soja- oder Getreideprodukt (unbehandelte Vollwertkost) ähnlich einem stark gepressten Gemüsebratling. Einige Hersteller kreieren jetzt neue einzigartige Tempeh-Mischungen, die Stars wie Leinsamen, Hanf oder Algen enthalten. Sollten sie erhältlich sein, dann entscheiden Sie sich für die Produkte mit dem Superfood-Zusatz und nutzen Sie die zusätzlichen Nährstoffe für sich.

GEFÜLLTE KOHLWRAPS

ERGIBT 4 WRAPS

Ich liebe dieses Rezept, weil es besonders vielseitig ist. Die Grundidee ist, ein großes Kohlblatt wie eine Weizen-Tortilla mit haufenweise Gemüse und aromatischen Aufstrichen oder Dips zu füllen. Für dieses prall gefüllte Rezept habe ich meine Lieblingsgemüse und -aufstriche verwendet, aber Improvisation ist vielleicht die beste Zutat von allen. Ein unverzichtbares Geheimnis verrate ich Ihnen: Ein Noriblatt auf der Innenseite des Kohlblatts hilft, die Füllung besser zusammenzuhalten, während es gleichzeitig einen besonders pikanten Geschmack hinzufügt.

- 8 große Kohlblätter, ohne Einrisse und Löcher
- 2 Avocados
- ¾ Tasse Goji-Salsa (Seite 187) oder frische gekaufte rote Salsa
- 4 rohe Noriblätter, halbiert
- ¼ TL Meersalz
- mehrere Handvoll junges Blattgemüse
- 1 große Handvoll Sprossen (wie Mungbohnen, Sonnenblumen oder Ihre Lieblingssprossen)
- 2 Tassen Karotten, geraspelt
- 1 Portion „Herzhafter Saatenaufstrich" (Seite 190)

SUPERFOOD-TIPP

Kurzes Blanchieren hilft, die Blätter etwas biegsamer und auch bekömmlicher zu machen. Zum Blanchieren jedes Blatt erst für 10 Sekunden in kochendes Wasser tauchen, dann sofort in ein Eiswasserbad. Vor dem Weiterverwenden gut trocknen.

Jeweils ein Kohlblatt (nach dem optionalen Blanchieren – siehe Superfood-Tipp unten), auf ein Schneidebrett legen – mit der matten helleren Seite nach oben. Strunk oder Stielende abtrennen, dann vorsichtig die Rippe in der Blattmitte mit einem Messer etwas abhobeln, d. h. glätten, sodass der Stiel plan mit dem Blatt ist. Die Prozedur mit den übrigen Blättern wiederholen.

In einer mittelgroßen Schüssel die Avocados mit einer Gabel zerdrücken. Die Goji-Salsa unterrühren und mit Meersalz würzen. Die so entstandene Guacamole bis zum Gebrauch abdecken und beiseite stellen.

Zum Herstellen der Wraps jeweils ein Kohlblatt auf eine glatte Fläche legen, mit der helleren Seite nach oben, die Mittelrippe liegt senkrecht zu Ihnen. Einen Noristreifen quer zur Rippe auf das Blatt legen, etwa 5 cm weg vom unteren Blattrand. Ein paar Löffel der Guacamole entlang des Noriblatts verteilen, lassen Sie vor dem Blattende auf beiden Seiten etwa 2,5 cm Platz. Junges Grünzeug auf der Guacamole verteilen, gefolgt von einer Lage Sprossen und Karottenraspel. Mit etwas „Herzhaftem Saatenaufstrich" bestreuen. Die Füllung mit den Fingern etwas zusammenschieben und vom oberen, entfernt von Ihnen liegenden Ende aus festeinrollen. Wenn das Blatt groß genug ist, Seiten einklappen und wie einen Burrito (oder Dürüm Döner) einrollen. Zum Servieren schneiden Sie den Wrap (auf dem Blattrand liegend, damit er intakt bleibt) diagonal in zwei Hälften. Wiederholen Sie die Prozedur mit den weiteren Wraps …

GEBRATENER BABY-PAK-CHOI MIT SHIITAKE, ZUCKERSCHOTEN UND SACHA INCHI

ERGIBT 4 PORTIONEN

Der Trick für knackiges Bratgemüse sind frische Zutaten, hohe Temperatur und superschnelles Braten in der Pfanne. Der Seetang (Kelp) in diesem Rezept sorgt für zusätzliche Mineralien – eine kleine Menge reicht schon aus. Außerdem scheint es ganz so, als ob die Sacha Inchi für diese asiatisch inspirierte Kombination geboren wurden, da sie das nährstoffreiche Gemüse mit gesunden Fetten und Protein abrunden.

1 EL Misopaste

1 TL Seetangpulver

1 TL Yacónsirup

⅓ Tasse Wasser

2 EL Kokosöl

½ TL Sesamöl

3 Knoblauchzehen, fein gehackt

2 Tassen Shiitake, nur die Pilzkappen, in 1,5 cm dicke Scheiben geschnitten

2 Tassen Zuckerschoten, entspitzt

etwa 500 g Baby-Pak-Choi, der Länge nach halbiert

¼ TL Rote Chiliflocken

1½ EL Umeboshi-Essig

¼ Tasse Sacha Inchi, gehackt

Quinoa, gekocht, (Seite 170) oder Naturreis, gekocht, zum Servieren

Die Misopaste, Seetangpulver, Yacónsirup und Wasser in einem kleinen Mixer kurz mixen (oder in einer kleinen Schlüssel verquirlen oder mit dem Stabmixer, bis alles gut gebunden ist).

Kokosöl und Sesamöl zusammen in einem großen Wok oder einer hochwandigen Pfanne erhitzen, bis ein Hauch von Rauch zu sehen ist. Bei hoher Hitze Knoblauch zufügen und 30 Sekunden lang anbraten. Pilze zugeben und 1 Minute lang braten. Zuckerschoten, Pak Choi, die Misomischung und Chiliflocken zufügen und etwa 5 Minuten scharf anbraten bis der Pak Choi leuchtend grün und knackig-zart ist. Essig zugießen und weitere 10 Sekunden braten. Auf einen Servierteller geben und mit Sacha Inchi bestreuen. Heiß mit gekochter Quinoa oder Reis servieren.

SUPERFOOD-TIPP

Entgegen allgemeiner Annahme dürfen Pilze vor dem Garen gewaschen werden. Sie trocken abzubürsten ist nicht die einzige Methode, sie zu säubern. Bitte beachten Sie, dass die Stiele von Shiitake sich von denen anderer Pilze unterscheiden – sie sind unerfreulich holzig und sollten entsorgt werden.

BRATLINGE AUS SCHWARZEN BOHNEN UND HANF

ERGIBT 6 – 8 BRATLINGE

Diese Bratlinge quellen förmlich über an erstklassigem Protein, essenziellen Fettsäuren, Eisen, Calcium, Ballaststoffen und Spurenelementen und tragen kein bisschen zu Herzerkrankungen oder Diabetes bei wie Bruder Burger aus tierischen Produkten. Perfekt abgestimmte Gewürze lassen die drei pflanzlichen Proteinlieferanten brillieren: schwarze Bohnen, Hanfsamen und Quinoa.

Kokosöl zum Braten

1 Tasse süße Zwiebel, fein gewürfelt (etwa ½ mittelgroße Zwiebel)

4 große Knoblauchzehen, fein gehackt

1 Tasse rote Paprika, fein gewürfelt (etwa 1 Paprika)

1½ Tassen schwarze Bohnen, gekocht, ungesalzen

1 Tasse Hanfsamen

10 sonnengetrocknete Tomaten, eingeweicht in heißem Wasser, bis sie weich sind, fein gehackt

½ TL Meersalz

2 TL Paprikapulver

¼ TL Chipotlepulver

¼ TL Cayennepfeffer

2 TL Misopaste

1 Tasse Naturreis, gekocht

⅓ Tasse Quinoaflocken

SUPERFOOD-TIPP

Wenn Sie ungesalzene Bohnen verwenden, haben Sie die volle Kontrolle über den Salzgehalt.

In einer beschichteten Pfanne 1 Teelöffel Kokosöl bei mittlerer Hitze erhitzen. Zwiebeln und Knoblauch zufügen und dünsten, bis die Zwiebeln nach 3 – 4 Minuten glasig werden. Die Paprika zugeben und weiterbraten, bis das Gemüse weich ist – etwa 5 Minuten. Den Herd auf die niedrigste Stufe stellen und schwarze Bohnen, Hanfsamen, sonnengetrocknete Tomaten, Meersalz, Paprika-, Chipotle- und Cayennepulver zufügen. Unter ständigem Rühren 1 – 2 Minuten weiterbraten. Vom Herd nehmen und in eine große Schüssel füllen.

Die Misopaste zu der Mischung geben. Mit der Rückseite einer Gabel Gemüsemischung und Misopaste vermengen und die Bohnen zerdrücken. Den gekochten Naturreis und die Quinoaflocken unterrühren. Wenn die Masse auf Handwärme abkühlt ist, kneten Sie die Mischung, bis ein fester Teig entsteht. Abgedeckt in den Kühlschrank stellen und 30 Minuten ruhen lassen, damit die Quinoaflocken aufquellen und die überschüssige Feuchtigkeit aufsaugen.

Aus dem Teig 6 – 8 Bratlinge formen (eventuell 1 oder 2 Esslöffel Wasser hinzufügen, damit der Teig besser klebt). Eine kleine Menge Kokosöl in einer beschichteten Pfanne bei mittlerer Hitze erwärmen. Wenn die Pfanne heiß ist, die Bratlinge hineingeben. Für 4 – 5 Minuten von jeder Seite anbraten, bis die Bratlinge goldbraun sind.

Serviervorschlag: Mit Vollkorn-Hamburgerbrötchen, Avocados, Tomaten, Zwiebeln und Sprossen servieren. Oder probieren Sie den „High Protein Style" – und wickeln Sie den Bratling in ein Kohlblatt oder servieren Sie ihn auf Salat. Wie auch immer Sie diesen Spezial-Burger servieren, ein Klecks Maquiketchup (Seite 190) toppt alles.

.

INKA-BURGER

Mais, Quinoa und Sacha Inchi (auch bekannt als Inka-Erdnuss) gehörten zu den Grundnahrungsmitteln des antiken Inkareiches, dessen Krieger für ihre Stärke und Widerstandskraft bekannt waren. Zusätzlich zu den Zutaten, die die Ausdauer fördern, enthält dieses Rezept weiße Riesenbohnen, die mit ihrer Nährstoffdichte alle anderen Bohnen in den Schatten stellen.

Kokosöl zum Braten

1 Schalotte, fein gehackt (etwa ¼ Tasse)

3 Knoblauchzehen, fein gehackt

½ Selleriestange, fein gehackt

¼ Tasse Cherrytomaten, geviertelt

※ 1 TL frischer Thymian, fein gehackt

※ ½ TL frischer Rosmarin, fein gehackt

1 Tasse weiße Riesenbohnen, gegart (oder normale weiße Bohnen)

1 TL Dijonsenf

¾ Tasse Naturreis, gekocht

※ ¼ Tasse Quinoaflocken

※ ½ Tasse Sacha Inchi, fein gehackt

¾ Tasse Maiskörner, frisch oder gefroren (und aufgetaut)

Meersalz nach Bedarf

Eine kleine Menge Kokosöl (etwa ½ Teelöffel) bei mittlerer Hitze in einer großen beschichteten Pfanne erhitzen. Schalotten, Knoblauch und Sellerie zufügen und für ein paar Minuten dünsten, bis sie weich sind. Cherrytomaten, Thymian, Rosmarin und gekochte Bohnen einrühren. Die Zutaten einige Minuten braten, damit die Tomaten weich werden und die Kräuter ihre Aromen entfalten können, währenddessen umrühren und die Tomaten und Bohnen mit einem Holzlöffel zerdrücken.

Nachdem die Zutaten durchgegart und vermischt sind, die Hitze ausstellen und den Inhalt der Pfanne in eine mittelgroße Schüssel füllen. Dijonsenf, Reis, Quinoaflocken, Sacha Inchi und Mais zufügen. Alles verrühren und zu einem Brei stampfen. Probieren, salzen und würzen nach Bedarf, dann zudecken und 15 Minuten ruhen lassen.

Mit sauberen Händen die Mischung zu 4 runden etwa 2,5 cm dicken Bratlingen formen. Eine kleine Menge Kokosöl – gerade genug, um die Oberfläche zu benetzen – in einer großen beschichteten Pfanne bei mittlerer Hitze erhitzen. Die Burger vorsichtig in die heiße Pfanne geben. Insgesamt 10 – 12 Minuten braten, nach der Hälfte der Zeit die Bratlinge vorsichtig wenden, bis beide Seiten eine goldene Kruste zeigen.

Serviervorschlag: Servieren Sie die Bratlinge zur Abwechslung auf einem Rucolabett mit Zitronen-Camu-Vinaigrette (Seite 128).

QUINOA MIT PESTO UND GETROCKNETEN TOMATEN

ERGIBT 4 – 6 PORTIONEN

Die superleckere Pesto-Sauce birgt einige Nährstoffgeheimnisse in sich – dieses Rezept ist die Superfood-Version eines klassischen italienischen Nudelgerichts.

½ Tasse (gehäuft) sonnengetrocknete Tomaten

❋ 2 Tassen (gehäuft) frisches Basilikum, gehackt

❋ ½ Tasse Hanfsamen

⅓ Tasse Öl mit essenziellen Fettsäuren

⅓ Tasse mit Olivenöl

❋ 1 TL Weizengraspulver, gefriergetrocknet

1 TL Nährhefe

¾ TL Meersalz

1 EL Knoblauch, fein gehackt

❋ 4 Tassen Quinoa, gekocht

❋ 2 Tassen Babyspinat, ganz dünn geschnitten

Die sonnengetrockneten Tomaten 30 Minuten lang in heißem Wasser einweichen, bis sie weich sind. In dünne Scheiben schneiden.

In einer Küchenmaschine Basilikum, Hanfsamen, beide Ölsorten, Weizengraspulver, Nährhefe, Meersalz und Knoblauch zu einem Pesto mixen. In einer großen Schüssel etwas Pesto (nach Hunger und Personenanzahl) mit gekochter Quinoa, sonnengetrockneten Tomaten und Spinat mischen. Kalt servieren oder vorsichtig erwärmen.

EINFACHE KOCHMETHODE FÜR QUINOA

1 Teil ungekochte Quinoa auf knapp 2 Teile Wasser

1 Tasse ungekochte Quinoa ergibt 3 Tassen gekochte Quinoa

Die Quinoa in einem feinmaschigen Sieb oder Durchschlag gründlich kalt waschen, um das Saponin in der äußeren Schicht zu entfernen (manchmal ist Quinoa bereits vorgewaschen). Quinoa und frisches Wasser in einen Topf geben, zum Kochen bringen, kurz aufkochen und auf ein Simmern reduzieren. 15 Minuten köcheln lassen, bis das Wasser verdampft ist und die Quinoa leicht glasig und zart wird. 5 Minuten ruhen lassen und vor dem Servieren mit einer Gabel auflockern.

TOFU-BROKKOLI-QUICHE MIT QUINOABODEN

ERGIBT EINE 22 CM GROSSE QUICHE

Ich war nie wirklich ein Freund von süßem oder herzhaftem Gebäck. Darum mag ich diese Quiche. Mit Tofu kann man außergewöhnliche Quiches backen, die leicht, weich und außerdem frei von Cholesterin – nämlich ohne Eier! – sind. Ihn verwende ich für die Füllung, der Boden besteht aus köstlicher Quinoa. Obwohl diese Quiche in keinster Weise wie ein Gebäck ist, schmeckt sie dennoch köstlich. Bonus: Die Quiche gewinnt am nächsten Tag sogar noch an Geschmack.

FÜR DEN BODEN

✳ ⅓ Tasse Leinsamenpulver

⅓ Tasse warmes Wasser

✳ 2 Tassen Quinoa, gekocht (Seite 170)

3 EL zerlassenes Kokosöl

¼ Tasse Nährhefe

¼ TL Meersalz

FÜR DIE FÜLLUNG

1 EL Kokosöl

1 Tasse gelbe Zwiebel, fein gehackt

4 große Knoblauchzehen, fein gehackt

✳ 2 Tassen Brokkoliröschen (geschnitten in Würfelgröße oder kleiner)

knapp 500 g fester Tofu

¼ Tasse Nährhefe

2 EL Tahin

1 EL Umeboshi-Essig

½ TL Kurkuma, gemahlen

Das Leinsamenpulver mit dem Wasser in einer kleinen Schüssel mischen und 10 Minuten beiseite stellen, damit sich ein Gel bilden kann. Heizen Sie den Ofen auf 200 °C vor. Den Boden einer 22-cm-Springform (im Durchmesser) mit Kokosöl leicht einfetten.

In einer großen Schüssel die gekochte Quinoa, Kokosöl, Nährhefe und Meersalz mischen. Das Leinsamen-„Gel" hinzufügen und gut verrühren. Die Mixtur gleichmäßig auf der Backform verteilen. Benutzen Sie Ihre Hände, um den rohen Boden fest in einer flachen, kompakten Schicht auszubreiten. 10 Minuten lang vorbacken und wieder aus dem Ofen nehmen. Bis zur Weiterverarbeitung beiseite stellen.

Für die Füllung einen Esslöffel Kokosöl in einer beschichteten Pfanne bei mittlerer Hitze schmelzen. Knoblauch und Zwiebeln zufügen und 2 Minuten dünsten, bis die Zwiebeln glasig sind. Brokkoli zugeben und weitere 3 Minuten dünsten, bis der Brokkoli leuchtend grün ist. Vom Herd nehmen und beiseite stellen. In einem Mixer das Tofu, die Nährhefe, Tahin, Umeboshi-Essig und Kurkuma zu einer geschmeidigen Masse verarbeiten. Das gedünstete Gemüse dazugeben und 3 oder 4 Mal nur ganz kurz mixen, um das Gemüse unterzurühren, aber nicht zu pürieren. Verwenden Sie einen Spatel oder Löffel, um die Mischung auf dem vorbereiteten Quinoaboden zu verteilen. 45 – 50 Minuten backen, bis die Quiche goldbraun ist. Aus dem Ofen nehmen und 10 Minuten vor dem Servieren ruhen lassen; die Quiche schmeckt heiß oder kalt serviert köstlich.

TERIYAKI-SHIITAKE-SUSHI

ERGIBT 4 PORTIONEN

Eine Art Frischekur, die gute Laune macht, erhalten Sushi, wenn man Quinoa statt Sushireis verwendet, ein bisschen Leinsamenpulver eingerührt sorgt für die Klebrigkeit. Die außergewöhnlich gute Superfood-Teriyaki-Soße (mit Maca aufgewertet) macht die marinierten Shiitake zart und lässt ihre Aromen explodieren.

¾ Tasse Shiitake, nur die Pilzkappen, in Streifen geschnitten

1 Rezept Superfood-Teriyaki-Soße

✳ 1 Tasse Quinoa, ungekocht

2 Tassen Wasser

✳ 2 EL Leinsamenpulver

2 TL Yacónsirup

1 TL Misopaste

✳ 4 Noriblätter

1 Avocado, geschält, entkernt, in dünne Scheiben geschnitten

✳ ½ Tasse Sonnenblumensprossen oder andere Keimlinge

Pilzkappen in eine kleine Schale geben und mit der Superfood-Teriyaki-Soße übergießen. Gut umrühren. Abdecken und 30 Minuten marinieren, dabei kalt stellen.

In der Zwischenzeit vorgewaschene Quinoa und Wasser in einem Topf mischen, zum Kochen bringen und auf ein Simmern reduzieren. Offen 15 Minuten lang kochen lassen, bis die Quinoa weich und das Wasser verdampft ist. Vom Herd nehmen und sofort Leinsamenpulver, Yacónsirup und Misopaste einrühren. Gut verrühren und auf Raumtemperatur abkühlen lassen.

Mit einer Gabel die Pilze entnehmen, die überschüssige Soße ausdrücken und beiseite stellen. Die restliche Teriyaki-Marinade für einen Dip aufbewahren. Die Zutaten in den Noriblättern zu Sushi rollen (Anleitung siehe Rucola-Tempeh-Sushi, Seite 175), dabei das Quinoa wie Reis verwenden und die Pilze, Avocado und Sprossen als Füllung.

SUPERFOOD-TERIYAKI-SOSSE

3 EL Yacónsirup

3 EL Shoyu (oder Sojasoße)

1 EL Öl mit essenziellen Fettsäuren

1 EL Orangensaft

2 EL Wasser

¼ TL Zwiebelpulver

¼ TL Knoblauchpulver

1 EL Ingwer, frisch gerieben

Alle Zutaten in eine kleine Schüssel geben und verquirlen. Hält sich im Kühlschrank etwa 2 Wochen. Ergibt ⅔ Tasse.

RUCOLA-TEMPEH-SUSHI

ERGIBT 4 PORTIONEN

Fügen Sie mit diesem kreativen Sushi ein wenig zusätzliches Eiweiß zu Ihrer nächsten „Veggie-Rolle" hinzu. Obwohl Sie jede Art von Tempeh verwenden können, würde sich ein Wildreis-Tempeh besonders gut machen.

knapp 250 g Tempeh, fein zerkrümelt

2 EL Kokosöl

2 EL Misopaste

2 EL Tahin

2 TL Biozitronensaft, frisch gepresst

4 Tassen (gehäuft) Rucola, gehackt

20 sonnengetrocknete Tomaten

½ Tasse „Blitzschnell eingelegte Zwiebeln" (Seite 136)

4 – 6 Noriblätter

Die getrockneten Tomaten etwa 30 Minuten in heißem Wasser einweichen, dann in feine Scheiben schneiden.

Fein zerkrümeltes Tempeh unter ständigem Rühren in Kokosöl bei mittlere Hitze für 3 – 4 Minuten anbraten, bis es goldbraun ist. Vom Herd nehmen und mit Miso, Tahin und Zitronensaft mischen. Auf Raumtemperatur abkühlen lassen.

Die Zutaten zu Sushi rollen (siehe unten), verwenden Sie das Tempeh anstelle von Reis und als Füllung Rucola, Tomaten und Zwiebeln. Jede Rolle in 6 – 8 Stücke schneiden (oder alternativ zu kleinen „Handrolls" in Tütenform drehen).

IN 5 SCHRITTEN ZU HAUSGEMACHTEN SUSHI

Hausgemachte Sushi erfordern ein bisschen Übung, aber es ist vermutlich leichter, als Sie denken. Sie brauchen dazu eine Bambusmatte, die Sie im Asialaden erstehen können. (Ein guter Trick ist, die Matte in Folie einzupacken, es erspart einige anschließende Reinigungsarbeit.)

EINS: Ein Noriblatt (etwa 18 x 20 cm, eventuell halbieren) mit der glänzenden Seite nach unten auf eine Bambusmatte legen, die Bambusstäbchen horizontal zu Ihnen.

ZWEI: Ein Handvoll gekochten Reis (oder Reis-Ersatz) gleichmäßig horizontal auf der unteren Hälfte des Blattes verteilen. Den Reis plattdrücken, er soll plan aufliegen.

DREI: Die Zutaten für die Füllung mittig in einer horizontalen Linie auf dem Reis verteilen.

VIER: Vom unteren Ende, also von Ihnen her (die Bambusmatte gibt die Rollrichtung vor) das Sushi wie eine Biskuitrolle mit Hilfe der Bambusmatte aufrollen. Verwenden Sie die Matte dazu, die Rolle fest zusammenzudrücken, auf diese Weise formen Sie einen festen, kompakten Zylinder. Feuchten Sie die Kanten des Noriblatts mit Wasser an und drücken Sie sie einen Moment lang zusammen, um die Sushi-Rolle zu schließen.

FÜNF: Tauchen Sie vor dem Schneiden ein sehr scharfes Messer in heißes Wasser, dann die Rolle vorsichtig in einzelne Sushi-Stücke schneiden.

GARTEN-LASAGNE

ERGIBT 4 PORTIONEN

Ich muss zugeben, dieses Rezept gewinnt keinen Preis für schnelle Zubereitung, aber das Resultat lohnt sich wirklich (essenzielle Fettsäuren, Proteine, Ballaststoffe, Calcium, Eisen), und abgesehen davon schmeckt es köstlich. Dieses nudelfreie Rezept (willkommen, Auberginen!) ist mehr wie eine Vereinigung von Auflauf und Lasagne. Wenn Sie aber doch lieber eine mehr traditionelle Lasagne wollen, können Buchweizen-Lasagneplatten für die Schichten verwendet werden.

2 große Auberginen

Olivenöl zum Braten

Meersalz

4 Tassen (gehäuft) frischer Spinat und/oder Grünkohl, gehackt

1 Rezept Tomatensoße

1 Rezept Linsen-Hanf-Füllung

1 Rezept Sonnenblumenaufstrich

Zuerst die Tomatensoße, die Linsen-Hanf-Füllung und den Sonnenblumenaufstrich zubereiten, wie weiter unten beschrieben.

Den Ofen auf „Grillen" und 220 °C einstellen. Drei Backbleche mit Alufolie oder Backpapier auslegen und mit etwas Olivenöl bepinseln. Auberginen schälen und die Enden entfernen, dann in etwa 0,5 cm dicke Scheiben schneiden. Die Auberginenscheiben auf den Backblechen auslegen, mit Olivenöl bestreichen und mit etwas Meersalz bestreuen. Für 8 – 10 Minuten grillen, nach der Hälfte der Zeit wenden, bis sie leicht gebräunt und weich sind. Aus dem Ofen nehmen.

Die Ofentemperatur auf 175 °C herunterschalten. Eine Lasagneform (etwa vier Liter) mit einer flachen Schicht Auberginenscheiben auslegen. ⅓ der Tomatensoße gleichmäßig auf den Scheiben verteilen. Die Hälfte der Linsen-Hanf-Füllung über die Soße krümeln, dann mit der Hälfte des Spinats (oder Grünkohls) bedecken. Den Sonnenblumenaufstrich in kleinen Portionen auf dem Spinat/Grünkohl verteilen. Wiederholen Sie das Schichten und schließen Sie mit der Tomatensoße als oberste Schicht ab. Vorsichtig alles verteilen, und die Oberfläche der Lasagne glätten. Mit Aluminiumfolie abdecken und etwa 30 Minuten lang backen, bis alles vollständig durchgegart ist.

TOMATENSOSSE

2 Tassen sonnengetrocknete Tomaten
(ungesalzen)

4 Tassen heißes Wasser

1 EL Kokosöl

2 Tassen gelbe Zwiebel, gehackt
(etwa 1 Zwiebel)

6 große Knoblauchzehen,
fein gehackt

4 Tassen Tomaten, gehackt

⅓ Tasse Rotwein

✺ ¼ Tasse Basilikum, fein gehackt

Meersalz zum Abschmecken

Die sonnengetrockneten Tomaten 20 – 30 Minuten lang in das heiße Wasser legen, bis sie weich sind. Beiseite stellen. In der Zwischenzeit das Kokosöl in einer großen Pfanne bei mittlerer Hitze zerlassen. Die Zwiebeln dazugeben und 3 – 4 Minuten dünsten, bis sie glasig werden, dann den Knoblauch hinzufügen und etwa 1 Minute weiterdünsten. Das Basilikum unterrühren und die Pfanne vom Herd nehmen. Zusammen mit den eingeweichten sonnengetrockneten Tomaten und 1 Tasse des Einweichwassers (1 weitere Tasse Einweichwasser für den Sonnenblumenaufstrich aufbewahren, siehe unten) in einen Mixer geben und zu einer groben Soße verarbeiten. Probieren und nach Bedarf salzen.

LINSEN-HANF-FÜLLUNG

2½ Tassen Linsen (z.B. braune oder
Puy-Linsen), gekocht

1½ EL Misopaste

2 EL Tahin

✺ 2 EL frischer Oregano, fein gehackt

✺ 2 EL frisches Basilikum, fein gehackt

2 EL Biozitronensaft

1 TL Knoblauchpulver

✺ ⅓ Tasse Hanfsamen

½ EL Kokosöl

In einer mittelgroßen Schüssel alle Zutaten, bis auf das Kokosöl, vermischen. Das Kokosöl in einer Bratpfanne bei mittlerer Hitze erwärmen, die Linsenmischung hineingeben. Bei schwacher Hitze 2 – 3 Minuten unter ständigem Rühren anbraten, dann zum Abkühlen beiseite stellen.

SONNENBLUMENAUFSTRICH

1 Tasse Sonnenblumenkerne

½ Tasse Cashewkerne, roh

1½ EL Misopaste

1 EL Nährhefe

¾ Tasse Einweichwasser der sonnengetrockneten Tomaten aus dem Rezept oben plus eine weitere ¼ Tasse griffbereit, falls nötig

Alle Zutaten im Mixer zu einer Paste nach Art von Ricotta mixen. Je nach Mixer müssen Sie eventuell die Maschine stoppen, die Paste von den Seiten schaben und erneut mixen. Verwenden Sie die übrige ¼ Tasse Einweichwasser nur, wenn es wirklich nötig ist – der fertige Aufstrich sollte sehr dick und fest sein.

BEILAGEN, PESTOS UND AUFSTRICHE

Man fühlt sich einfach ein bisschen stolz, wenn man eine dieser unwiderstehlichen „Beilagen" isst – und weiß, dass sie in Wahrheit aus tollen Superfoods bestehen.

Maca auf Süßkartoffelfritten? Kroketten (aber nicht aus Kartoffeln), die so nahrhaft sind, dass sie als Hauptmahlzeit durchgehen könnten? Darauf konnen Sie wetten! Nur weil es sich hier um kleine Happen handelt, heißt das noch lange nicht, dass sie nichts Großes zu bieten haben.

„BBQ POTATO FRIES" AUS SÜSSKARTOFFELN

ERGIBT 4 – 6 PORTIONEN

Kokosöl und Süßkartoffeln sind eine im Feinschmeckerhimmel gestiftete Verbindung.
Fügen Sie die hausgemachte Würzmischung mit etwas eingeschmuggeltem Macapulver hinzu
und erwarten Sie allgemeine Zustimmung in Form eines „Wow".

etwa 1 kg Süßkartoffeln
2 EL zerlassenes Kokosöl
1¼ TL Paprikapulver
½ TL Chilipulver
¼ TL Knoblauchpulver
¾ TL Zwiebelpulver
1 TL Mesquitepulver
½ TL Macapulver
⅛ TL Cayennepfeffer
¾ TL Meersalz
1 TL Kokoszucker

SUPERFOOD-TIPP

Unter der Schale von Wurzel-
gemüse stecken die meisten
Nährstoffe, und Süßkartoffeln
sind da keine Ausnahme.
Wenn die Kartoffeln mit Schale
gebacken werden, bewahren
sie mehr Aroma und liefern
mehr Mineralstoffe.

Den Ofen auf etwa 220 °C vorheizen.

Die Süßkartoffeln in lange, etwa 1 cm dicke Streifen schneiden. Mit dem zerlassenen Kokosöl vermischen und auf zwei Backblechen einlagig verteilen. In den Ofen schieben und für 15 – 25 Minuten backen, bis die Potato fries gar sind und leicht braun werden. (Für ein knusprigeres Resultat zusätzliche 5 – 10 Minuten backen.)

Während die Potato fries im Ofen sind, alle Gewürzpulver und übrigen trockenen Zutaten in einer kleinen Schüssel mischen.

Wenn die Potato fries fertig sind, Backbleche aus dem Ofen holen und die Kartoffeln sofort mit der Gewürzmischung bestreuen (verwenden Sie so viel, wie Sie mögen) und mit einem Spatel wenden, um sicher-zustellen, dass sie gleichmäßig gewürzt sind. Warm servieren. Reichen Sie bei Bedarf Maquiketchup (Seite 190) oder gewöhnlichen Ketchup dazu.

KROKETTEN MAL ANDERS

Außen knusprig und innen perfekt weich, diese Mini-Kroketten bewirken wahre Wunder bei Heißhunger. Doch dieses Rezept birgt ein riesiges Geheimnis – statt aus Kartoffeln sind diese Kroketten gänzlich aus sehr nährstoffreichen anderen Lebensmitteln gemacht. Mit vielen Proteinen, essenziellen Fettsäuren und Ballaststoffen – und sie werden nicht in der Fritteuse gebacken. Das sind bei Weitem die leckersten und nährstoffreichsten Kroketten überhaupt!

1 ½ Tassen weiße Riesenbohnen (oder andere weiße Bohnen), gekocht

¼ Tasse Leinsamenpulver

¼ Tasse goldene Leinsamen

2 Tassen Quinoa, gekocht (S. 170)

2 EL mildes weißes Miso

¼ Tasse Vollkorn-Reismehl

½ Tasse Zwiebeln, fein gehackt

Kokosöl zum Braten

Mit einer Gabel die gar gekochten Bohnen* in einer großen Schüssel zerdrücken. Alle Zutaten, mit Ausnahme des Kokosöls, dazugeben und gut vermischen.

Eine Handvoll Teig nehmen und lange, etwa 2,5 cm dicke Rollen auf einem Schneidebrett formen. Vorsichtig in etwa 1,5 cm dicke Scheiben schneiden; Sie erhalten eine Art „Kartoffel"-Taler.

Eine beschichtete Pfanne bei mittlerer Hitze erwärmen und etwas Kokosöl hineingeben, um die Pfanne zu fetten. Die Taler in die Pfanne geben und von beiden Seiten mehrere Minuten anbraten, bis sie goldbraun werden. Verwenden Sie einen Spatel zum Wenden und braten Sie die Taler gleichmäßig von beiden Seiten.

Sofort servieren. Wenn gewünscht, reichen Sie Maqui- oder gewöhnlichen Ketchup dazu.

* Falls Sie die Bohnen nicht frisch kochen (Applaus für Sie, wenn Sie es tun!), sollten Sie wissen, dass die meisten weißen Bohnen in Dosen schon gesalzen sind. Wenn Sie ungesalzene Bohnen verwenden, kann etwas Miso den Geschmack verbessern.

PÜREE VON GERÖSTETEN PASTINAKEN MIT AHORN-SACHA-INCHI

ERGIBT 4 PORTIONEN

Geschmeidige, cremige und ungemein aromatische Pastinaken ersetzen müde Püreekartoffeln in dieser Beilage. Obwohl raffiniert im Geschmack, ist dieses Rezept tatsächlich ziemlich simpel ... der schwerste Teil ist, die Beherrschung aufzubringen, nicht alles, kaum aus dem Ofen, gleich aufzuessen. (Tipp: Machen Sie einfach mehr.) Ich bin außerdem ziemlich versessen auf die Ahorn-Sacha-Inchi, die genau das richtige Maß Süße und Knusprigkeit liefern.

etwa 1 kg Pastinaken, geschält, in 1,5 cm große Würfel geschnitten

2 EL zerlassenes Kokosöl

Meersalz nach Geschmack

⅓ Tasse Sacha Inchi

1 EL Ahornsirup

1¼ Tassen Wasser

Den Ofen auf 200 °C vorheizen.

Auf einem großen Backblech die Pastinaken mit dem zerlassenen Kokosöl vermischen und mit etwas Meersalz bestreuen. 25 – 30 Minuten backen, bis die Pastinaken goldbraun sind, zwischendurch wenden. Aus dem Ofen nehmen und warm halten, bis sie zu Püree verarbeitet werden.

Während die Pastinaken im Ofen backen, einen Teller mit einem quadratischen Stück Backpapier bedecken. In einer kleinen Pfanne die Sacha Inchi bei schwacher bis mittlerer Hitze 3 – 4 Minuten rösten, häufig wenden, damit sie nicht anbrennen. Eine Prise Salz hinzufügen, dann mit Ahornsirup übergießen und sofort die Herdplatte ausstellen. Die Sacha Inchi im brutzelnden Ahornsirup wälzen, sodass sie gut bedeckt sind. Nach etwa 1 Minute den Inhalt der Pfanne auf den Teller mit Backpapier geben und verteilen. Auskühlen und trocknen lassen.

Die gerösteten Pastinaken in eine Küchenmaschine geben und pürieren. Langsam Wasser hinzugeben, während die Maschine läuft, nur wenig auf einmal, bis das Püree die gewünschte Cremigkeit erreicht hat. Abschmecken und eventuell nachsalzen. In eine Servierschüssel umfüllen und mit den Sacha Inchi bestreuen.

TOMATILLO-CHIA-SALSA

ERGIBT ETWA 2 TASSEN

Je länger diese Salsa ruht, umso besser – sie ist sogar noch aromatischer am nächsten Tag. Wenn Sie keinen Koriander mögen, können Sie ihn weglassen oder, wenn Sie ihn mögen, nehmen Sie etwas mehr. Chiasamen helfen, diese würzige Salsa leicht und locker zu machen.

2 EL Chiasamen

1 mittelgroße Gurke, gewürfelt

350 g Tomatillos (ohne Hülse), gewürfelt (in Dosen erhältlich) oder alternativ Roma Tomaten

½ EL Limettensaft, frisch gepresst

2 – 3 EL frische Korianderblätter

¼ Tasse weiße Zwiebel, gewürfelt

2 Knoblauchzehen, fein gehackt

1 Jalapeñoschote, ohne Kerne, fein gehackt

¼ TL Meersalz

Verwenden Sie eine Küchenmaschine, um alle Zutaten kurz zu einer stückigen Salsa zu vermischen – nicht pürieren, sonst wird aus der Salsa eine Suppe. (Sie können auch einfach alles klein schneiden und von Hand vermischen.) Vor dem Servieren mindestens 30 Minuten kaltstellen, damit sich die Aromen entfalten und die Chiasamen überschüssige Flüssigkeit aufsaugen können. Dippen Sie Ihre Lieblingskräcker oder -chips in der Salsa oder verwenden Sie sie in einem Wrap oder Burrito.

Variation: Rühren Sie eine gehackte Avocado (geschält und entkernt) unter die fertige Salsa.

GOJI-SALSA

ERGIBT ETWA 1 ½ TASSEN

Es hat einen Sinn, warum Gojibeeren so gut zu Tomaten passen: Beide sind Mitglieder der Familie der Nachtschattengewächse, was sie zu entfernten Verwandten macht. Die milden süßen Gojibeeren passen wie perfekt gereifte Cherrytomaten in diese wunderbare, frische und leicht herzustellende Salsa.

½ Tasse getrocknete Gojibeeren

1 Tasse Tomaten, gewürfelt

1 Knoblauchzehe, fein gehackt

½ mittelgroße Schalotte, gehackt

½ Jalapeñoschote, ohne Kerne, fein gehackt

1 EL Limettensaft, frisch gepresst

Alle Zutaten in eine mittelgroße Schüssel geben. Vor dem Servieren 30 Minuten kaltstellen, damit die Gojibeeren aufquellen und die Aromen sich verbinden. Dippen Sie ihre Lieblingskräcker oder -chips in die Salsa oder verwenden Sie sie in einem Wrap oder Burrito.

OLIVENKAVIAR

ERGIBT ⅔ TASSE

Dieser kräftige, salzige, von französischer Tapenade inspirierte Dip ist exzellent auf Kräckern und für Gemüse oder als Aufstrich für Sandwiches und Wraps. Er kann auch als wunderbares Pesto mit Pasta genossen werden.

1 Tasse entsteinte Kalamata-Oliven (schwarze* Oliven)

✳ 2 EL Dulseflocken

✳ 1 EL Chiasamen

¼ Tasse Wasser

½ TL Dijonsenf

1 große Knoblauchzehe, fein gehackt

1 TL Biozitronensaft, frisch gepresst

1 EL Öl mit essenziellen Fettsäuren

Alle Zutaten in den Mixer geben und pürieren. Den Dip für 15 Minuten ruhen lassen, damit die Chiasamen aufquellen und die Aromen sich entfalten können. Hält sich im Kühlschrank für mehrere Wochen.

* (Schwarze Oliven sind oft mit Eisengluconat geschwärzt. Das tut nicht not, gibt ihnen aber das tiefschwarze Aussehen. Achten Sie darauf, ungeschwärzte dunkle Oliven zu kaufen. Anm.d.V.)

HANFHUMMUS

ERGIBT ETWA 2 TASSEN

Dieser cremige Dip passt besonders gut zu Kräckern und rohem Gemüse oder als Aufstrich für Sandwiches und zu Wraps. Der Zusatz von Hanfsamen liefert einen schönen Schub an Proteinen, essenziellen Fettsäuren, Eisen und Chlorophyll.

1 ½ Tassen Kichererbsen (frisch gekeimt oder gekocht und ungesalzen)

2 EL Tahin

✳ ¼ Tasse Hanfsamen

1 EL Öl mit essenziellen Fettsäuren

1 ½ TL Knoblauchpulver

⅓ Tasse Biozitronensaft

¾ TL Meersalz

½ TL geräuchertes Paprikapulver (optional)

Alle Zutaten in einem Mixer geschmeidig und cremig pürieren. Zum Servieren in eine Schüssel geben. Hält sich im Kühlschrank etwa eine Woche.

HERZHAFTER SAATENAUFSTRICH

ERGIBT ETWA 1 TASSE

Wenn niemand zusieht, liebe ich es, diesen Aufstrich auf einem Noriblatt zu verteilen und es mir wie eine dünne Zigarre zu einem grandiosen Snack zu wickeln. Sollte jedoch seltsam aussehendes Essen nicht Ihr Ding sein, versuchen Sie diesen Aufstrich als Füllung in einem Wrap, auf einem Sandwich oder auf Sellerie-stangen als schnellen Happen. Er ist voll von Proteinen, die schön machen, und Mineralstoffen.

⁂ ⅔ Tasse Hanfsamen

⁂ 2 EL Leinsamenpulver

¼ Tasse rohe Sonnenblumenkerne

2 EL Biozitronensaft

1 EL Misopaste

1 EL Nährhefe

⁂ ¼ TL Oregano, getrocknet

¼ TL Knoblauchpulver

¼ TL Zwiebelpulver

Alle Zutaten in einer Schüssel so lange verrühren, bis sie sich mitein-ander verbunden haben. Hält sich etwa 1 Woche im Kühlschrank.

MAQUIKETCHUP

ERGIBT ETWA 1 TASSE

Sogar eine bescheidene Würzsoße kann der perfekte Platz sein, um Antioxidantien und natürliche Energie unterzubringen.

⁂ 1 EL Maquipulver

4 EL Tomatenmark

3 EL Apfelweinessig

1 EL Umeboshi-Essig

1 TL Zwiebelpulver

1 EL Agavendicksaft

1 Dattel, ohne Kern

Alle Zutaten in einem kleinen Mixer verarbeiten, bis sich alles mitein-ander zu einer sämigen Soße verbunden hat. Hält sich im Kühlschrank etwa eine Woche.

INKABEEREN-CHUTNEY MIT CRANBERRYS

ERGIBT 4 PORTIONEN

Inspiriert von einem klassischen Cranberry-Soßenrezept, ist dieses süß-herbe Chutney angefüllt mit klassischen energiespendenden Zutaten der Inka wie Chiasamen und Physalis, die hervorragend zum einzigartigen Aroma der Cranberry passen. Ob Sie das Chutney als Soße oder Beilage servieren (großartig für Feiertage) oder einfach direkt aus der Schüssel löffeln, dieser aromatische Mix, reich an Antioxidantien, ist absolut himmlisch.

- ¼ Tasse Chiasamen
- 1 Tasse Cranberrysaft, ungesüßt
  3 EL Yacónsirup
- ⅓ Tasse plus ¼ Tasse Physalis, getrocknet, oder ⅔ Tasse plus ½ Tasse Physalis, frisch
- ½ Tasse weiche Datteln (etwa 5 oder 6), ohne Kern

Die Chiasamen, Saft, Sirup und ⅓ Tasse Physalis mischen. Mindestens 1 Stunde kaltstellen (oder besser über Nacht), damit die getrockneten Physalis weich werden und die Chiasamen aufquellen können.

Wenn die Physalis weich sind, die Mischung in einen Mixer geben und die Datteln hinzufügen. Mixen, bis alles stückig ist. Die Maschine anhalten und die übrige ¼ Tasse Physalis dazugeben und ein paar Mal kurz durchmixen, um die Beeren grob zu hacken und eine Textur zu erhalten. Am besten kühl servieren.

SALBEI-CREME

ERGIBT ETWA 1 ½ TASSEN

Eine besondere Würzsoße, die darum bettelt, warme gekochte Kürbisse und geröstetes Gemüse zu schmücken. Hält sich etwa eine Woche frisch.

- ½ Tasse Yacónstreifen, getrocknet
  1 ¼ Tassen heißes Wasser
  1 Tasse Cashewkerne, roh
  ½ TL Meersalz
  2 EL Kokosöl
  ⅔ Tasse Schalotten, fein gehackt
  ¼ Tasse frische Salbeiblätter, fein gehackt

Die Yacónstreifen für 10 Minuten in heißem Wasser einweichen. Wenn ein Tee entstanden ist, entsorgen Sie die Streifen (oder genießen Sie sie als Snack!) und gießen Sie den Tee in einen Mixer zu den Cashewkernen und dem Salz. Zu einer glatten Creme pürieren.

Kokosöl in einer Pfanne bei mittlerer Hitze zergehen lassen und die Schalotten und den Salbei hineingeben. Für 2 Minuten unter ständigem Rühren dünsten. Diese Mischung zu der Creme im Mixer geben und glatt pürieren. Alles zurück in die Pfanne geben und bei schwacher Hitze 2 Minuten köcheln lassen, dabei umrühren.

BUTTRIGER AUFSTRICH

Hier muss ich zugeben, dass dieses Rezept keine echten Superfoods enthält, aber wenn „Butter" jemals irgendwelche Vorteile enthielte, wäre dieser Aufstrich ganz nah dran. Dieser cremige Aufstrich dient als ein natürlicher, cholesterin-freier pflanzlicher Ersatz für Butter und Margarine. Wenn Sie eine Laktoseintoleranz haben, ungesunde Fette meiden wollen oder einfach nach einem anderen Weg suchen, der Energie liefert und einen schlanken Körper fördert (Danke, Kokosöl!) – ist dieser Aufstrich wie Zauberei. Er schmilzt sogar!

2 Tassen Cashewkerne, roh
1 Tasse zerlassenes Kokosöl
¼ TL Meersalz

In einem Hochleistungsmixer oder einer Küchenmaschine alle Zutaten pürieren, bis sie absolut glatt sind (das dauert 1 – 2 Minuten und hängt von Ihrem Gerät ab, haben Sie Geduld). In ein Glas mit Deckel (etwa 500 ml) umfüllen und kaltstellen, bis der Aufstrich fest ist. Der buttrige Aufstrich hält sich im Kühlschrank bis zu zwei Monate.

BUTTRIGER KNOBLAUCHAUFSTRICH

Eine kleine Variante des buttrigen Aufstrichs und der echten Knoblauchbutter so ähnlich, dass es Ihnen sogar gelingen könnte, Ihre Gäste hinters Licht zu führen. Verwenden Sie die „Butter", um den Geschmack herzhafter Rezepte zu verstärken, als Kräcker- oder Brotaufstrich oder lassen Sie sie auf warmer Quinoa, warmem Reis oder gedünstetem Gemüse zerlaufen.

2 Tassen Cashewkerne, roh
1 Tasse zerlassenes Kokosöl
¼ TL Meersalz
1 TL Knoblauchpulver oder
 1 EL Knoblauch, frisch

In einem Hochleistungsmixer oder einer Küchenmaschine alle Zutaten pürieren, bis sie absolut glatt sind (das dauert 1 – 2 Minuten und hängt von Ihrem Gerät ab, haben Sie Geduld). In ein Glas mit Deckel (etwa 500 ml) umfüllen und kaltstellen, bis der Aufstrich fest ist. Der buttrige Knoblauchaufstrich hält sich im Kühlschrank bis zu zwei Monate.

SNACKS

Ursprünglich war der Mensch wohl dazu geschaffen, sammelnd und essend unterwegs zu sein. Anstatt sich hinzusetzen, um ein paar große Mahlzeiten zu essen, bis man voll und satt ist, kann das „Naschen" von leichten Snacks, über den Tag verteilt, helfen, einen konstanten Energielevel zu halten und damit – überraschenderweise – den Appetit zu kontrollieren. Natürlich kommt es darauf an, was in den Snacks steckt! Die folgenden natürlichen Snacks sind eine hervorragende Möglichkeit, Hunger abzustellen, Heißhungerattacken gar nicht erst aufkommen zu lassen und dabei voller Energie zu sein. Supersaaten wie Chia- und Leinsamen wirken hier Wunder, oft treten sie an die Stelle von Auszugsmehlen mit ihren leeren Kalorien. Legen Sie sich einen Vorrat von diesen Leckerbissen an. Da darf man gerne zugreifen – das ist das Besondere an Superfood-Snacks. Probieren Sie es aus!

STUDENTEN-ENERGIEFUTTER

ERGIBT ETWA 6 TASSEN

Noch nie haben Sie ein Studentenfutter wie dieses gegessen! Ihre Energie wird mit gut ausgewogenen Nährstoffen phänomenal erhalten. Dieser Snack ist proppenvoll mit all den lebendigen Aromen und Texturen erstklassiger Superfoods, was das Essen zu einer wahren Freude macht. Es hält sich buchstäblich monatelang, und die Zubereitung könnte nicht einfacher sein! Versuchen Sie Chips aus Kokos zu finden, anstatt der üblichen Kokosraspel – die Chips sind einfacher zu essen.

- 1 Tasse getrocknete Gojibeeren
- 1 Tasse getrocknete Maulbeeren
- ½ Tasse Rosinen
- 1 Tasse Sacha Inchi
- 1 Tasse Kokos-Chips, ungesüßt
- ¾ Tasse rohe Pekannüsse
- ⅓ Tasse Kakaobohnensplitter

Alle Zutaten in einer großen Schüssel vermischen und in einem luftdichten Behälter kühl und dunkel aufbewahren. Bleibt viele Monate lang frisch.

SUPERFOOD-TIPP

Studentenfutter (im Amerikanischen heißt es bezeichnenderweise „Trail Mix", also etwa Mix für die Wanderschaft, Anm.d.V.) ist die Art, wie unsere Vorfahren gegessen haben – den ganzen Tag über auf ihren nomadischen Reisen haben sie sich einer Sammlung von Nahrungsmitteln bedient, die ihnen guttaten und lange frisch blieben. Obwohl die Aromen in diesem Mix sehr ausgewogen sind, können Sie natürlich auch mit anderen Superfoods experimentieren – zum Beispiel mit getrockneten Physalis, getrockneten Blaubeeren oder Superfood-Müsli (beispielsweise mit dem Bananen-Hanf-Knuspermüsli, Seite 96).

LAND- UND MEERESMIX

ERGIBT ETWA 6 TASSEN

Dieses Rezept entstand aus dem Verlangen nach einem Studentenfutter, das nicht süß, sondern herzhaft, salzig, knusprig, knackig, sättigend und alles in allem köstlich sein sollte … und natürlich auch gesund. Dieser Mix erfüllt all diese Anforderungen und noch mehr – mit Gemüse von Land und Meer wird daraus ein Snack mit sehr hohem Mineralgehalt. Ideal zum Wandern, für einen Campingausflug oder einfach als Mittagskraftfutter.

- 2 Handvoll Grünkohl, ohne Stiele, Blätter in große Stücke gerupft
- 6 rohe Noriblätter
- 1 EL Schalotte, fein gehackt
- ½ TL Knoblauchpulver
- 2 EL Yacónsirup
- 2 EL Shoyu
- 1 EL Apfelessig
- 2 TL Sesamöl
- ½ TL Ingwerpulver
- ¼ Tasse roher Sesam
- ½ Tasse rohe Sonnenblumenkerne
- ¾ Tasse rohe Walnüsse, grob gehackt

SUPERFOOD-TIPP

Wenn Sie delikates Gemüse wie Grünkohl dehydrieren (oder sanft backen), achten Sie immer darauf, dass es nach dem Waschen vollständig trocken ist, um die Garzeit zu verkürzen.

Die Grünkohlblätter in eine große Schüssel geben und Nori darüber krümeln. Gut vermischen. Alle anderen Zutaten hinzufügen, alles mit sauberen Händen gut vermischen und den Kohl für 2 – 3 Minuten damit einmassieren.. Wählen Sie eine der untenstehenden Methoden und fahren Sie fort.

Dörrofenmethode (empfohlen): Die Mixtur auf 3 oder 4 Dörrofensieben verteilen. Bei etwa 45 °C (oder gewünschter Temperatur)* dehydrieren, bis der Grünkohl knusprig und vollständig trocken ist (ca. 6 – 12 Stunden).

Ofenmethode: Den Ofen auf etwa 95 °C vorheizen. Ein Backblech mit Backpapier auslegen und die Mixtur gleichmäßig auf dem Blech verteilen. Das Blech in den Ofen schieben und 80 – 95 Minuten backen, bis der Grünkohl trocken und knusprig ist. Für beste Ergebnisse und schnelleres Backen, wenden Sie die Mischung in der zweiten Hälfte der Backzeit 1 oder 2 Mal. Gegen Ende der Backzeit aufpassen, dass das Gemüse nicht verbrennt. Anschließend vollständig auskühlen lassen.

In einem luftdichten Behälter aufbewahren, damit der Grünkohl nicht so schnell schlapp macht. Hält sich etwa 1 – 2 Wochen.

* Im Dörrofen können die Speisen nicht verbrennen, Sie können also entweder mit sehr niedriger Temperatur dehydrieren (für den maximalen Erhalt an Nährstoffen) oder bei höherer Temperatur (für eine kürzere Trockenzeit).

GRÜNKOHL-KÄSE-CHIPS

ERGIBT 2 – 4 PORTIONEN

Wenn Sie noch nie knusprigen Kohl probiert haben, dann wird es Zeit! (Und wenn doch, dann machen Sie sich auf eines der besten Rezepte überhaupt gefasst – ernsthaft!) Dieser hier hat einen ausgeprägten Parmesangeschmack, dabei laufen Sie Gefahr, süchtig zu werden. Warten Sie's ab: Sogar Leute, die Grünkohl „ganz und gar nicht leiden können", werden vor Ihren sehenden Augen zu grünkohlverschlingenden Monstern (Kinder inbegriffen). Gehen Sie besser schon einmal in die Küche und starten mit der zweiten Ladung.

- 2 große Handvoll Grünkohl
- 2 EL zerlassenes Kokosöl
- 2 EL Leinsamenpulver
- 1 TL Biozitronensaft
- 1 EL Nährhefe
- 1 EL Tahin
- 1 TL Zwiebelpulver
- ¼ TL Meersalz nach Geschmack

SUPERFOOD-TIPP

Grünkohlblätter verlieren ihre Knusprigkeit recht schnell, selbst dann, wenn sie in luftdichten Behältern aufbewahrt werden. Doch es gibt einen einfachen (und kostenlosen!) Weg, dass sie knusprig bleiben: Heben Sie einfach die kleinen Beutelchen Kieselerde auf, die Sie in der Verpackung von Algen und anderen Snacks finden, und geben Sie ihnen eine neue Aufgabe, indem Sie sie in den Behälter zu dem Kohl legen. Sehr effektiv!

Den Grünkohl waschen und vollständig abtrocken (andernfalls bleiben die Gewürze nicht gut haften). Die dicken Stielenden entfernen und die Blätter in einer großen Schüssel in grobe Stücke reißen.

In einer kleinen Schlüssel oder einer Tasse Öl, Leinsamenpulver, Zitronensaft, Nährhefe, Tahin, Zwiebelpulver und Salz vermischen. Die Mixtur über die Grünkohlblätter gießen.
Mit sauberen Händen die Ölmischung in die Kohlblätter einmassieren, den Kohl dabei drücken und umherwälzen, sodass die Blätter weicher werden. Etwa 2 Minuten lang kneten, bis die Mixtur gleichmäßig auf den Blättern verteilt ist. Wählen Sie eine der untenstehenden Methoden und fahren Sie fort.

Dörrofenmethode (empfohlen): Erwärmen Sie den Dörrofen auf etwa 45 °C. Den Grünkohl auf 4 perforierte Dörrofenkörbe verteilen und 10 – 12 Stunden dehydrieren, bis der Grünkohl knusprig ist (die Zeit kann variieren und ist abhängig von der Luftfeuchtigkeit vor Ort). Den fertigen Grünkohl in einem luftdichten Behälter aufbewahren.

Ofenmethode: Den Ofen auf etwa 95 °C vorheizen. Den Grünkohl so flach wie möglich auf mit Backpapier ausgelegte Backbleche verteilen. Für 55 – 80 Minuten backen, bis der Grünkohl trocken und knusprig ist. Gegen Ende der Backzeit den Grünkohl im Auge behalten, damit er nicht anbrennt. Auskühlen lassen und in einem luftdichten, versiegelten Behälter aufbewahren.

BUCHWEIZEN-GRAHAM-KRÄCKER

ERGIBT ETWA EIN DUTZEND 5 CM GROSSE KRÄCKER

Grahamkräcker haben irgendwie etwas Freundliches an sich, und diese hier sind besonders liebenswert mit ihrem Protein (Danke, Buchweizenmehl und Mesquitepulver!), guten Fetten und wichtigen Mineralien wie Calcium. Um diesen belebenden Snack besonders knusprig zu machen, verlängern Sie die Backzeit um ein paar Minuten.

2 Tassen Buchweizenmehl

¼ Tasse Mesquitepulver
plus ein bisschen zum Ausrollen

¼ Tasse Leinsamenpulver

1 TL Natron

1 TL Meersalz

½ Tasse Kokoszucker

⅓ Tasse Mandelmilch, ungesüßt

¼ Tasse Ahornsirup
(von deutschem Qualitätsgrad
C oder D)

¼ Tasse zerlassenes Kokosöl

2 EL Vanille-Extrakt

In einer Küchenmaschine (oder von Hand) alle trockenen Zutaten, auch den Zucker, gut miteinander vermischen. Die übrigen feuchten Zutaten nacheinander dazugeben und bearbeiten bis ein Teig entsteht. Er sollte fest und leicht klebrig sein. Wenn der Teig zu trocken ist, geben Sie teelöffelweise Mandelmilch dazu. Wenn der Teig zu feucht ist, geben Sie ein wenig Buchweizenmehl dazu. Teilen Sie den Teig in zwei Kugeln und stellen Sie ihn abgedeckt 1 Stunde lang kühl.

Den Ofen auf 160 °C vorheizen. Ein großes Stück leicht bemehltes Backpapier (mit dem zusätzlichen Mesquitepulver bemehlen) auf die Arbeitsfläche legen. Eine Teigkugel in die Mitte legen und mit der Hand flach und platt drücken. Ein zweites Stück Backpapier oben drauf legen und weiter mit der Teigrolle zu einer sehr dünnen Schicht, etwa 3 mm, ausrollen. Auf ein Backblech legen und vorsichtig die obere Schicht Backpapier entfernen. Vorgang mit der zweiten Teigkugel wiederholen und den Teig auf ein weiteres Backblech legen. Mit einem Pizzaschneider oder Ravioliroller (oder einfach mit einem Messer) den Teig vorsichtig in 5 cm große Quadrate schneiden. Mit einer Gabel dekorative Punkte in die Kräcker stechen. Die Kräcker 22 – 28 Minuten backen, bis sie trocken sind. Am Ende der Backzeit genau beobachten, damit sie nicht anbrennen.

Aus dem Ofen nehmen und auf dem Blech 5 Minuten lang auskühlen lassen, dann auf ein Kuchengitter geben und weiter auskühlen und knuspriger werden lassen. In einem luftdichten Behälter bleiben die Kräcker bis zu zwei Wochen lang frisch.

KRÄCKER MIT GUTEN SAMEN

ERGIBT ETWA 30 KRÄCKER

*Die guten Samen – Chia-, Hanf- und Leinsamen – bündeln ihre Kräfte und verwandeln
einen simplen Snack in eine Nährstofforgie. Jeder Biss in diese kernigen Happen
ist vollgepackt mit Nährstoffen, reich an Proteinen, gesunden Fetten und Ballaststoffen.
Die Kräcker können auch zerkrümelt als fantastische Salatcroûtons ihren Beitrag leisten.*

- ¼ Tasse Chiasamen
- 2 EL Leinsamen
- 2 EL Leinsamenpulver
- 1 Tasse warmes Wasser
- ⅔ Tasse Hanfsamen
- 2 EL zerlassenes Kokosöl
- ½ TL Knoblauchpulver
- ¾ TL Meersalz
- ¼ TL schwarzer Pfeffer

Chia-, Leinsamen und Leinsamenpulver in eine Schüssel geben. Wasser einrühren und für 10 Minuten stehen lassen, damit die Samen die Feuchtigkeit aufsaugen können. Wenn die Mixtur eingedickt ist, Hanfsamen, Öl, Knoblauchpulver, Salz und Pfeffer unterrühren. Wählen Sie eine der untenstehenden Methoden und fahren Sie fort.

Dörrofenmethode (empfohlen): Streichen Sie die Mixtur dünn auf ein beschichtetes Dörrofenblech. Mit einem Messer vorsichtig (Antihaftbeschichtung!) die Schicht in Quadrate teilen, damit man sie nach dem Trocknen leichter auseinanderbrechen kann. Bei 45 °C oder gewünschter Temperatur* dehydrieren, bis die Kräcker knusprig sind (12 – 16 Stunden). Einmal etwa nach der Hälfte der Zeit wenden. In einem luftdichten Behälter aufbewahren.

Ofenmethode: Die Mischung auf ein Stück Backpapier geben und ein etwa 25 x 30 cm großes Rechteck so gut wie möglich glattstreichen. Mit einem Messer vorsichtig die Schicht in Quadrate teilen, damit man sie nach dem Trocknen leichter auseinander brechen kann. Für 1 Stunde bei 120 °C backen. Nach 1 Stunde die Kräcker wenden und weitere 15 Minuten backen, bis die dünneren Bereich anfangen, sich goldbraun zu färben. Stellen Sie den Ofen aus und lassen Sie die Kräcker so lange darin, bis er abgekühlt ist, etwa 30 Minuten. Das Rechteck in Stücke brechen und in einem luftdichten Behälter aufbewahren.

* Im Dörrofen können die Kräcker nicht anbrennen. Sie können mit sehr niedriger Temperatur dehydrieren (für den maximalen Erhalt an Nährstoffen) oder bei höherer Temperatur (für eine kürzere Trockenzeit).

ROSMARIN-MANDEL-KRÄCKER

ERGIBT ETWA 8 TASSEN KRÄCKER

Ungeachtet ihrer schmackhaften Raffinesse waren diese Kräcker eines meiner allerersten Rezepte,
die ich damals am College kreiert habe. Ich wollte unbedingt einen Dörrofen haben und so tat ich,
was jeder Student tun würde: Ich bat meine Eltern, mir einen zu kaufen. Nach dem nächsten Geburtstag
verfiel ich also in das, was ich heute als mein „Jahr der Superfood-Kräcker" bezeichne.
Heutzutage, obwohl ich meinen Dörrofen noch immer liebe (es ist immer noch derselbe!),
benutze ich manchmal den Backofen für dieses Rezept, damit es schneller geht.

- ½ Tasse goldene Leinsamen
- ½ Tasse Leinsamenpulver
- 2 Tassen Wasser
- 1 Tasse rohe Mandeln, gehackt
- 2 Stangen Sellerie, gehackt
- 2 Knoblauchzehen, fein gehackt
- 1 TL Meersalz
- 3 EL Biozitronensaft, frisch gepresst
- 2 gehäufte EL frischer Rosmarin, fein gehackt

Die goldenen Leinsamen und das Leinsamenpulver 20 Minuten lang in 2 Tassen Wasser einweichen, damit die Samen aufquellen und ein Gel bilden können. In einem Mixer die Leinsamenmischung zusammen mit allen übrigen Zutaten pürieren, sodass ein Teig entsteht. Wählen Sie eine der untenstehenden Methoden und fahren Sie fort.

Dörrofenmethode (empfohlen): Mit einem Spatel den Teig dünn auf mehrere Dörrofenbleche streichen. Bei 45 °C oder gewünschter Temperatur dehydrieren, bis der Teig fast trocken ist. Den Teig von den Blechen nehmen und in die gewünschte Kräckerform schneiden. Zurück auf die Bleche und mit dem Dehydrieren fortfahren, bis die Kräcker knusprig sind (10 – 14 Stunden insgesamt).

Ofenmethode: Zwei Backbleche mit Kokosöl fetten und Teig dünn darauf verteilen. Bei 150 °C für 45 – 50 Minuten backen, bis die Kräcker goldbraun werden – achten Sie darauf, dass die Kräcker nicht verbrennen. Leicht auskühlen lassen und in Stücke brechen.

*Im Dörrofen kann das Essen nicht anbrennen. Entweder können Sie bei sehr niedriger Temperatur dehydrieren (für den maximalen Erhalt an Nährstoffen) oder bei höherer Temperatur (für eine kürzere Backzeit).

SESAM-KNÄCKEBROT

ERGIBT 6 PORTIONEN

Bevor Auszugsmehle und „weiße" Nahrungsmittel den Siegeszug antraten, haben antike Kulturen bereits Brote gebacken: nährstoffreiche, knusprige eher flache Fladen, hergestellt aus Hülsenfrüchten, Samen und ganzen Körnern. Diese Art Brot mit hohem Proteingehalt, essenziellen Fettsäuren und wichtigen Mineralien wie Calcium ist wahrlich ein regenerierender Snack. Es schmeckt großartig mit einem Klecks Hanfhummus, Olivenkaviar und allen anderen Pestos und Aufstrichen aus diesem Buch (ab Seite 181). Damit das Knäckebrot besonders knusprig wird, verlängern Sie die Backzeit um ein paar Minuten.

1 EL Kokosöl

2 EL Leinsamen

1 EL Chiasamenpulver

1½ Tassen Kichererbsen, gekocht, ungesalzen

⅓ Tassen roher Sesam

1 EL Biozitronensaft, frisch gepresst

2 EL Frühlingszwiebel (weißer und grüner Teil), fein gehackt

½ TL Meersalz

Den Ofen auf 175 °C vorheizen. Ein Backblech mit Backpapier auslegen.

Alle Zutaten in einem Mixer zu einem glatten Teig pürieren (alternativ können Sie die Kichererbsen mit einer Gabel zerdrücken und den Teig von Hand kneten).

Aus dem Teig eine Kugel formen und mit einer Teigrolle direkt auf dem Backpapier zu einem flachen, ovalen Fladen ausrollen. (Rollen Sie den Teig vorsichtig aus, um ein Kleben an der Teigrolle zu vermeiden). Wenn der Teig zu einer etwa 5 mm dünnen Schicht ausgerollt ist, bearbeiten Sie ihn weiter mit den Handflächen, bis das Backblech möglichst gleichmäßig belegt ist. Backen Sie den Fladen, bis er goldbraun ist, das dauert 30 – 40 Minuten. Das Knäckebrot für 10 Minuten abkühlen lassen, vom Blech nehmen und in Stücke schneiden oder brechen.

Zum Aufbewahren in einem luftdichten Behälter legen, hält sich etwa eine Woche.

SUPERFOOD-TIPP

Leinsamen- und Chiasamenpulver funktionieren auf ähnliche Weise, wenn sie in kleinen Mengen verwendet werden. Fühlen Sie sich frei, sie gegeneinander auszutauschen, je nachdem, was Sie gerade zur Hand haben.

SCHOKO-HANF-HAFER-RIEGEL

ERGIBT 1 DUTZEND RIEGEL

Ein einfacher Müsliriegel, der wie ein Keks schmeckt. Die Kakaobohnensplitter, eingebettet in süße Haferflocken und nussige Hanfsamen, machen den Keksriegel einzigartig knusprig.

¼ Tasse + 1 TL Kokosöl

1 Tasse (gehäuft) Datteln (etwa 10 oder 11), ohne Kern

✻ ¼ Tasse Hanfmilch (Seite 256) oder fertig gekaufte Nussmilch Ihrer Wahl

1 EL Vanille-Extrakt

✻ 1 EL Chiasamenpulver

1 ½ Tassen Haferflocken*

½ Tasse Weizenmehl*

¾ TL Natron

½ TL Salz

✻ ⅓ Tasse Hanfsamen

⅓ Tasse dunkle Schokolade, fein gehackt

✻ ¼ Tasse Kakaobohnensplitter

*Für glutenfreie Riegel verwenden Sie glutenfreie Flocken und glutenfreies Mehl, erhältlich in Naturkostläden oder online (siehe Seite 261).

Den Ofen auf 175 °C vorheizen. Ein Backblech leicht mit einem Teelöffel Kokosöl einfetten.

In einem kleinen Topf das restliche Kokosöl zerlassen. Das flüssige Öl in einen Mixer gießen und die Datteln, Hanfmilch, Vanille-Extrakt und Chiasamen dazugeben. Mixen, bis sich eine geschmeidige Paste gebildet hat. Die Maschine stoppen und gegebenenfalls die Paste von den Seiten nach unten schieben.

In einer großen Schüssel die Haferflocken, Mehl, Natron, Salz und Hanfsamen vermischen. Die Dattelmischung unterrühren und gut vermischen. Die Kakaobohnensplitter unterheben.

Die Mischung auf dem vorbereiteten Blech mit einem Spatel verteilen und zu einem etwa 1,5 cm dünnen Rechteck formen. Den feuchten Teig in etwa ein Dutzend Rechtecke schneiden (oder in eine andere gewünschte Form). Für 12 – 15 Minuten backen, bis der Teig gar ist und die Ecken anfangen, goldbraun zu werden. Abkühlen lassen, in Stücke teilen und servieren.

Variation: Fügen Sie eine ¼ Tasse Gojibeeren zusammen mit den Kakaobohnensplittern hinzu.

SÜSSES

Womit kann man sich mehr belohnen als mit einem
süßen Nachtisch ... der auch noch jede Menge Antioxidantien, Mineralien, sekundäre Pflanzenstoffe
und noch mehr des Guten enthält? Ja, doch: Desserts,
die der Gesundheit dienen! Die nun folgenden Luxus-
teile bestehen ganz und gar aus feinsten Süßigkeiten
der Natur, für die berüchtigten „verbotenen" Zutaten
gibt es klugen Ersatz. Sacha Inchi begeistern anstelle
von Erdnüssen; Superbeeren geben Süße und Antioxidantien dazu; und – natürlich – Kakao veredelt
alles mit einer aufregenden Schokoladenpracht. Das
sind Süßigkeiten, die man genießen und feiern darf.

„DYNAMIT"-TOFFEES

ERGIBT 18 WÜRFEL (ETWA 2,5 CM GROSS)

Suchen Sie nach einer Methode, nicht zu vergessen, Ihre Superfoods „einzunehmen"?
Dieses Rezept ist die Antwort. Weich und voll von köstlich süßer dunkler Schokolade,
ist dieser Leckerbissen einem Toffee täuschend ähnlich, aber in Wirklichkeit
sorgt er für eine starke Explosion von Antioxidantien, Mineralstoffen
und wohltuenden sekundären Pflanzenstoffen.

- 2 EL Maquipulver
- 2 EL Macapulver
- 1 EL Mesquitepulver
- 6 EL Lucumapulver
- ½ Tasse Kakaopulver, ungeröstet
- ¼ Tasse Kokoszucker
- 6 EL Kokosöl
- ¼ Tasse Agavendicksaft oder Ahornsirup

In einer Küchenmaschine oder mittelgroßen Schüssel alle trockenen Zutaten vermischen. Kokosöl und Agavendicksaft hinzufügen und wieder rühren, bis alles gut vermischt ist. Wenn Sie von Hand mischen, kneten Sie noch eine Minute weiter.

Ein Stück Frischhaltefolie über einen Teller legen und die Mischung daraufgeben. Den Mix zu einem 2,5 cm dicken Rechteck formen und für mindestens 30 Minuten kaltstellen, damit der Block fest wird. Dann in etwa 18 Würfel (2,5 cm groß) schneiden. Am besten schmecken sie, wenn Sie die Toffees verpackt im Kühlschrank aufbewahren.

Variation: Rühren Sie zusätzlich einen ½ Teelöffel Chlorellapulver unter, wenn Sie die Pulver einrühren.

ACAIBEEREN-TRÜFFELN

Diese antioxidativen Trüffeln sind ein kräftiger Power-Snack, kleine Kugeln, die Ihnen sagen: „Der Tag wird wundervoll!" Besonders toll ist auch, dass Acaibeeren mit ihrem natürlichen Reichtum an ungesättigten Fettsäuren die Fettmenge reduzieren, die für ein gutes Dessert normalerweise nötig ist.

- ⅓ Tasse Acaibeerenpulver
- 1½ EL Kokosöl
- 2 EL Kakaopulver, ungeröstet
- 2 EL Kokoszucker
- ¾ Tasse (gehäuft) weiche Datteln (etwa 7 oder 8), ohne Kern
- 1 EL Mandelmus, roh oder geröstet
- 1 Prise Meersalz
- 2 EL Kakaobohnensplitter

Alle Zutaten außer den Kakaobohnensplittern in einem Mixer verarbeiten, bis ein dicker Teig entstanden ist. Dann die Kakaobohnensplitter zugeben und ein paar Mal nur kurz mixen, damit sich alles vermischt, aber eine knusprige Textur erhalten bleibt.

Jeweils einen gehäuften Teelöffel Teig zu einer etwa 2,5 cm großen Kugel formen. Auf einen Teller legen und vor dem Servieren für mindestens 1 Stunde kaltstellen. Immer gekühlt servieren, da die Trüffeln ansonsten zu weich werden.

Optional: Rollen Sie die Kugeln in etwas Acaibeerenpulver vor dem Kaltstellen.

SUPERFOOD-TRÜFFELN FÜR MEHR ENERGIE

Die goldene Regel für die Herstellung von Superfood-Trüffeln lautet: Jedes Superfood-Pulver kann ein Trüffel werden!

Als eine der besten Grundlagen, in die man Spitzennährstoffe einarbeiten kann, sind Trüffeln leicht zu machen und ein besonderer Genuss. Zunächst mixen Sie die Trüffel-Masse: SÜSS UND KLEBRIG (Datteln oder Rosinen) + GUTES FETT (Kokosöl oder Mandelmus) + AROMATISCHE PULVER (Kakao oder Lucuma).

Danach Superfood-Pulver nach Geschmack zufügen und zu Kugeln formen. Halten Sie davon immer einige griffbereit – einen Happen Wohlfühlenergie, wann immer Sie die brauchen!

SESAMKROKANT

ERGIBT ETWA 2 DUTZEND BROCKEN

Diese Krokanttäfelchen ähneln dem traditionellen griechischen „pasteli", Sesamkrokant, der aus Honig und Sesam gemacht wird, hier mit den gesunden Vorteilen des Yacónsirup.
Das Rezept ergibt eine knusprige und (gleichzeitig!) „mampfige" Nascherei.
Wenn Sie keinen gerösteten Sesam finden können, verwenden Sie einfach rohen –
und schieben ihn für 5 Minuten bei 175 °C in den Ofen.

Kokosöl (für das Backblech)
½ Tasse Yacónsirup
¼ Tasse Hanfsamen
½ Tasse Sesam, geröstet

Ein Backblech leicht mit etwas Kokosöl einfetten.

Bei mittlerer Hitze den Yacónsirup 1 Minute lang in einer Pfanne erwärmen, bis sich Blasen bilden. Die Hitze auf die niedrigste Einstellung reduzieren und den Sesam hinzufügen, unter ständigem Rühren 3 – 4 Minuten köcheln lassen.

Die Mischung in einer etwa 0,5 cm dünnen Schicht auf das gefettete Backblech streichen. Komplett auskühlen lassen (15 – 20 Minuten). Mit einer Küchenschere in Quadrate oder eine gewünschte Form schneiden.

SACHA-INCHI-„BUCKEYES"

In der Sekunde, als meine Freundin und ich diese Süßigkeit zum ersten Mal probierten, schauten wir uns nur in die Augen – und kommunizierten ohne Worte dieselbe dringende Botschaft: Superlecker! Mehr! Buckeyes („Kastanien", ein amerikanisches Gebäck, das wie eine Rosskastanie aussieht, Anm.d.Ü.) werden traditionell aus Erdnüssen gemacht, aber ich finde, sie sind perfekt dazu geeignet, den Erdnussgeschmack von Sacha Inchis zu nutzen – und sich so mit einer Tagesdosis gesunder Omega-Fettsäuren zu versorgen.

- ½ Tasse Sacha Inchi
- 6 EL Kokoszucker
- ⅔ Tasse (gehäuft) Datteln (etwa 6 oder 7), ohne Kern
- 4 EL glattes Mandelmus, roh oder geröstet
- 2 TL Lucumapulver
- ½ TL Vanille-Extrakt
- 1 Portion „Rohschokolade" (Seite 216) oder etwa 125 g dunkle Schokolade

* Wasserbad: Bringen Sie einen großen Topf mit Wasser fast zum Kochen und stellen Sie die Hitze aus. Geben Sie die Schokoladenraspel in einen kleineren, leeren Topf oder eine Metallschüssel und stellen Sie sie in das heiße Wasser im großen Topf. Lassen Sie die Schokoladen langsam flüssig werden und achten Sie darauf, dass kein Wasser in den Topf mit der Schokolade gerät.

In einem Mixer alle Zutaten, außer der Schokolade, zu einer krümeligen teigartigen Masse verarbeiten. Die Maschine anhalten, um zu prüfen, ob der Teig feucht genug ist. Eine etwa 2,5 cm große Kugel zwischen den Handflächen formen. Die Kugel sollte weder zu krümelig noch zu feucht sein, ähnlich wie Konfekt. Wenn der Teig nicht klebrig genug ist, mixen Sie teelöffelweise Wasser unter. Die Mischung in eine Schüssel umfüllen und mit den Händen jeweils 2,5 cm große Kugeln formen. Die Kugeln auf einen Teller legen und 20 – 30 Minuten im Gefrierfach kühlen.

Die Schokolade in kleine Stückchen hacken und im Wasserbad* schmelzen, bis sie flüssig ist. (Wenn Sie gerade sowieso eine frische Ladung Rohschokolade – Seite 216 – machen, dann folgen Sie einfach den Arbeitsschritten bis zur flüssigen Schokolade und frieren Sie diese nicht ein.)

Die Kugeln aus dem Gefrierfach nehmen. In jede „Kastanie" einen Zahnstocher stechen und zur Hälfte in die flüssige Schokolade tauchen. Da die Schokolade fast augenblicklich fest wird, wenn sie mit der kalten Kugel in Kontakt kommt, schnell ein weiteres Mal eintauchen, damit die Schokoladenschicht etwas dicker wird. Entfernen Sie den Zahnstocher und legen Sie die Kugel mit der Schokoladenseite nach oben auf einen großen Teller. Wiederholen Sie den Vorgang mit allen übrigen Kugeln. Im Gefrierfach für 15 Minuten kaltstellen, um sicherzugehen, dass die Schokolade fest wird. Bei Raumtemperatur servieren.

ROHSCHOKOLADE

ERGIBT ETWA 120 GRAMM

Schokolade herzustellen ist eine wahre Kunst – und geht weit über ein einfaches Rezept hinaus. Mein ganzer Respekt gilt den Spitzen-Chocolatiers! Dessen ungeachtet freue ich mich, dass ich nach der Investition von einigen Jahren und viel Fleiß diese exzellente Methode für hausgemachte Schokolade gefunden habe, die wirklich funktioniert. Diese Schokolade ist einfach, enthält wenig Zucker und bleibt auch bei Raumtemperatur fest. Sie bewahrt den vollkommenen Schokoladengeschmack und eine geschmeidige Konsistenz, gleichzeitig behält sie die maximalen Nährstoffe des Kakaos. Und wer auch immer die Entdeckung gemacht hat, dass Schokolade gut für uns ist, dem möchte ich – und ich glaube, da bin ich nicht allein – einen großen Dank aussprechen.

½ Tasse feste Kakaobutter, gehackt

5 EL Kakaopulver, ungeröstet

1 Prise Vanillepulver (optional)*

1 Prise Meersalz

2 EL Agavendicksaft

* Ersetzen Sie das Vanillepulver nicht durch flüssigen Vanille-Extrakt – er würde die Textur der Schokolade negativ beeinflussen. Geeignet ist allerdings das Mark einer Vanilleschote.

Einen Keramikteller zum Kaltwerden ins Gefrierfach stellen.

Die Kakaobutter in einem Wasserbad schmelzen: Bringen Sie einen großen Topf mit Wasser fast zum Kochen und stellen Sie die Hitze aus. Geben Sie die Kakaobutterstückchen in einen kleineren, leeren Topf oder eine Metallschüssel, die Sie in den großen Topf mit heißem Wasser stellen. Lassen Sie die Kakaobutter langsam flüssig werden und achten Sie darauf, dass kein Wasser in den Topf mit der Kakaobutter gerät.

Ist die Kakaobutter geschmolzen, nehmen Sie den kleinen Topf aus dem Wasserbad und rühren mit einem Schneebesen oder Quirl das Kakaopulver, Vanillepulver und Salz unter, bis alles verbunden ist. Den Agavendicksaft hinzufügen und etwa 1 Minute weiter gut durchquirlen – die Schokolade beginnt fest zu werden, wenn sie abkühlt. Nehmen Sie den Teller aus dem Gefrierfach und geben Sie die flüssige Schokolade mit einem Löffel auf den Teller*. Ins Gefrierfach zurückstellen und 20 – 30 Minuten abkühlen lassen, bis die Schokolade vollständig fest ist. Mit einem kleinen harten Spatel oder einem stumpfen Messer die Schokolade in Stücke brechen. Bei „normaler" Raumtemperatur bleibt die Schokolade fest, schmilzt aber schnell, wenn sie Hitze ausgesetzt wird.

* Sie können die Schokolade auch in Pralinenformen gießen, um kleine Riegel oder dekorative Pralinen herzustellen.

Variation: Verwenden Sie Ahornsirup statt Agavendicksaft.

MACASCHOKOLADE

ERGIBT ETWA 115 GRAMM

Nur eine kleine Veränderung des Grundrezepts für Rohschokolade, und aus der Rohschokolade wird ein besonders unglaublicher Powersnack. Manchmal nehme ich sogar einen Happen davon ins Frühstück, um den Tag ultimativ zu starten.

½ Tasse feste Kakaobutter, gehackt

3 EL Kakaopulver, ungeröstet

2 EL Macapulver

1 ½ EL Agavendicksaft

SUPERFOOD-TIPP

Wenn Sie Schokolade herstellen, halten Sie alles frei von Wasser! Die Fettmoleküle der Schokolade gerinnen und erhalten eine hässliche Konsistenz, wenn sie mit Feuchtigkeit in Kontakt kommen – ein häufiger Fehler bei selbst gemachter Schokolade. Um diesem Problem vorzubeugen, trocknen Sie Schneidebrett, Schüsseln und Besteck, mit denen die Schokolade in Berührung kommt, gründlich ab. Es ist auch wichtig, dass die Schüssel oder der kleine Topf zum Schmelzen hoch genug ist, damit sie nicht von Wasser oder Dampf geflutet wird.

Einen Keramikteller zum Kaltwerden ins Gefrierfach stellen.

Die Kakaobutter in einem Wasserbad schmelzen: Bringen Sie einen großen Topf mit Wasser fast zum Kochen und stellen Sie die Hitze aus. Geben Sie die gehackte Kakaobutter in einen kleineren, leeren Topf oder eine Metallschüssel und stellen Sie sie in das heiße Wasserbad. Lassen Sie die Kakaobutter langsam flüssig werden und achten Sie darauf, dass kein Wasser in den Topf mit der Kakaobutter gerät.

Ist die Kakaobutter geschmolzen, nehmen Sie den Topf aus dem heißen Wasser und rühren Sie mit einem Schneebesen oder Qirl das Kakao- und Macapulver unter, bis alles verbunden ist. Den Agavendicksaft hinzufügen und weiter zügig etwa 1 Minute lang verquirlen. Nehmen Sie den Teller aus dem Gefrierfach und geben Sie die flüssige Schokolade mit einem Löffel auf den Teller*. Ins Gefrierfach zurückstellen und 20 – 30 Minuten kühlen lassen, bis die Schokolade vollständig fest ist. Mit einem kleinen harten Spatel oder einem stumpfen Messer die Schokolade in Stücke brechen. Bei „normaler" Raumtemperatur bleibt die Schokolade fest, schmilzt aber schnell, wenn sie Hitze ausgesetzt wird.

* Sie können die Schokolade auch in Pralinenformen gießen, um kleine Riegel oder dekorative Pralinen herzustellen.

BROWNIES OHNE BACKEN

ERGIBT 24 KLEINE QUADRATE

Dieses fantastische Dessert liegt irgendwo zwischen einem echten Brownie und einem Toffee.
Hergestellt aus Früchten, Nüssen und reinem Kakao, steht dieser Snack von den Nährstoffen her auf einer
Stufe mit einem Energieriegel oder Studentenfutter aus natürlichen Zutaten – das ist doch was!
(Nicht, dass Sie wirklich eine Entschuldigung bräuchten, um einen Brownie zu naschen.)
Und Sie brauchen weniger als 5 Minuten zur Herstellung, von Anfang bis Ende.

1 Tasse (gehäuft) Datteln
(etwa 10 oder 11), ohne Kern

1 Tasse Walnüsse, roh

½ Tasse Kakaopulver, ungeröstet

1 Prise Meersalz

1 EL – ½ Tasse Kakaobohnensplitter
(Menge nach Geschmack)

Walnüsse in eine Küchenmaschine geben und zerkleinern, bis ein grobes Mehl entstanden ist. Während die Maschine läuft, die Datteln, Kakaopulver und Salz dazugeben und mixen, bis ein feuchter, mürber Teig entstanden ist. Je nachdem, wie viel Feuchtigkeit die Datteln enthalten, kann es nötig sein, teelöffelweise etwas Wasser hinzufügen, damit die Krümel zusammenkleben.

Den etwas krümeligen Teig in einer etwa 20 x 20 cm großen Form verteilen, mit Kakaobohnensplittern bestreuen und festdrücken zu einer Brownie-Schicht. In mundgerechte Quadrate schneiden und servieren. Sie können den Teig auch zusammendrücken und kleine Kugeln formen als Brownie-Häppchen.

Variation: Wenn Sie das Kakaopulver zugeben, fügen Sie einen Esslöffel Macapulver oder Maquipulver als eine Extraportion Nährstoffe hinzu. Hanfsamen, Gojibeeren oder andere Superfoods können ebenfalls nach Belieben zum Bestreuen verwendet werden.

MACA-MAKRONEN

Kekse für die Gesundheit – das ist ein Leben! Leicht zu machen und mit köstlichen natürlichen Zutaten. Die Kombination von Macapulver und Paranüssen in diesen Makronen schmeckt fast wie Erdnussbutter, umhüllt von einem Hauch Kokos. Das Produkt ist außen wie innen ziemlich unwiderstehlich.

1 Tasse rohe Paranüsse

1¼ Tasse Kokosraspel, ungesüßt, plus etwas zum Rollen

1½ EL Macapulver

¾ Tasse (gehäuft) weiche Datteln (etwa 7 – 8), ohne Kern

1 EL Ahornsirup

1 EL Vanille-Extrakt

¼ TL Meersalz

Alle Zutaten in einer Küchenmaschine mahlen bis ein grober Teig entsteht. Die Konsistenz prüfen: Den Teig zwischen zwei Finger nehmen und sehen, ob er zusammenklebt, aber dennoch krümelt wie ein Keks. Ist der Teig zu trocken, teelöffelweise Wasser hinzufügen, bis der Teig genügend klebt. Ist der Teig zu feucht, löffelweise Kokosraspel zufügen, bis die Konsistenz passt.

Jeweils etwa 1 Esslöffel Teig zu einer Kugel formen und in den Kokosraspeln wälzen, bis der Teig komplett verarbeitet ist. Zu Keksen abflachen und servieren. Abgedeckt halten sich die Kekse mehrere Wochen.

SCHOKOLADEN-GOJI-KNUSPERMÜSLI

ERGIBT ETWA 8 TASSEN

Zurückhaltung ist es nicht, was dieses Müsli auszeichnet – es ist dermaßen köstlich, dass es eher in die Dessert- als in die Frühstücksabteilung gehört. Aus diesem Grund ist das Rezept in diesem Kapitel gelandet. Allerdings muss ich offen gestehen, dass ich selten bis zum Dessert warten kann, um eine Handvoll zu naschen. Auch als Kino- oder Filmsnack ist es willkommen. Hinweis: Dieses Rezept verwendet geröstetes Kakaopulver „cocoa" und keinen ungerösteten „cacao" – nur dieses eine Mal! – für intensiveren Schokogeschmack.

3 Tassen Haferflocken*

¼ Tasse Leinsamenpulver

¼ Tasse Kokosraspel, ungesüßt

2 EL geröstetes Kakaopulver

2 EL zerlassenes Kokosöl

6 EL Apfelmus

2 EL Agavendicksaft

1 EL Vanille-Extrakt

½ Tasse (gehäuft) weiche Datteln (etwa 5 – 6), ohne Kern

¼ TL Meersalz

½ Tasse Gojibeeren, getrocknet

3 EL Kakaobohnensplitter

½ Portion Macaschokolade (Seite 217) oder etwa 60 g dunkle Schokolade, fein gehackt

* Wenn Sie kein Gluten vertragen, verwenden Sie glutenfreie Haferflocken.

Backofen auf 175 °C vorheizen und ein Backblech mit Backpapier belegen. In einer großen Schüssel die Haferflocken, Leinsamenpulver, Kokosraspel und Kakaopulver miteinander vermischen.

In einem kleinen Mixer Kokosöl, Apfelmus, Agavendicksaft, Vanille-Extrakt, Datteln und Salz vermengen und zu einem Püree verarbeiten. Das Püree in die große Schüssel zu den trockenen Zutaten geben. Mit sauberen Händen alles gut vermischen, dann das feuchte Müsli auf das vorbereitete Backblech geben und gleichmäßig verteilen. In den Ofen schieben und einen Wecker auf 30 Minuten stellen. Nach der halben Stunde das Müsli aus dem Ofen nehmen, mit einem Spatel wenden und größere Klumpen mit dem Spatel auseinanderbrechen, damit alles gleichmäßig backt. In den Ofen zurückschieben und weitere 20 – 30 Minuten backen (Gesamtbackzeit beträgt etwa 50 – 60 Minuten). Aus dem Ofen nehmen und mit Gojibeeren, Kakaobohnensplittern und der gehackten Macaschokolade (oder dunklen Schokolade) bestreuen. Locker aufmischen, um die schmelzende Schokolade zu verteilen.

Zum Auskühlen und Härten der Schokolade in den Kühlschrank stellen. In einem luftdichten Behälter aufbewahrt, hält sich das Müsli 2 – 3 Wochen.

KARAMELL-APFEL-CRUMBLE OHNE BACKEN

ERGIBT 8 PORTIONEN

Die Zugabe von Camupulver zum „Teig" gibt diesem ungebackenen Auflauf eine Extraportion Vitamin C.

2 große säuerliche Äpfel, geschält, ohne Kerngehäuse, gewürfelt

2 EL Kokoszucker

1 TL Zimt

½ TL Pimentpulver

1 Rezept Mandelteigkruste

1 Rezept Yacón-Karamellsoße

SUPERFOOD-TIPP

Rohkost-Desserts (wie dieses hier) sind flexibel!

Verwandeln Sie das Rezept in einen Obstkuchen ohne Backen, indem Sie dem Rezept von Mandelteigkruste 1 – 2 Teelöffel Wasser zufügen, um die Klebrigkeit zu erhöhen. Drücken Sie den Teig gleichmäßig in eine etwa 20 x 22 cm große Form. Mit der Apfelmischung belegen und mit Karamellsoße übergießen.

Die gewürfelten Äpfel mit dem Kokoszucker und den Gewürzen vermischen. Auf einzelne Auflaufförmchen oder Servierschüsseln verteilen und mit Mandelteigkrümeln bestreuen, großzügig mit Yacón-Karamellsoße beträufeln und servieren.

MANDELTEIGKRUSTE

2 Tassen rohe Mandeln

½ Tasse Leinsamenpulver

1 EL Mesquitepulver

½ TL Camupulver

1 Prise Meersalz

1 Tasse (gehäuft) weiche Datteln (etwa 10 oder 11), ohne Kern

1 Tasse weiche Aprikosen, getrocknet (ungeschwefelt)

Die Mandeln in einer Küchenmaschine in kleine Stücke mahlen. Leinsamen-, Mesquite-, Camupulver und Salz zufügen und vermischen. Während die Maschine läuft, nacheinander Datteln und Aprikosen dazugeben und mixen, bis sich ein grober Teig gebildet hat – lassen Sie die Nüsse und Früchte ruhig grob, das ergibt eine schöne Textur.

YACÓN-KARAMELLSOSSE

3 EL Yacónsirup	½ Tasse weiche Datteln (etwa 5 – 6), ohne Kern
1 EL Mandelmus	¼ TL Zimt
⅛ TL Meersalz	1 EL Apfelsaft oder Wasser

Verwenden Sie einen kleinen Mixer oder Stabmixer, um Yacónsirup, Mandelmus, Salz, Datteln, Zimt und Apfelsaft zu einer geschmeidigen dicken Soße zu pürieren.

ACAIBEEREN-KÄSEKUCHEN

Mit ihrem Nährstoffreichtum sind Acaibeeren einfach ideal für einen „dekadenten" Käsekuchen. Randvoll mit Antioxidantien ist er ein wahres Fest.

1½ Tassen Cashewkerne, roh (2 Stunden lang in Wasser einweichen, dann abgießen)

⅓ Tasse Biozitronensaft, frisch gepresst

2 EL Agavendicksaft

½ Tasse Kokosöl, zerlassen

✳ ½ Tasse Acaipulver

1 EL Lucumapulver

⅓ Tassen Bananen, zerdrückt (2 oder 3 Bananen, schälen und mit einer Gabel zerdrücken)

1 EL Tahin

1 Tasse (gehäuft) weiche Datteln (10 oder 11), ohne Kern

✳ 3 Tassen frische Blaubeeren, halbiert

1 Prise Meersalz

1 Rezept Kakao-Walnuss-Boden

Für den Käsekuchen die Cashewkerne abgießen und in einer Küchenmaschine oder einem Mixer mit dem Zitronensaft, Agavendicksaft und Kokosöl mixen, bis alles komplett glatt ist. Acaipulver, Lucumapulver, Bananenbrei, Tahin, Datteln, Salz und 1½ Tassen Blaubeeren hinzufügen. Abermals mixen, bis alles glatt ist.

In eine Springform (22 cm) den Kakao-Walnuss-Teig gleichmäßig zu einer flachen Schicht andrücken. Den Käsekuchenbelag darüber gießen. Abdecken und für etwa 1 Stunde ins Gefrierfach stellen. Den gekühlten Kuchen aus dem Gefrierfach nehmen und mit den übrigen Blaubeeren dekorieren. Dabei die Beeren leicht andrücken, damit sie nicht wegrollen. Wieder abdecken und für weitere 2 – 3 Stunden ins Gefrierfach stellen. Vor dem Servieren dem Kuchen die Springform abnehmen und 3 – 4 Minuten auftauen lassen, damit er weich wird. Falls es Reststücke gibt, im Gefrierfach aufbewahren, gefroren hält sich der Kuchen einige Monate.

KAKAO-WALNUSS-BODEN

✳ 1 Tasse Kakaobohnensplitter

⅔ Tasse Walnüsse, roh

1 Tasse (gehäuft) weiche Datteln (etwa 10 oder 11), ohne Kern

3 EL Lucumapulver

⅓ Tasse Kakaobohnensplitter beiseite stellen. Die übrigen Kakaobohnensplitter, Walnüsse, Datteln und Lucumapulver in eine Küchenmaschine geben und mahlen, bis ein krümliger Teig entstanden ist. Prüfen Sie, ob der Teig feucht genug ist und zusammenklebt – wenn nicht, fügen Sie teelöffelweise ein bisschen Wasser zu, bis eine klebrige Konsistenz erreicht ist. In eine Schüssel umfüllen und die beiseite gestellten Kakaobohnensplitter unterrühren. Bis zur Weiterverarbeitung abdecken.

LUCUMA-EISCREME-CUPCAKES

ERGIBT 12 CUPCAKES

Der Toffee-Geschmack von Lucuma macht sich hervorragend in Eiscremes und die süßen Maulbeeren verleihen dem Boden aus Keks-Teig einen Geschmack, der an Biskuitkuchen erinnert. So sehr ich das komplette Rezept auch liebe, die Eiscreme ist so köstlich, dass ich sie manchmal solo herstelle und mit ihr den Feierabend einläute.

⅔ Tasse Kokosmehl

1 Tasse (gehäuft) weiche Datteln
  (etwa 10 oder 11), ohne Kern

1 Prise Salz

2 TL Kokosöl

1 TL Vanille-Extrakt

1 Tasse Maulbeeren, getrocknet

1 Rezept Lucuma-Eiscreme

In einer Küchenmaschine das Kokosmehl, Datteln und Salz verarbeiten, bis eine Art grobes Pulver entstanden ist. Während die Maschine läuft, das Öl und Vanille-Extrakt hinzufügen. Die Maschine anhalten und die Konsistenz der Masse prüfen: Der Teig sollte trocken und mürbe sein, aber leicht zusammenkleben, wenn er zwischen zwei Fingern zusammengedrückt wird. Sollte er zu trocken sein, teelöffelweise Wasser hinzufügen. Ist die gewünschte Konsistenz erreicht, die Maulbeeren hinzufügen und ein paar Mal kurz mixen, um die Maulbeeren grob zu zerkleinern, mit ein paar größeren Stücken dazwischen für eine schöne Textur.

Zum Fertigstellen der Cupcakes ein Muffinblech (für 12 Muffins) mit Muffin-Papierförmchen auslegen. Zwei gehäufte Esslöffel der Maulbeermischung in jedes Förmchen geben und mit der Rückseite des Löffels andrücken, um das Förmchen luftleer auszufüllen. Die Lucuma-Eiscreme gleichmäßig auf die Förmchen verteilen, mit Frischhaltefolie abdecken und ins Gefrierfach stellen. Die Cupcakes so lange dort lassen, bis die Eiscreme komplett gefroren ist, das dauert 2 – 3 Stunden. Vor dem Servieren etwa 2 – 3 Minuten antauen lassen, damit sie etwas weich werden.

2 Tassen Kokosmilch light

1 Tasse (gehäuft) weiche Datteln
  (etwa 10 oder 11), ohne Kern

2 „Gefrorene Bananen" (Seite 101)

½ Tasse Lucumapulver

2 EL Kokoszucker

LUCUMA-EISCREME

Alle Zutaten in einem Mixer verarbeiten. Bei Raumtemperatur beiseite stellen, während Sie das Rezept oben zubereiten, oder genießen Sie die Eiscreme einfach solo. Dafür stellen Sie die Mischung ins Gefrierfach, bis sie komplett gefroren ist. (Falls vorhanden, können Sie auch eine Eismaschine verwenden.) Vor dem Servieren 2 – 3 Minuten antauen lassen. Ergibt etwa 500 ml.

BANANEN-EISCREME-BECHER

ERGIBT 4 PORTIONEN

Wenn Sie noch niemals von dem Trick Gebrauch gemacht haben, gefrorene Bananen in eine Art Eisdessert zu verwandeln, dann wartet ein besonderes Vergnügen auf Sie (und wenn Sie den Trick bereits kennen, dann wissen Sie, wovon ich rede!). Hier mit Superfoods verziert, ist diese besondere Version gespickt mit reicher Schokoladensoße, Kakaobohnensplittern und Sacha Inchi. Außerdem ist es die perfekte Gelegenheit, kreativ zu werden, indem Sie weitere Superfoods hinzufügen oder vielleicht eine der Superfood-Marmeladen aus diesem Buch (Seite 102 – 103).

10 „Gefrorene Bananen" (Seite 101)

1 EL Vanille-Extrakt

1 Rezept Kakao-Toffeesoße

¼ Tasse Sacha Inchi, grob gehackt

¼ Tasse Kakaobohnensplitter

Die gefrorenen Bananenscheiben in Stücke brechen und zusammen mit dem Vanille-Extrakt in einen Mixer geben. Kurz verarbeiten, bis eine „stückige" Eiscreme entsteht – mixen Sie nicht zu lange, sonst schmelzen die Bananen, und der Eiscremeeffekt ist ruiniert. Bis zum Verzehr ins Gefrierfach stellen.

Zum Auftragen in Servierschüsseln füllen, großzügig mit Kakao-Toffeesoße beträufeln und mit Sacha Inchi und Kakaobohnensplittern bestreuen.

SUPERFOOD-TIPP

Unter 24 °C wird Kokosöl fest: Die Toffeesoße wird dadurch allmählich hart, wenn sie mit dem Eis in Berührung kommt – eine echte Gaumenfreude.

KAKAO-TOFFEESOSSE

⅓ Tasse Kakaopulver, ungeröstet

1½ TL Mesquitepulver

⅓ Tasse Ahornsirup

2 EL zerlassenes Kokosöl

1 Prise Meersalz

Kakaopulver, Mesquitepulver, Ahornsirup, Kokosöl und Salz zu einer glatten Masse vermischen (mit einem kleinen Mixer erzielen Sie das beste Resultat). Verwenden Sie die Soße bei Raumtemperatur*, sodass sie leicht auszugießen ist. Ergibt etwa ⅔ Tasse.

* Diese Soße kann auch gekühlt serviert werden. Sie wird dann fest und ergibt ein fantastisches Toffee-Topping.

MAQUI-KIRSCH-EISCREME

ERGIBT 500 ML

Wenn das wunderschöne, leuchtende Lila (dank den Maquibeeren!) Sie nicht schon umwirft, dann wird es sicherlich die im Mund zerschmelzende Cremigkeit mit Frozen-Yoghurt-Geschmack tun.
100 % natürliches Kirschsaftkonzentrat (ohne Zuckerzusatz) ist in Naturkostläden zu finden (sollten Sie Schwierigkeiten haben, es zu finden, verwenden Sie gewöhnlichen frischen Kirschsaft. Verdoppeln Sie die Saftmenge und fügen Sie etwas mehr Datteln zu).
Während Maquibeeren die Königinnen der antioxidativen Früchtewelt sind, liefern auch Kirschen viele antioxidative Verbindungen – und so erhalten wir ein Dessert mit einem enormen Plus für die Gesundheit. Wenn Sie ein Fan von Stevia sind, verwenden Sie es anstelle des Agavendicksafts (nach Geschmack).

¾ Tasse Kokosmilch light

½ Tasse Cashewkerne, roh
(2 Stunden lang in Wasser
einweichen, dann abgießen)

4 große Datteln, ohne Kern

1 EL Agavennektar

¼ Tasse Kirschsaftkonzentrat

2 EL Maquipulver

½ TL Vanille-Extrakt

1 EL Lucumapulver

2 Tassen gefrorene Kirschen,
entsteInt

Mit einem Mixer alle Zutaten, außer den Kirschen, miteinander vermischen und zu einer glatten Creme mixen. Kirschen zufügen und für nur eine Sekunde mixen, bis die Früchte grob gehackt, aber nicht glatt püriert sind.

In eine Schüssel oder einen Behälter umfüllen, gut abdecken und für 4 Stunden oder länger einfrieren. Vor dem Servieren 2 – 3 Minuten antauen lassen.

Variation: Verwenden Sie 3 Esslöffel Acaipulver anstelle des Maquipulvers.

COOLE ZITRONEN-LIMETTEN-GRANITA

*Granita ist ein italienisches Sorbet – eine elegantere, leichtere Version von „snow cone"
(in den USA wird dieses geschabte Wassereis mit Sirup in Bechern verkauft, Anm.d.V.).
Dieses Rezept lohnt sich gleich in zweifacher Hinsicht: wegen seines großartigen erfrischenden Geschmacks
und der Qualitäten von Weizengras – das unbemerkt bleibt (bis auf seinen attraktiven grünen Schimmer).
Zitronen und Limetten sind wohlbekannt, wenn es um das Entgiften geht, und,
kombiniert mit Weizengras, ist dieses Dessert eine kleine Reinigungskur.*

3 EL Limettensaft, frisch gepresst

2 EL Biozitronensaft, frisch gepresst

⅓ Tasse Agavendicksaft oder Stevia, nach Geschmack

2 Tassen Wasser

✳ 2 TL Weizengraspulver, gefriergetrocknet

SUPERFOOD-TIPP

Wenn Sie Stevia statt Agavendicksaft verwenden, dann süßen Sie etwas mehr, als Sie es gewohnt sind. Kälte verringert die Fähigkeit unserer Geschmacksnerven, Süßes zu schmecken. Sobald das Dessert gefroren ist, lässt die Süße etwas nach.

Alle Zutaten in einem Shaker, im Glas oder Mixer vermischen. In eine große Schüssel oder einen Behälter umfüllen, abdecken und ins Gefrierfach stellen.

Nach zwei Stunden aus dem Gefrierfach nehmen, mit einer Gabel den Eismix kratzen, große Eisstücke zerteilen und alles zu Slush (Eiskrümeln, Eisschnee) formen. Wieder zurück ins Gefrierfach stellen und während der nächsten drei Stunden den Vorgang zweimal wiederholen, um eine Textur wie gefrorener Schnee zu erhalten. Servieren, wenn alles vollständig durchgefroren, aber locker ist.

ERDBEEREIS AM STIEL

ERGIBT 4 – 6 PORTIONEN

Ein wenig Chia hat einen großen Effekt und macht aus dem Stieleis einen ausgewogenen Snack, und die kleinen Punkte der Chiasamen lassen das Wassereis aussehen wie große köstliche Erdbeeren. Die Verwendung von Stevia verringert den Zuckergehalt und macht das Eis zu einem gesunden, kalorienarmen Snack.

- 2 EL Chiasamen
- ½ Tasse Wasser
- 3 Tassen Erdbeeren (frisch oder tiefgefroren)
- 2 EL Biozitronensaft, frisch gepresst
- 2 EL Agavendicksaft oder Stevia, nach Geschmack

Chiasamen und Wasser in einem Glas mischen. Für 20 Minuten stehen lassen, bis sie aufquellen, nach der Hälfte der Zeit einmal umrühren.

Alle Zutaten in einen Mixer geben – einschließlich der Chiamischung – und verarbeiten, bis alles verbunden und gemixt ist. In Stieleisformen gießen und für mindestens 4 Stunden ins Gefrierfach stellen, bis das Erdbeereis gefroren ist.

KAKAO-TOFFEE-STIELEIS

ERGIBT ETWA 4 – 6 PORTIONEN

Das klassische, immer leckere Schokoeis am Stiel erlebt mit diesen natürlichen Zutaten eine wundervolle Metamorphose. Dieses Rezept ist ein super Beispiel für die exzellente Freundschaft von Mesquite und Kakao – die zusammen ein Dessert mit wenig Zucker (doch mit ganz viel Genuss) ergeben.

- ¼ Tasse Mesquitepulver
- ¼ Tasse Kakaopulver, ungeröstet
- ½ Tasse Kokosmilch light
- ½ Tasse Wasser
- 2 EL Agavensirup

Alle Zutaten in einem Mixer mischen. In Stieleisformen füllen und für mindestens 3 Stunden ins Gefrierfach stellen, bis das Kakao-Toffee-Eis fest ist.

SUPERFRUCHTSAFT-EIS AM STIEL

Die Tage von verrückt verpacktem Stieleis in fluoreszierenden Farben sind gezählt. Die Menschen verstehen, dass es keinen Grund gibt, unnötige chemische Aromastoffe, künstliche Farben und dubiose Mengen an Maissirup und Zucker abzuschlecken, nur um das Verlangen nach einem kühlen Dessert an einem heißen Tag zu stillen. Es ist kein Geheimnis mehr, dass großartiges Fruchtstieleis zu Hause hergestellt werden kann (für ein paar Cents) mit wenig mehr als ein paar Stieleisformen und natürlichem Fruchtsaft.

Aber warum bei Apfelsaft und Limonade aufhören? Immer häufiger sind Superfruchtsäfte erhältlich, die mit ihrem aufregenden Geschmack und ihren enormen Vorzügen das gefrorene Vergnügen wirklich vergrößern. Versuchen Sie Acaibeerensaft, reinen Granatapfelsaft oder einen Superfruchtmix aus Cranberrys und Goji. Der Trick ist, einen Hauch von Stevia vor dem Gefrieren unterzurühren, der diese Superfrüchte in köstliche, simple (und besonders kinderfreundliche!) Biodesserts verwandelt.

GETRÄNKE UND COCKTAILS

Hier ist ein völlig neuer Grund, sich zuzu-
prosten: einfache, unwiderstehliche und total
nährstoffreiche Getränke! Von sämigen, frostig-
frischen Smoothies zu wohliger, hausgemachter
heißer Schokolade mit echtem Kakao (und einer
Prise Macapulver!). Diese Getränke sind voll mit
den besten Nahrungsmitteln.

PIÑA-COLADA-SMOOTHIE

In dieser klassisch-fabelhaften Kombination bleibt das enorm nährstoffreiche Weizengras geschmacklich unbemerkt, und die große Menge des Enzyms Bromelain in der Ananas steigert sogar noch unsere Aufnahmefähigkeit für diese Nährstoffe. (Als wäre das allein nicht schon fantastisch genug, ist Weizengras auch ein Entzündungshemmer und fördert die Wundheilung!) Sie können in diesem Rezept auch frisch geschnittene Ananas verwenden – einfach ½ Tasse Wasser durch Eiswürfel ersetzen. Basträckchen und Kokosnuss-BH sind optional!

1 ¼ Tassen Ananasstücke, gefroren

¼ Tasse Kokosmilch light

1 Tasse Wasser

1 TL Weizengraspulver, gefriergetrocknet

Stevia oder Kokoszucker nach Geschmack

Alle Zutaten in einem Mixer pürieren, bis alles glatt ist. Probieren und eventuell mit Stevia oder Kokoszucker nachsüßen.

SUPERFOOD-TIPP

Wenn Sie einen Smoothie im Mixer „aufbauen" (vor dem Mixen), beginnen Sie mit den dichtesten, härtesten Zutaten. Wenn Sie in dieser Reihenfolge vorgehen, erhalten Sie das geschmeidigste und effektivste Resultat.

ERSTENS:	Eiswürfel (wenn Sie welche verwenden)
ZWEITENS:	gefrorene Früchte und/oder Nüsse
DRITTENS:	Trockenfrüchte und/oder Datteln
VIERTENS:	frisches Obst
FÜNFTENS:	Pulver
ZUM SCHLUSS:	Wasser/Flüssigkeiten

DER PURE, EINFACH GRÜNE SMOOTHIE

ERGIBT 1 GROSSE PORTION

Das Pürieren von Gemüse ähnelt der Anfangsphase der Verdauung. Es schließt die Nährstoffe in diesem grünen Smoothie bereits auf. Ob Sie's glauben oder nicht, dieser Smoothie schmeckt wie eine tropische Frucht, er hält den mineralienreichen Spinat und das Chlorellapulver geschmacklich im Hintergrund. Gießen Sie den Smoothie in ein Einmachglas oder ein großes Glas und beginnen Sie mit Stolz Ihren Tag grün und clean. (Dieser Smoothie enthält mehr als fünf Portionen Obst und Gemüse!)

1 Tasse Mangowürfel, gefroren

1 Banane, geschält

1 Apfel, geschält und entkernt

1 EL Lucumapulver

2 Tassen (gehäuft) Spinatblätter

⅛ TL Chlorellapulver

2 Tassen Wasser

Stevia nach Geschmack (optional)

Mangowürfel, Banane, Apfel, Lucumapulver, Spinat und Chlorella in einen Mixer geben. Wasser einfüllen und mixen, bis alles glatt ist. Probieren und nach Bedarf mit Stevia süßen.

Variation: Supernährstoffreiches Chlorella hat einen starken Eigengeschmack, aber dieser Smoothie leistet gute Arbeit, um ihn zu maskieren. Wenn Sie sich an Chlorella gewöhnt haben, können Sie gern, eine größere Menge dieses Superfoods ganz nach Ihrem Geschmack hinzuzufügen. Oder verwenden Sie nach Geschmack ein anderes gesundes grünes Pulver (gefriergetrocknetes Weizengraspulver ist ebenfalls hervorragend).

SUPERBEEREN-SMOOTHIE

Mit dieser fruchtigen Mischung wird das gesunde Genießen ganz einfach. Dabei machen die natürlichen Fette der Acaibeere sie auch noch besonders cremig.

1½ Tassen Blaubeeren, gefroren
1 Banane, geschält
2 Datteln, ohne Kern
2 EL Acaipulver
2 EL Gojibeeren
1½ Tassen kaltes Wasser
Eiswürfel (optional)
Stevia oder Süßungsmittel nach
  Geschmack (optional)

Alle Zutaten in einem Mixer pürieren, bis sie cremig sind – für eine frostigere Textur Eis hinzufügen. Probieren und bei Bedarf nachsüßen.

ORANGEN-MEGA-C-SMOOTHIE

ERGIBT 1 – 2 PORTIONEN

Dieser beliebte Smoothie enthält eine kräftige und nachhaltige Dosis an Vitamin C – ein großer Bonus, der das Immunsystem stärkt und freie Radikale bekämpft.

1¼ Tassen frischer Orangensaft
1 „Gefrorene Banane" (Seite 101)
2 EL Hanfsamen
¼ TL Camupulver
1 EL Lucumapulver
Stevia oder Yacónsirup zum
  Abschmecken

Eiswürfel

Alle Zutaten und ein oder zwei Handvoll Eis in einem Mixer miteinander pürieren, bis alles cremig ist. Probieren und bei Bedarf mit Stevia oder Yacónsirup nachsüßen.

PARADIES-SMOOTHIE

ERGIBT 1 – 2 PORTIONEN

Der Smoothie mit besonders viel Antioxidantien: Steigern Sie Ihre körpereigene Abwehr gegen Gifte, Alterungserscheinungen und degenerative Erkrankungen mit dieser köstlichen Mischung aus Superfrüchten. Tiefgefrorene Erdbeeren (mit besonders hohen Gehalt an Vitamin C) geben dem Smoothie einen herrlich frostigen Touch.

- 2 Tassen Erdbeeren, tiefgefroren
  1¼ Tassen Mango, tiefgefroren oder frisch, entkernt, geschält und gewürfelt
- 1½ Tassen Granatapfelsaft
- 2 EL Maquipulver
  ½ Tasse Wasser
  Stevia oder Süßungsmittel nach Geschmack, (optional)

Alle Zutaten miteinander mixen, eventuell Wasser hinzufügen, wenn der Smoothie zu dickflüssig wird. Probieren, ob der Smoothie süß genug ist, und bei Bedarf Stevia oder ein Süßungsmittel Ihrer Wahl zufügen.

SUPERFOOD-TIPP

Smoothie-Rezepte gehören zu den tolerantesten, wenn es darum geht, Zutaten zu ersetzen: Wenn Sie eine Zutat nicht zur Hand haben, kein Problem, ersetzen Sie sie einfach durch etwas Ähnliches. Sollte ein Mixergebnis nicht Ihren Vorstellungen entsprechen, fügen Sie einfach etwas mehr von Ihren Lieblingszutaten hinzu und mixen Sie erneut, bis es passt. Wenn bei mir zu Hause ein Smoothie einmal danebengeht (das kommt vor), sind meine Notfallhelfer tiefgefrorene Blaubeeren ... viele, viele tiefgefrorene Blaubeeren.

Sollte die neue „reparierte" Smoothie-Portion zu groß sein, fülle ich die Reste in Eiswürfelbehälter, friere sie ein und verarbeite sie am nächsten Tag, um nicht einen der wertvollen Tropfen zu verschwenden.

SCHOKOLADEN-BEEREN-SHAKE

*Ein gesundes Superfood-Extra auf Schoko-Beeren-Art. Was kann man daran nicht lieben?
Hanfproteinpulver (auch als Hanfmehl im Handel) kann manchmal etwas grobkörnig sein.
Der Trick, es glatt zu bekommen, ist, ganz viel Eis hinzuzufügen, was nebenbei eine nette, eisige Textur
ergibt. Ich liebe diesen Shake nach dem Training, um mich wiederaufzuladen (und zu belohnen!), aber er
ist auch ein ideales Sommerfrühstück, um mit Energie in einen supertollen Tag zu starten. Dieses Rezept
enthält rund 14 g Protein, aber natürlich können Sie auch mehr Hanfproteinpulver
für einen noch stärkeren Shake einrühren – jeder Esslöffel Hanfproteinpulver liefert etwa
zusätzliche 5 g 100 % pflanzliches, erstklassiges Eiweiß.*

2 EL Cashewkerne, roh

1½ EL Hanfsamen

¾ Tasse Blaubeeren, tiefgefroren

½ „Gefrorene Banane" (Seite 101)

2 Datteln, ohne Kern

2 EL Kakaopulver, ungeröstet

1 EL Hanfproteinpulver

1 TL Macapulver

1¼ Tassen kaltes Wasser

Eiswürfel

Stevia oder Süßungsmittel
nach Geschmack

Alle Zutaten mit einer oder zwei Handvoll Eiswürfel mixen, bis alles cremig ist. Wasser hinzufügen, wenn es nötig scheint. Probieren, ob der Smoothie süß genug ist, und eventuell nachsüßen.

WASSERMELONEN-CHIA-FRESCA

Ein klassisches mexikanisches Getränk. Chia Frescas werden traditionell aus eingeweichten Chiasamen und Wasser oder Zitronensaft und einem zugesetzten Süßungsmittel gemacht. Natürlich kann man ganz einfach mit verschiedenen Fresca-Geschmacksrichtungen experimentieren, wie diese saftige Wassermelonenversion zeigt. Dieses frische Getränk ist des Sommers neuer bester Freund.

1 Tasse Wasser

✳ 2 TL Chiasamen

2½ Tassen gewürfelte Wasser-
melone, ohne Schale und Kerne

1½ EL frischer Limettensaft
Stevia oder Agavendicksaft

Die Chiasamen und Wasser in einem Glas mischen und umrühren. Für 10 Minuten in den Kühlschrank stellen, damit die Chiasamen quellen können. Einmal umrühren und für weitere 10 Minuten in den Kühlschrank stellen. Die Chiamischung und alle übrigen Zutaten in einen Mixer geben und alles gut durchmischen. Wenn nötig, nachsüßen. Am besten gekühlt servieren.

KOKOS-LIMETTEN-CHIA-FRESCA

Hydratisierendes Kokoswasser aus „jungen" thailändischen Kokosnüssen wird aufgrund seines natürlichen Elektrolyt-(Mineral-)Gehalts bevorzugt von Ausdauersportlern getrunken. Hier wird es mit einem Spritzer frischem Limettensaft und eingeweichten Chiasamen gemischt und ist damit der ultimative Durstlöscher, überraschend vitalisierend.

2 Tassen Kokoswasser von jungen
Kokosnüssen (abgefüllt
oder frisch)

✳ 2 EL Chiasamen

1½ EL Limettensaft, frisch gepresst

Alle Zutaten in ein Glas geben und umrühren, damit sich alles gut vermischt. 10 Minuten in den Kühlschrank stellen, damit die Chiasamen aufweichen können. Dann noch einmal umrühren und für weitere 10 Minuten in den Kühlschrank zurückstellen. Am besten gekühlt servieren.

SUPERFOOD-TEES

Der Verlockung von Kaffee, der sofortige Energie zu liefern verspricht, kann man nur schwer widerstehen. Zum Glück gibt es einen Weg, die Kaffeeabhängigkeit durch den Verzehr von energieliefernden Superfood-Tees einzudämmen. Zur Herstellung eines warmen, aromatischen Tees einfach eine Handvoll Superfoods (siehe Vorschläge unten) für mehrere Minuten in heißem Wasser ziehen lassen. Oder machen Sie einen „Sonnentee"-Aufguss (Kaltaufguss), indem Sie die Superfoods 1 oder 2 Stunden lang bei Raumtemperatur in einem Einmachglas oder einer Glasflasche ziehen lassen. Ein Bonus: Nachdem Sie den Tee genossen haben, bleiben Ihnen die aufgeweichten Superfoods am Boden als köstlicher Snack. Hier sind zwei, die Sie probieren können:

GOJI-TEE (getrocknete Gojibeeren + Wasser): süß und lieblich, mit einem Hauch von Beere

YACÓN-TEE (getrocknete Yacónstreifen + Wasser): mit Apfelnoten; ähnlich einem süßen Yerba-Matetee

Frische Ingwerscheiben, Zitronensaft, Zitronenmelisse, Lavendelblüten, Minzeblätter und/oder Stevia sind einige der vielen natürlichen Geschmacksvarianten, die hinzugefügt werden können.

HEISSE SCHOKOLADE

ERGIBT 1 – 2 PORTIONEN (2 TASSEN)

Antike Mayakulturen liebten Kakaogetränke für Energie und Gesundheit. Dieses reichhaltige und schaumige Rezept ist eine Hommage an die Kulturen, die die Wunder des Kakaos entdeckten.

- ✳ 1 EL Kakaopulver, ungeröstet
- 1 EL Mesquitepulver
- ✳ ½ TL Macapulver
- 2 EL Kokoszucker
- 2 Tassen Cashewmilch (Seite 256) oder fertige Mandelmilch, ungesüßt

Alle Zutaten in einem Mixer verrühren und 1 Minute lang mixen, damit sich der Zucker auflöst und die Pulver sich mit der Milch verbinden können. In einen kleinen Topf umfüllen und alles bei schwacher Hitze erwärmen. Nicht kochen! Kurz verquirlen und in einer Tasse servieren.

HEISSES MACA

ERGIBT 1 PORTION

Cremiges, heißes Maca ist ein erdiges, nussiges, wärmendes und überraschend köstliches Getränk – und ein großartiges Weg, Energie zu tanken. Sie können die Kraft in diesem Getränk förmlich spüren.

- ✳ 1 TL Macapulver
- 1 EL Kokoszucker oder Ahronsirup
- 1¼ Tassen Cashewmilch (Seite 256) oder fertige Mandelmilch, ungesüßt

Die Zutaten in einen Mixer füllen und 1 Minute lang mixen, damit sich der Zucker auflöst und das Pulver sich mit der Milch verbindet. In einen kleinen Topf umfüllen und alles bei schwacher Hitze erwärmen. Nicht kochen! Kurz verquirlen und in einer Tasse servieren.

WÜRZIGER CAMU-CIDRE

ERGIBT 3 – 4 PORTIONEN (5 TASSEN)

Wärmen Sie sich an kalten Tagen mit einer Tasse dieses festlichen Getränks auf – verstärkt mit wohligen Gewürzen und der antioxidativen Kraft von Camupulver. Achten Sie darauf, dass das Camupulver erst am Ende des Erwärmens zugefügt wird, damit das volle Potenzial seiner wertvollen Nährstoffe erhalten bleibt.

4 Tassen Apfelsaft

1 Tasse Orangensaft

1 TL Zimt

½ TL Ingwerpulver

¼ TL Pimentpulver

1 TL Camupulver

Stevia oder Yacónsirup nach Geschmack

Alle Zutaten, außer dem Camupulver, in einem kleinem Topf zusammenmischen und bei schwacher Hitze 2 – 3 Minuten lang vorsichtig erhitzen, bis alles gleichmäßig erwärmt ist (nicht kochen!). Vom Herd nehmen, Camu hinzufügen und gut umrühren, bis sich das Camupulver aufgelöst hat. Probieren und nach Belieben mit Stevia oder Yacónsirup nachsüßen. Sofort servieren.

GETRÄNKE DER AHNEN

Das Trinken eines warmen Gebräus, das die besten heilenden und energiespendenden Nahrungsmittel aus der Natur enthält, ist ein alter und bewährter Brauch der Menschheit ... vielleicht waren das unsere ersten Rezepte. Es überrascht nicht, dass warme Superfood-Getränke etwas an sich haben, das uns instinktiv gut fühlen lässt.

CAMUBEEREN-LIMONADE

Diese frische Limonade sieht aus und schmeckt vielleicht wie klassische Limonade, aber tatsächlich ist sie reich an Vitamin C und enthält wenig Zucker. Mit etwas Agavendicksaft wird die Bitterkeit der Camubeeren überdeckt, während der Großteil der Süße von zucker- und kalorienfreiem Stevia kommt. Wenn Stevia gar nicht Ihr Ding ist, dann können Sie zusätzlichen Agavendicksaft (oder auch hellen Traubensaft) verwenden, achten Sie aber auf den Gesamtzuckergehalt.

⅓ Tasse Biozitronensaft, frisch gepresst

4 Tassen Wasser

1½ EL Agavendicksaft

✺ ½ TL Camupulver

Stevia nach Geschmack

Alle Zutaten miteinander vermischen und sichergehen, dass das Camu sich vollständig auflöst und keine Klümpchen bildet. Mit Stevia nach Geschmack süßen. Am besten auf Eis servieren.

Variation: Für eine erfrischend sprudelnde Limonade, Kombucha mit der Limonade in einem 1:1-Verhältnis mischen.

MAQUIBEEREN-LIMONADE

Ich erinnere mich, dass ich als Kind pinkfarbene Limonade liebte, aber als ich diese schöne rötlich-violette Limonade sah (und probierte) … wow. Das rosa Zeug von damals hätte keine Chance dagegen. Diese einzigartige Limonade ist reich an Antioxidantien mit einem Hauch Beerenaroma von der Maquibeere.

⅓ Tasse Biozitronensaft, frisch gepresst

4 Tassen Wasser

1½ EL Agavendicksaft

✺ 1 TL Maquipulver

Stevia nach Geschmack

Alle Zutaten miteinander vermischen und sichergehen, dass das Maquipulver sich vollständig auflöst und keine Klümpchen bildet. Mit Stevia nach Geschmack süßen. Am besten auf Eis servieren.

Variation: Fügen Sie ½ Teelöffel Camupulver hinzu – für das Beste aus diesen beiden Limonadenwelten.

SUPERFRUCHT-SANGRIA

Sangria ist ein populärer spanischer Punch, normalerweise aus Wein hergestellt, gesüßt mit einer Auswahl an frischem Obst. Mit seiner Vielzahl an Superfrüchten ist dieser Cocktail ein großer bunter Regenbogen aus Antioxidantien mit einer besonders hohen Konzentration des wichtigen Polyphenols Resveratrol (ein hochgeschätztes Antioxidans, das die Herzgesundheit unterstützt und als Anti-Aging-Mittel gilt), das sowohl in Maulbeeren als auch Rotwein enthalten ist. Darauf ein Prost!

- 2 Tassen gemischte Beeren, tiefgefroren
- ¼ Tasse Maulbeeren, getrocknet
- ¼ Tasse Physalis, getrocknet, fein gehackt
- 2 EL Gojibeeren, getrocknet
- 1¼ Tassen Granatapfelsaft
- 1 Flasche Rotwein
- 2 Tassen Kombucha (geschmacks-neutral oder mit Ingwer-geschmack) oder Mineral-wasser

Die Früchte in einen großen Krug geben, dann Granatapfelsaft und Rotwein darübergießen. Für mindestens 5 Stunden oder über Nacht kaltstellen, damit die Aromen sich verbinden können – je länger Sie die Sangria ziehen lassen, desto besser!

Kurz vor dem Servieren Kombucha hinzufügen. Mit oder ohne Eis servieren, einige der Früchte in jedes Glas geben.

Variation: Wenn Sie eine süßere Sangria wünschen, fügen Sie eine Prise Stevia hinzu. Für eine alkoholischere Version ¼ Tasse Brandy dazugeben.

SUPERFOOD-TIPP

Mit tiefgefrorenen und getrockneten statt frischen Früchten können in dieser Art von mariniertem Cocktail die natürlichen Säfte und süßen Aromen der Früchte das Getränk besser durchdringen. Außerdem werden die Früchte im Wein dann weicher – ein besonderer Genuss am Boden jedes Glases.

TEIL VIER
EXTRAS

SUPERFOOD-ERSATZ

Das kann jedem passieren: Eine Zutat ist gerade vergriffen, ein Artikel nicht erhältlich oder schnell in den Supermarkt gehen erfordert zu viel Aufwand. Zum Glück kann man die meisten (aber nicht alle) natürlichen Zutaten ganz einfach durch andere ersetzen. Das eingetauschte Produkt kann von Rezept zu Rezept variieren (gesunder Menschenverstand ist die beste Zutat von allen!), in den meisten Fällen kommen Sie mit diesen Ersatzzutaten zu guten Ergebnissen. Beachten Sie, dass das Äquivalent nicht immer zu den Superfoods gehört. Das ist aber in Ordnung, weil sie mindestens gesunde Alternativen sind oder nur eine kleine Statistenrolle an dem Gesamtwerk besetzen!

SUPERFOOD		Ersatz
Acaimus	=	Blaubeerenmus
Acaipulver	=	Maquipulver
Acaisaft	=	Aroniasaft
Beeren, frische	=	frische Steinfrüchte (Kirsche, Mirabelle, Pflaume, Aprikose …)
Blattkohl/Kohl	=	Mangold, Spitzkohl
Brunnenkresse	=	Rauke/Rucola/Postelein
Cacao (rohes Kakaopulver)	=	Cocoa (geröstetes Kakaopulver) oder Carob
Camupulver	=	weglassen
Cashewkerne, roh	=	Cashewkerne, geröstet und ungesalzen
Chiasamen/-pulver	=	Leinsamen/-pulver
Chlorella/Spirulina	=	Weizengraspulver*, Gerstengraspulver
Datteln	=	Rosinen
Erdbeeren	=	Blaubeeren/gefrorene Früchte
Gojibeeren	=	Preiselbeeren, Himbeeren, Berberitze/Sauerdorn (getrocknet)
Granatapfelsaft	=	Cranberrysaft
Hanfsamen	=	Sonnenblumenkerne
Himbeeren	=	Brombeeren
Kakaopulver, roh (Cacao)	=	Kakaopulver, geröstet (Cocoa) oder Carob
Kokosöl (für Süßigkeiten)	=	Margarine (ohne Transfette)
Kokosöl (zum Kochen)	=	Distelöl
Kokos-/Palmzucker	=	Dattelzucker oder Vollrohrzucker
Leinsamen/-pulver	=	Chiasamen/-pulver
Maulbeeren (getrocknet)	=	Rosinen
Mesquitepulver	=	Johannisbrotkernmehl (Carob)
Nashi-Birne	=	Birne
Nori	=	Wakame oder Kombu
Physalis (getrocknet)	=	getrocknete Cranberrys, frische Physalis (doppelte Menge)
Quinoa	=	Hirse oder Naturreis
Sacha Inchi	=	Macadamianüsse
Seetangpulver	=	Rotalgen-/Dulseflocken, Kelppulver, getrocknete Rotalgen
Umeboshi-Essig	=	Shoyu + Zitronensaft
Wakame	=	Kelp oder andere Braunalge oder weglassen
Yacón (getrocknete Streifen)	=	getrocknete Apfelscheiben oder getrocknete Aprikosen (jeweils ohne zusätzlichen Zucker)
Yacónsirup	=	Dattel-, Topinambur-, Zuckerrübensirup oder Agavendicksaft (nehmen Sie die Hälfte)
Yambohne (Wurzel)	=	Topinambur, Apfel, Kohlrabi

*Ein gutes gemischtes grünes Pulver, z. B. Supergreens, geht auch.

UMRECHNUNGSTABELLEN

NICHTFLÜSSIGE ZUTATEN (Gewicht von gewöhnlichen Zutaten in Gramm)

ZUTAT	1 TASSE	¾ TASSE	⅔ TASSE	½ TASSE	⅓ TASSE	¼ TASSE	2 EL
buttriger Aufstrich	240 g	180 g	160 g	120 g	80 g	60 g	30 g
Chiasamen	163 g	122 g	109 g	82 g	54 g	41 g	20 g
Obst und Gemüse, gewürfelt/gehackt	150 g	113 g	100 g	75 g	50 g	38 g	19 g
Kokosöl	216 g	162 g	144 g	108 g	72 g	54 g	27 g
Couscous, ungekocht	180 g	135 g	120 g	90 g	60 g	45 g	22 g
Datteln, gehackt	152 g	114 g	101 g	76 g	51 g	38 g	19 g
Gojibeeren, getrocknet	111 g	83 g	74 g	56 g	37 g	28 g	14 g
Nüsse, gehackt	150 g	113 g	100 g	75 g	50 g	38 g	19 g
Nüsse, gemahlen	120 g	90 g	80 g	60 g	40 g	30 g	15 g
Parmesankäse, gerieben	90 g	68 g	60 g	45 g	30 g	23 g	11 g
Meersalz, Kristalle	269 g	202 g	179 g	135 g	90 g	67 g	34 g

Hinweis: Sobald in amerikanischen Rezepten das Volumen einer festen Zutat mehr als 2 Esslöffel oder eine 1 (flüssige) Unze beträgt, wird es in Tassen berechnet. Mit Hilfe dieser Tabelle können Sie Zutaten leicht in Gramm umrechnen. Wenn Sie die Zutat, die Sie verwenden wollen, nicht in dieser Tabelle finden, ist die sicherste Methode einen althergebrachten Messbecher zu verwenden und die Resultate mit einer metrischen Waage zu wiegen. Tragen Sie sich die Ergebnisse in Ihr Kochbuch fürs nächste Mal ein. Im Notfall können Sie auch die unten stehende Volumen-Umrechnungstabelle verwenden.

VOLUMENUMRECHNUNGSTABELLE (für Flüssigkeiten)

VERWENDETE EINHEIT/MASSE	METRISCHES ÄQUIVALENT
1 Teelöffel	5 ml
1 Esslöffel oder ½ flüssige Unze	15 ml
1 flüssige Unze oder ⅛ Tasse	30 ml
¼ Tasse oder 2 flüssige Unzen	60 ml
⅓ Tasse	80 ml
½ Tasse oder 4 flüssige Unzen	120 ml
⅔ Tasse	160 ml
1 Tasse oder 8 flüssige Unzen oder ½ Pint	240 ml
1 ½ Tasse oder 12 flüssige Unzen	360 ml
2 Tassen oder 1 Pint oder 16 flüssige Unzen	480 ml
3 Tassen oder 1 ½ Pints	720 ml
4 Tassen oder 2 Pints oder 1 Quart	960 ml
4 Quarts oder 1 Gallone	3,8 l

Hinweis: In Fällen, in denen eine große Genauigkeit nicht notwendig ist, können die Umrechnungen wie folgt gerundet werden:

1 Tasse = 250 ml	
1 Pint = 500 ml	
1 Quart = 1 l	
1 Gallone = 4 l	

UMRECHNUNGSTABELLE FÜR MASSE

VERWENDETE EINHEIT	METRISCHES ÄQUIVALENT
1 Unze	28 g
4 Unzen oder ¼ Pound	113 g
⅓ Pound	150 g
8 Unzen oder ½ Pound	225 g
⅔ Pfund	300 g
12 Unzen oder ¾ Pound	340 g
1 Pound oder 16 Unzen	450 g
2 Pound	900 g

Hinweis: Die Unzen in dieser Tabelle sind Masseeinheiten, also nicht die gleichen wie die flüssigen Unzen.

MILCH AUS NÜSSEN & SAATEN HERSTELLEN

Hausgemachte Nuss- und Samenmilch herzustellen, könnte nicht einfacher sein ... und ist so gesund. Pürieren Sie Nüsse/Samen einfach mit Wasser im Mixer, viele Nuss- und Samenarten verwandeln sich in ein köstliches, cremiges Getränk, das wie ein Milchprodukt verwendet werden kann und wundervolle Geschmacksnoten liefert. Neue Varianten von Nussmilch sind immer häufiger im Handel zu erhalten, aber die hausgemachte Version liefert klare Vorteile: ein frischeres, zudem preisgünstigeres Produkt mit reineren Zutaten (ohne Konservierungsstoffe) und Sie wissen genau, welche. Ein zusätzlicher Gewinn bei natürlichen Rezepten: Frische hausgemachte Nussmilch hält sich etwa eine Woche im Kühlschrank.

NUSS/SAAT*	MENGE	WASSER**	EINWEICHZEIT
Mandeln	¼ Tasse	1¼ Tassen	6 + Stunden
Cashewkerne	¼ Tasse	1¼ Tassen	2 + Stunden
Haselnuss	¼ Tasse	1¼ Tassen	6 + Stunden
Hanfsamen	¼ Tasse	1¼ Tassen	1 + Stunden
Macadamianüsse	¼ Tasse	1½ Tassen	4 + Stunden
Sesam	¼ Tasse	1 Tasse	1 + Stunden
Sonnenblumenkerne	⅓ Tasse	1½ Tassen	2 + Stunden

*Verwenden Sie rohe Nüsse/Samen für besten Geschmack und Gesundheit

**Wassermenge zum Mixen, nicht zum Einweichen

METHODE EINS (LANGSAMER, BESTES ERGEBNIS)
Erst einweichen, dabei sollte das Wasser stets die Nüsse/Samen bedecken, dann die Nüsse oder Samen mit reichlich Wasser abspülen. Das Einweichen sorgt dafür, dass sich die Nüsse leichter pürieren lassen und die Milch geschmeidiger wird. In einem Mixer die eingeweichten Nüsse und die abgemessene Wassermenge (siehe Tabelle oben) zu einer geschmeidigen Creme pürieren. Abhängig von der Leistung Ihres Mixers, kann dieser Vorgang zwischen 20 Sekunden und mehreren Minuten dauern. Verwenden Sie ein feinmaschiges Sieb oder ein Mulltuch (oder einen Nussmilchbeutel, wenn vorhanden), um die gröberen Stückchen auszusieben.

METHODE ZWEI (SCHNELLER, DÜNNFLÜSSIGERES PRODUKT)
Überspringen Sie das Einweichen gänzlich und pürieren Sie die rohen Nüsse mit der Wassermenge aus der Tabelle. Wenn eine geschmeidigere Konsistenz gewünscht ist, filtern Sie die Flüssigkeit vor der Verwendung durch ein Sieb, Mulltuch oder einen Nussmilchbeutel.

NUSSMILCHVARIANTEN:
Für Sahne/Cremes: Die Menge des Wassers auf die Hälfte reduzieren. Umgekehrt verwenden Sie mehr Wasser für ein Produkt wie entrahmte Milch.
Für süße Milch: Pürieren Sie mit der Milch eine oder zwei entkernte Datteln oder fügen Sie etwas Stevia hinzu.
Für aromatisierte Milch: Fügen Sie Gewürze wie Zimt, Pulver wie Kakao oder Extrakte wie Vanille zu.

HÄUFIG GESTELLTE FRAGEN

Ist „Die Superfood-Küche" ein Diätkoch-buch? Kann ich erwarten, dass ich durch den Verzehr von Superfoods Gewicht verliere (oder zunehme)?

Ich sehe den Verzehr von Superfoods und Vollwertkost nicht als „Diät" im heute ge-bräuchlichen Sinne des Wortes. Trotzdem wird Ihr veränderter Lebensstil von vielen Qualitäten begleitet, die auch „Diäten" anstreben. Das kann der geringere Heißhunger (auf „Junk Food"), mehr Energie, reinere Haut oder in der Tat ein ausgewogenes Körpergewicht sein. Bei dieser Art von Essen werden keine Kalorien gezählt (oder Einschränkungen bei der Aufnahme von Makronährstoffen auferlegt), denn die meisten natürlichen Nahrungsmittel haben einen ge-ringeren Kaloriengehalt und ein größeres „Volumen" als ihre stark verarbeiteten Ge-schwister. Viele Leute bemerken, dass zusätzlich dazu, sich großartig zu fühlen, ein konsequenter Verzehr von pflanzlicher Vollwertkost ein gutes Aussehen fördert.

Es sind viele Zutaten aufgelistet, von denen ich nie zuvor gehört, geschweige denn, dass ich sie gesehen habe. Wo kann ich sie kaufen?

Wie in Kapitel drei bereits erwähnt, wird ein kurzer Anruf bei Ihrem örtlichen Naturkost-laden die Frage beantworten, ob das Produkt, nach dem Sie suchen, in Ihrer Nähe erhältlich ist. Einige Läden werden sogar eine Sonderbestellung aufgeben; denn, vergessen Sie nicht, Sie sind der Kunde, um den es hier geht. Seien Sie also nicht zu schüchtern, um zu fragen, ob das gesuchte Produkt bestellt werden kann. Ich persönlich bin jedoch ein großer Fan der herrlich einfachen Onlinebestel-lung. Im Zutatenratgeber haben wir für Sie einige Onlinebestellmöglichkeiten aufgelistet (Seite 261), die Liste verstehen Sie bitte als Anregung, denn es ist unmöglich, alle Anbieter aufzuführen. Sicher finden Sie den für Sie passenden Laden im Internet, besser noch offline in Ihrer Nähe.

Warum kosten einige Superfoods mehr als andere herkömmliche Nahrungsmittel?

Der ökologische Anbau von Superfoods, die sorgfältige Verarbeitung und die faire Bezahlung der Bauern und Arbeiter tragen dazu bei, dass der Preis dieser Nahrungsmittel höher ist. Die Denkweise „Kalorien-pro-Dollar" lässt die herkömmliche Ernährungsweise als das bessere Geschäft erscheinen, doch bedenken Sie, wie erschreckend niedrig das „Nährstoff-pro-Dollar"-Verhältnis ist. Zieht man die hohe Qualität, die in den Superfoods konzentriert enthalten ist, in Betracht, sind Superfoods nicht wirklich teuer, sondern preiswert. Ein Beispiel: Eine kleine Packung gefriergetrocknetes Weizengras kostet etwa 5 – 7 Mal mehr als eine Packung Zerealien (Cornflakes usw.). Jedoch enthält nur ein halber kleiner Teelöffel voll Weizengras über 70 Nährstoffe (den Nährwert eines gigantischen grünen Salates oder mehr), und eine Packung davon enthält etwa den Vorrat für ein oder zwei Monate. Ganz im Ernst, wir haben im Grunde nur die Wahl, ob wir früher oder später für unsere Gesundheit bezahlen.

Wie sollte man Superfood-Zutaten aufbewahren?

Das hängt natürlich von der Zutat ab. Ich bin ein großer Fan von vielen, günstigen (und wiederverwendbaren) Gläsern mit Schraubdeckel, um „langlebige" Produkte darin aufzubewahren, besonders wenn diese beim Kauf in Plastik verpackt sind. Superfood-Pulver, Samen, getrocknete Beeren und andere „lose" Zutaten können auf diese Weise bei Raumtemperatur und an einem Ort ohne direktes Sonnenlicht untergebracht werden. Wenn Sie glauben, dass Sie Nüsse oder Samen nicht so schnell verbrauchen werden, lagern Sie sie im Kühlschrank. Bei der Aufbewahrung von Sprossen im Kühlschrank, stellen Sie sicher, dass etwas Luft in den Behälter oder die Tüte gelangt – die Sprossen halten sich auf diese Weise viel länger.

Warum werden in keinem der Rezepte tierische Produkte (Fleisch, Milchprodukte, Eier) verwendet?

Die Qualität der Nährstoffe für jede einzelne Zutat zu sichern, das ist ein grundlegendes Prinzip der Formulierung dieser Rezepte. Aus diesem Grund stehen viele „normale" Rezeptzutaten von vornherein auf meiner Ausschlussliste. Diese Liste enthält weißes Mehl, raffinierten weißen Zucker und High-Fructose-Corn-Sirup, alle stark verarbeiteten Produkte und, wie Sie richtig feststellen, alle tierischen Produkte.

Da tierische Produkte (Fleisch, Fisch, Milch/Milchprodukte und Eier) nachweislich zahlreiche ungesunde Komponenten enthalten, die zu den Zivilisationskrankheiten (einschließlich Herzerkrankungen, Diabetes, Osteoporose und Krebs) in unserer Zeit beitragen, steht diese gesamte Nahrungsmittelgruppe vom Grundsatz her im Widerspruch zur Philosophie der Superfood-Küche. Auch Bio- und „Freiland"-Fleisch und -produkte – obwohl besser als ihre massenproduzierten Verwandten – laden Krankheiten und gesundheitliche Probleme ein. Über dieses gewichtige Problem gibt es eine Vielzahl von exzellenten Büchern, Filmen und Studien, die sich mit tierischen Nahrungsmitteln und ihrer Auswirkung auf unsere Gesundheit auf lange Sicht befassen (siehe Weiterführende Literatur, Seite 262).

Auf diesem Hintergrund ist es sicherlich ein guter Weg, möglichst viele pflanzenbasierte Vollwertkostrezepte in Ihre Ernährung einfließen zu lassen.

Viele Superfoods wachsen in anderen Teilen der Welt. Was sagen Sie zum Essen von lokal angebauten Nahrungsmitteln?

Die Idee und Bewegung zum Verzehr lokaler Nahrungsmittel ist etwas, an das ich absolut glaube und wo ich voll dahinterstehe. Natürlich abhängig von Ihrem Wohnort, ist es wirklich befriedigend, sich für das Kaufen von frischem Obst und Gemüse zu engagieren, das in der näheren Umgebung angebaut wird – man unterstützt die lokalen Erzeuger und schont die Ressourcen, die für den Warentransport benötigt werden. Leider gehören für Nordamerikaner so wie mich Superfoods eher seltener zu den lokalen Spezialitäten. Bedeutet das, dass wir sie nicht konsumieren sollten?

Ich glaube nicht, dass es hier nur Gut und Böse gibt. Obwohl viele Superfoods in anderen Ländern heimisch sind, hat Nordamerika mit seinem vielfältigen Klima das Potenzial, viele dieser Lebensmittel auf heimischer Erde anzubauen. Momentan ist der Grund, warum nicht mehr Superfoods lokal angebaut werden, mit der noch mangelnden Nachfrage verknüpft. Während Nordamerika Tausende von Anwendungsmöglichkeiten für bestimmte Pflanzen wie Mais hat, ist der erkennbare Markt für „neuere Nahrungsmittel", wie Gojibeeren, immer noch relativ klein.

Wenn wir, die Konsumenten, den Bauern (und der Regierung) klarmachen können, dass eine große Nachfrage nach diesen nährstoffdichten Superpflanzen besteht, dann wird auf jeden Fall in der Zukunft eine Veränderung bei den lokal angebauten Nahrungsmitteln zu sehen sein. In der Zwischenzeit bleibt der faire Austausch von Waren und Dienstleistungen mit unseren globalen Nachbarn eine vorteilhafte Geschäftsmethode, und im Fall der Superfoods eine, die oft ums Überleben kämpfende Bauerngemeinschaften stärkt und Frauen und Familien ein stabiles Einkommen sichert.

BEZUGSQUELLEN FÜR DEN DEUTSCHSPRACHIGEN RAUM

ZUTATEN

Ein kurzer Anruf bei Ihrem nächsten Naturkostladen kann die Frage beantworten, ob das Produkt, nach dem Sie suchen, in Ihrer Nähe erhältlich ist. Einige Läden werden auch gern eine Sonderbestellung aufgeben; weitere Möglichkeiten sind Asia-, Bio- und Drogeriemärkte sowie Reformhäuser, Bauern- (Wochen-) Märkte, türkische und arabische Läden, gut sortierte Supermärkte etc.

www.bioverzeichnis.de/biolaeden.htm
www.biologisch.at
www.schrotundkorn.de
www.reformhaus.de/filialfinder.html
de.wikipedia.org/wiki/Biosupermarkt
www.biodukte.de
www.bionetz.ch

superfoodsmoothies.de: Angebot mit vielen Informationen
authenticnutrients.de/supplements: Yacónstreifen, getrocknet, Acai-, Camu-, Gojibeeren, Lucuma, Maca u.v.m.
biosamara.ch: Kokoszucker, Carobpulver, Kokosöl, rohes Kakaopulver, Kakaobohnensplitter, Kakaobutter, natürliche Süße u.v.m.
GovindaNatur.de: umfassendes Angebot
hanfmilch.at: Hanfmilch und andere Zutaten
hanf-natur.com: Hanfprodukte und weitere Superfoods
iherb.com: alle von Julie Morris empfohlenen Produkte (Navitas Naturals)
inkanatural.com/de: Maca-, Acai-, Steviapulver u.m.
keimling.de: Küchengeräte, viele Superfoods, Gräser, Rohkost u.a.
medizinfuchs.de: getrocknete Cranberrys, Gojibeeren u. a.

myprotein.com: Spirulina, Chlorella, Weizengras, Gerstengras und mehr in Pulverform
naturpaket.de: Chlorella- und Spirulina-Tabletten, Kokos(blüten)zucker
raw-living.de: Superfoods, Algen, Sprossen, Rohkakao u.v.m.
reformhausshop24.de: Kokosöl, Trockenfrüchte, Nuss- und Mandelmilch, Getreide, Mehle, verschiedene Saaten/Samen u.v.m.
reformhaus-shop.de: Hanfsamen, Kokosöl, Cranberrys, Gojibeeren, Mandelmus, Mandelmilch, Acaipulver und -saft, Chiasamen, Chlorella-Tabletten, verschiedene Säfte
rohschoko.de: alles rund um rohe Schokolade und Kakao, aber auch Maca-, Lucuma-, Vanillepulver, Kokosmus und -zucker
schafschoki.de/shop: Stevia, Mandelmilch, Weizengraspulver und weiteres
stevia-pura.de: alle möglichen Stevia-Produkte
topfruits.de: Algen, Säfte und Beeren, Keimsaaten, Nüsse, Trockenfrüchte (Datteln, Maulbeeren, Feigen usw.)
veganactive.de: u. a. gekeimter Leinsamen als Pulver
veganz.de: umfassendes Angebot
vitanatura.de: Weizen-, Gerstengraspulver, Acaipulver, Trockenfrüchte und mehr
zentrum-der-gesundheit.de/online-shop.html: Superfoods, Küchengeräte und mehr

Die Angaben auf dieser Seite wurden vom Verlag für die deutschsprachige Ausgabe zusammengestellt. Diese Auswahl versteht sich als Hinweis ohne Haftung oder Gewähr für die Inhalte der Links. – Aktuelle Infos auch unter www.superfood-kueche.de

WEITERFÜHRENDE LINKS UND LITERATUR

WEBSITES

choosingraw.com
Choosing Raw ist ein wunderbarer Blog mit gesunden Rezepten und Tipps mit täglich neuen Inhalten.

crazysexylife.com
Eine quirlige Annäherung an Gesundheit und Prävention von Krankheiten. Mit Experten als Gast-Blogger.

drfuhrman.com
Hier finden Sie mehr Superfoods und die komplette ANDI-Tabelle.

forksoverknives.com
Diese Seite zu dem gleichnamigen Film untersucht die tiefgreifende Behauptung, dass die meisten, wenn nicht sogar alle degenerativen Krankheiten durch den Verzehr eines höheren Anteils pflanzlicher Nahrung unter Kontrolle gebracht werden könnten.

gliving.com
Eine Schatztruhe für natürliche Rezepte, Videos und Öko-Design.

mindbodygreen.com
Eine großartige Insider-Quelle für Gesundheits- und Öko-Neuigkeiten.

thekindlife.com
Eine nette Webseite, die zeigt, dass ein natürlicher Lebensstil Spaß macht.

TED.com
Für Ideen.

BÜCHER

Becoming Raw by Brenda Davis, RD, and Vesanto Melina, MS, RD, with Rynn Berry. Eine große und umfassende Zusammenstellung der Nährstoffe in roher, pflanzenbasierter Vollwertkost. brendadavisrd.com

Nutritarian Handbook by Joel Fuhrman, MD. Eine Nahrungsübersicht, die das ANDI-System und die Nährstoffdichte für optimale Gesundheit verwendet.
drfuhrman.com

Superfoods by David Wolfe. Ein unterhaltsamer und inspirierender Ansatz zum Essen erstklassiger Nahrungsmittel aus der Natur. davidwolfe.com

The China Study by T. Colin Campbell, PhD, and Thomas M. Campbell II. Ein Einblick in die Verbindung zwischen Ernährung und Herzerkrankungen, Diabetes und Krebs. thechinastudy.com
Deutscher Titel: Campbell, T. Colin und Thomas M. *China Study - Die wissenschaftliche Begründung für eine vegane Ernährungsweise.*

The pH Miracle by Robert O. Young, PhD, and Shelly Redford Young. Das komplexe Thema von saurer gegenüber alkalischer Nahrung wird hier entmystifiziert.
phmiracle.com
Deutscher Titel: Young, Robert O. Die pH-Formel: Für das Säure-Basen-Gleichgewicht.

Thrive (or *The Thrive Diet* in Canada) by Brendan Brazier. Ein lebensveränderndes Buch darüber, wie pflanzenbasierte Nahrung Leistung, Energie und Gesundheit verbessern kann.
brendanbrazier.com
Deutscher Titel: Brazier, Brandan. *Vegan in Topform – Der vegane Ernährungsratgeber für Höchstleistungen in Sport und Alltag* – Die Thrive-Diät des berühmten kanadischen Triathleten.

VERWENDETE LITERATUR

Campbell, T. Colin, PhD, and Thomas M. Campbell II. *The China Study.* Dallas, TX: BenBella Books, Inc., 2006. Deutscher Titel: Campbell, T. Colin und Thomas M. *China Study – Die wissenschaftliche Begründung für eine vegane Ernährungsweise.* 2. Aufl., Systemische Medizin, Bad Kötzting 2011.

Chlorella – The Facts. Spirulina und Chlorella Resource Center. www.spirulinachlorella.com/chlorellafact.html (Engl.)

Collins, Karen, R.D. B*erries: Cancer-fighting super foods?* MSNBC. 9 Aug. 2006. www.msnbc.msn.com/id/13484206/ (Engl.)

Davis, Brenda, RD, and Vesanto Melina, MS, RD, and Rynn Berry. Becoming Raw: *The Essential Guide to Raw Vegan Diets.* Summertown, TN: Book Publishing Company, 2010.

Fuhrman, Joel, MD. *Eat To Live: The Revolutionary Formula for Fast and Sustained Weight Loss.* New York, NY: Little, Brown and Company, 2003. Deutscher Titel: Fuhrman, Joel. *Eat to Live: Das Grundlagenwerk der veganen Ernährung für schnellen und anhaltenden Gewichtsverlust und Heilung vieler chronischer Krankheiten unserer Zeit.* Unimedica, Kandern 2014.

Gursche, Siegfried. *Fantastic Flax.* Summertown, TN: Alive Books, 1999.

Hill, Amelia. *Forget superfoods, you can't beat an apple a day.* The Observer. 13 May 2007. www.guardian.co.uk/uk/2007/may/13/health.healthandwellbeing1 (Engl.)

Holford, Patrick. *The New Optimum Nutrition Bible.* Berkeley, CA: The Crossing Press, 2004. Deutscher Titel: Holford, Patrick. *Optimale Ernährung.* Goldmann, München 2000.

Joyce, Christopher. *Ancient Figs May Be First Cultivated Crops.* NPR. 2 Jun. 2006. www.npr.org/templates/story/story/php?storyId=5446137 (Engl.)

Kamozawa, Aki, and H. Alexander Talbot. *Ideas In Food: Great Recipes And Why They Work.* New York: Clarkson Potter/Publishers, 2010.

Measuring the Nutrient Density of your Food. Eat Right America.

Meyerowitz, Steve. *Sprouts: The Miracle Food.* Summertown, TN: Book Publishing Company, 1999.

Micronutrients. World Health Organization. www.who.int/nutrition/topics/micronutrients/en/ (Engl.)

Mulberries the latest 'superfruit. Natural Actives. 1 Oct. 2008. http://naturalactives.com/mulberries-the-latest-superfruit/

Page, Linda, Ph.D. *Linda Page's 12th Edition Healthy Healing: A Guide to Self-Healing for Everyone.* Healthy Healing, Inc., 2004.

Pollan, Michael. *In Defense of Food: An Eater's Manifesto.* New York, NY: Penguin, 2008. Deutscher Titel: Pollan, Michael. *Lebens-Mittel: Eine Verteidigung gegen die industrielle Nahrung und den Diätenwahn.* Goldmann, Munchen 2009.

Stephey, M.J. *Eating Your Veggies: Not As Good For You?* Time. 18 Feb. 2009. www.time.com/time/health/article/0,8599,1880145,00.html (Engl.)

Townsley, *Graham. Becoming Human Part 2.* PBS. 10 Nov. 2009. www.pbs.org/wgbh/nova/evolution/becoming-human-part-2.html (Engl.)

Ulster *University. Watercress: Anti-Cancer Superfood.* Medical News Today. 18 Feb. 2007. www.medicalnewstoday.com/articles/63314.php (Engl.)

Wolfe, David, and Shazzie. *Naked Chocolate.* San Diego, CA: Maul Brother's Publishing, 2005.

DANKSAGUNG

Vielen Dank an:

Meine Mutter, Jackie Morris, die sowieso großartig ist, aber auch dafür, dass sie eine hervorragende Lektorin der ersten Ausgabe war. Du hast dieses Kochbuch häufiger gelesen, als jemand ein Buch jemals lesen sollte. Deine Liebe und dein literarisches Urteil haben geholfen, jeden Aspekt dieses Buches zu stärken. Es hat mir alles bedeutet, mit dir Seite an Seite an diesem Projekt zu arbeiten: eine Tatsache, die mich mit Stolz erfüllt, ich werde sie immer in Erinnerung behalten.

Meinen Vater, Rick Morris, für all seine Unterstützung, Liebe, Ratschläge und Weisheit, Humor und Elan. Vielen Dank, dass du dein geniales Talent zur Verfügung gestellt hast, um meine Kochvideos zu produzieren, und auch dafür, dass du auf dem Weg dahin monströse Unordnung, die für mehrere Dekaden reichen würde, in deiner Küche toleriert hast.

Brendan Brazier, mein harter (aber mitfühlender) Fels und Komplize. Deine Perspektive, Einsicht und dein Witz sind von unschätzbarem Wert für mich; es war wunderbar, sich mit dir durch dieses Kochbuch zu schlemmen.

Wes Crain und Zach Adelman von Navitas Natural, dass sie an dieses Projekt geglaubt und es unterstützt haben; ich fühle mich unendlich glücklich, dass ich mit solch wunderbaren Leuten arbeite. Eine Million Dankeschöns!

Marilyn Allen, die den Docht an der Kerze meiner Kreativität angezündet und mich auf dem Weg zu den Möglichkeiten geleitet hat – du bist ein wahrer Segen!

Das phänomenale Team bei Sterling, das mich in ihre Verlagsfamilie aufgenommen hat … und für all die gehäuften Unzen zusätzlicher Genialität, die ihr in dieses Buch gesteckt habt! Meinen herzlichen Dank an meine wirklich in jeder Weise wunderbare Lektorin Jennifer Williams, den liebenswerten Organsiationsguru Sasha Tropp, Christine Heun für versierte visuelle Kniffe und Tipps und Kim Marini dafür, dass alles flüssig lief! Ich bin so dankbar, mit all euren Talenten zu arbeiten; danke, dass ihr dieses Buch in seine allerbeste Form gebracht habt.

Meine Nama, Evelyn Morris, für deine bewährten Kochtipps, du bist ein Brunnen des Wissens und der Liebe.

Gena Hamshaw, für das artikulierte Feedback und die erstklassige Versorgung mit Frechheiten.

Jeremiah Kent, für Ermutigung und Inspiration von Anfang an.

Allen Superfood-Rezeptetestern und -verkostern, ich danke euch, dass ihr eure Zeit und eure Gaumen freiwillig zur Verfügung gestellt habt, und für eure wertvolle und konstruktive Kritik.

Allen Biobauern der Welt, danke, dass ihr unsere Nahrung und das Land mit so viel Sorgfalt behandelt.

REZEPTÜBERSICHT

FRÜHSTÜCK

Bananen-Saaten-Brot 86
Große Beeren-Muffins 88
Physalis-Pfannkuchen 89
Zitronen-Kokos-Frühstücksriegel 90
Schokoladen-Energieriegel 92
Der ultimative Energieriegel 94
Heißes Quinoa-Müsli 95
Protein-Quinoa-Müsli 95
Bananen-Hanf-Knuspermüsli 96
Zimt-Mandel-Knuspermüsli
     mit Maulbeeren 97
Würziger Chia-Porridge 98
Mango-Beeren-Parfait 99
Acaibeeren-Schale 101
Acaibeeren-Marmelade 102
Physalis-Fruchtaufstrich 103

SUPPEN

Suppe von geröstetem Kürbis 108
Kohl-Augenbohnen-Eintopf 110
Sämige Suppe von gelben Erbsen und Sacha Inchi 112
Gekühlte Rote-Bete-Suppe 113
Grüne kühle Sommersuppe 114
Erdbeerkaltschale 116
Tomaten-Quinoa-Suppe 117
Karotten-Yacón-Suppe mit Gojibeeren 119
Kalte Babyspinat-Sanddorn-Cremesuppe 120

SALATE

Sushi-Salat 127
Rucolasalat mit Nashi-Birne und
     Zitronen-Camu-Vinaigrette 128
Salat mit geröstetem Gemüse
     und Balsamico-Vinaigrette 130

Göttinnen-Grünkohlsalat 132
Einfacher Spinatsalat mit Maulbeer-Senf-Dressing 133
Granatapfel-Krautsalat 134
Herzhafter Grünkohlsalat 135
Kalifornischer Salat 137
Frühlingssalat mit Ingwer-Dressing 139
Superfruchtsalat 141
Kopfsalat mit cremigem Sanddorn-Dressing 142
Mizuna-Fenchel-Salat mit Maulbeeren 145

HAUPTSPEISEN

Chipotle-Chili mit Avocado-Sour-Cream 148
Zucchini-Fettuccine mit Walnüssen und Dulse 151
Quinoa-Spaghetti mit Cashew-Creme-Soße
     und Mangold 152
Blumenkohl-Risotto 153
Kabocha-Quinoa-Risotto mit Salbei-Creme
     und Yacón-Wurzel 154
Brunnenkresse-Mochi-Pizza 156
Mediterrane Gemüsepizza 157
Zucchini-Fettuccine mit Mega-Marinara 158
Nori-Kichererbsen-Salatwraps 159
Mit Granatapfel glasierte Portobellosteaks
     auf Zitronenspinat 160
Asiatische Tempeh-Salatwraps 161
Gefüllte Kohlwraps 162
Gebratener Baby-Pak-Choi mit Shiitake,
     Zuckerschoten und Sacha Inchi 164
Bratlinge aus schwarzen Bohnen und Hanf 166
Inka-Burger 168
Quinoa mit Pesto und getrockneten Tomaten 170
Tofu-Brokkoli-Quiche mit Quinoaboden 172
Teriyaki-Shiitake-Sushi 173
Rucola-Tempeh-Sushi 175
Garten-Lasagne 176

BEILAGEN, PESTOS UND AUFSTRICHE

„BBQ Potato fries" aus Süßkartoffeln 183
Kroketten mal anders 184
Püree von gerösteten Pastinaken
   mit Ahorn-Sacha-Inchi 185
Tomatillo-Chia-Salsa 187
Goji-Salsa 187
Olivenkaviar 188
Hanfhummus 188
Herzhafter Saatenaufstrich 190
Maquiketchup 190
Inkabeeren-Chutney mit Cranberrys 191
Salbei-Creme 191
Buttriger Aufstrich 192
Buttriger Knoblauchaufstrich 192

SNACKS

Studenten-Energiefutter 196
Land- und Meeresmix 198
Grünkohl-Käse-Chips 199
Buchweizen-Graham-Kräcker 200
Kräcker mit guten Samen 201
Rosmarin-Mandel-Kräcker 202
Sesam-Knäckebrot 203
Schoko-Hanf-Hafer-Riegel 204

SÜSSES

„Dynamit"-Toffees 211
Acaibeeren-Trüffeln 212
Sesamkrokant 213
Sacha-Inchi-„Buckeyes" 215
Rohschokolade 216
Macaschokolade 217
Brownies ohne Backen 219
Maca-Makronen 220

Schokoladen-Goji-Knuspermüsli 222
Karamell-Apfel-Crumble ohne Backen 223
Acaibeeren-Käsekuchen 224
Lucuma-Eiscreme-Cupcakes 227
Bananen-Eiscreme-Becher 228
Maqui-Kirsch-Eiscreme 229
Coole Zitronen-Limetten-Granita 230
Erdbeereis am Stiel 232
Kakao-Toffee-Stieleis 232

GETRÄNKE UND COCKTAILS

Piña-Colada-Smoothie 238
Der pure, einfach grüne Smoothie 240
Superbeeren-Smoothie 241
Orangen-Mega-C-Smoothie 241
Paradies-Smoothie 242
Schokoladen-Beeren-Shake 243
Wassermelonen-Chia-Fresca 244
Kokos-Limetten-Chia-Fresca 244
Heiße Schokolade 246
Heißes Maca 246
Würziger Camu-Cidre 247
Camubeeren-Limonade 249
Maquibeeren-Limonade 249
Superfrucht-Sangria 250

KÜCHENPRAXIS-TIPPS

Chia- und Leinsamen als „Ei-Ersatz" beim Backen   87
Das Einmaleins der gefrorenen Bananen 101
Wie man einen Kürbis röstet 109
Blattgemüse aus der Region 129
Blitzschnell eingelegte Zwiebeln 136
Einfache Kochmethode für Quinoa 170
Superfood-Trüffeln für mehr Energie 212
Superfruchtsaft-Eis am Stiel 233
Superfood-Tipps für gelungene Smoothies ...238, 242

SUPERFOOD STARTERSET

Die beliebtesten Superfoods zum Probieren

Vier Superfoods in Gläsern
Mit Rezeptbuch
Für einen gesunden Start
ISBN 978-3-86826-137-0

Baobab
aus den Früchten des Affenbrotbaums, „Apothekenbaum" genannt. Reich an Vitamin C + Ballaststoffen. Feiner Frucht-Geschmack.

Chia-Samen
sind außergewöhnlich reich an Omega-3-Fettsäuren und Ballaststoffen. Sie enthalten zudem wertvolle Mineralstoffe wie Magnesium.

Hanf-Samen
leicht verdauliches Pflanzenprotein, reich und ausgewogen an ungesättigten Fettsäuren. Herrlicher, nussiger Geschmack.

Roh-Kakao
wird nicht erhitzt, ist dadurch besonders aromatisch. Er zeichnet sich durch hohen Anteil Magnesium und wichtigen essentiellen Fettsäuren aus.